대구
쑤저우
후쿠오카

동아시아
도시 인문기행

이 책은 2019년 대한민국 교육부와 한국연구재단의 지원을 받아 수행된 연구임(NRF-2019S1A5C2A04082394)

대구대학교 인문과학연구소
도시인문학총서

11

대구
쑤저우
후쿠오카

권응상·이희정·허영은 지음

동아시아
도시 인문기행

學古房

'동아시아 도시인문기행'이라는 거창한 제목 아래 서울, 베이징, 도쿄가 아니라 대구, 쑤저우, 후쿠오카를 놓았다. 우리 같은 지역대학 교수들의 작은 저항이다. 언제부터인가 '수도권 집중'과 '지방 소멸'이 짝처럼 붙어 다니기 때문이다. 언제나 수도와 대도시를 중심에 놓는 관습에서 벗어나기를 바라는 소박한 염원이기도 하다.

'동아시아', '도시', '인문기행'이라는 세 키워드를 놓고 그 출발점을 우리가 붙박아 사는 대구에서부터 시작하고자 했다. 그러다 보니 쑤저우와 후쿠오카가 대구와 짝을 이루게 되었다.

사실 이 책의 출간을 추동한 것은 대구대학교 인문과학연구소가 한국연구재단에서 수주한 연구소지원사업 'LMS-ACE 교육과정 개발 및 인문교육 시스템 구축-철길로 이야기하는 동아시아 도시인문학' 프로젝트이다. 연구와 교육을 연계하는 이 프로젝트에서 좀 말랑말랑한 도시인문학 이야기를 전달하고 싶었다.

조금 거창하고 진지하게 말해 보자. 지리적, 역사적으로 밀접한 관계를 맺고 있는 동아시아 3국, 즉 한·중·일의 도시 탐색을 통해 동아시아의 역사와 문화교환, 나아가 문화횡단의 현상을 고찰해보고자 하는 것이다. 세 나라 문화의 역사적 추이를 볼 때, 한 지역이나 도시의 독특한 문화는 필연적으로 전파와 변주라는 교류적 확장성을 갖는다. 전파는 문화교환이라 부를 수 있고, 변주는 문화횡단을 통한 토착화라고 볼 수 있을 것이다. 우리가 주목하는 것은 바로 이 지점이다. 세계화의 가장 기초적인 방식으로서 문화교환과 문화횡단은 문화의 탈경계화, 그리고 재경계화로 나아간다. 이것이 문화 혼종의 과정이다.

문화횡단은 경계를 가로지르는 문화의 이동성과 역동성을 그 특징으로 한다. 다자간의 문화횡단은 다층적으로 이루어진 다양한 집단과 지역이 문화교류를 통해 상호 소통하면서 새로운 공존의 문화를 만들어 낸다. 공존의 문화는 집단 간 영향을 주고받으며, 실질적인 문화 행위의 변화까지 연결된다. 이처럼 쌍방향의 문화교환에서 다자간의 문화횡단으로 연결되는 과정은 문화 소통에서 삶의 소통으로 확장되는 과정과 동일하다.

우리는 코로나 팬데믹을 통해 동아시아, 나아가 전 세계가 함께 연결되어 있음을 더욱 절감했다. 이것은 전 세계 사람들이 함께 해결해야 할 일들이 더욱 많아진다는 의미이다. 지금은 문화횡단과 문화혼종을 통해 공감의 터전을 넓혀가야 할 시기이다. 우선은 동아시아의 이 크지도 작지도 않은 세 도시에서 시작해본다. 이 책은 국가 간의 정치 경제적 이해관계에 앞서 문화적 상호 이해의 터전을 넓혀가는 작업이다. 들뢰즈가 말한 '리좀'의 줄기 뿌리가 되기를 바란다.

2022.9. 저자 일동

제1장 서론

1. 대구 개황 ··· 11
2. 쑤저우 개황과 역사 ······································· 19
3. 후쿠오카 개황과 역사 ··································· 24

제2장 영남의 관문 대구 달성

1. 대구읍성의 시작과 달성 서 씨의 '서침나무' ·············· 39
2. 대구로 온 경상감영과 대한 외국인 두사충 ·············· 49
3. 대구읍성의 축조와 약령시의 발달 ························ 54

제3장 국권 수호와 저항의 도시 대구

1. 을사늑약과 의로운 보부상 서상돈 ························ 59
2. 대구읍성의 해체와 순종의 행차 ························· 68
3. 마음의 안식처, 종교의 성지 ····························· 76

제4장 와신상담과 사면초가의 도시 쑤저우

1. 오월동주와 와신상담의 역사 ···························· 89
2. 호구의 역사와 전설 ······································· 92
3. 사면초가와 패왕별희의 역사 ···························· 99

제5장 이야기가 있는 쑤저우의 거리

1. 런민루 북사탑과 손권 ·················· 105
2. 역사거리 핑장루와 쑤저우의 명동 관첸제 ·················· 109
3. 운하거리 산탕제와 한산사, 그리고 풍교 ·················· 115

제6장 대륙의 관문 하카타항

1. 야요이시대의 발상지 요시노가리유적 ·················· 123
2. 야마타이국과 히미코 ·················· 135
3. 다자이후와 원구방루 ·················· 141

제7장 상인의 도시 후쿠오카

1. 일본 최초의 자유 무역도시 하카타 ·················· 149
2. 두 명의 호상과 히데요시 ·················· 156
3. 조선 정벌의 전초 기지 나고야성 ·················· 163

제8장 멋과 풍류의 도시 대구

1. 의로운 기생과 문화의 중심 다방 ·················· 169
2. 전통시장 투어와 대구의 맛 ·················· 181
3. 골목을 누리는 즐거움 ·················· 188

제9장 인재의 요람과 산업화의 보고 대구

1. 문화예술인의 고향과 피난지 문화 ·················· 199
2. 별표 국수와 삼성상회 ·················· 209
3. 교육의 도시, 대구와 학생운동의 역사 ·················· 213

제10장 쑤저우의 세계문화유산 원림

1. 쑤저우의 이름난 원림 ┈┈┈┈┈┈┈┈┈┈┈ 223
2. 은자의 정원 창랑정과 소순흠 ┈┈┈┈┈┈┈ 230
3. 망사원에 깃든 쑤저우의 예술 ┈┈┈┈┈┈┈ 237

제11장 쑤저우의 명물: 비단과 차, 그리고 요리

1. 쑤저우 비단과 자수 ┈┈┈┈┈┈┈┈┈┈┈┈ 243
2. 수향 저우좡과 재신이 된 갑부 심만삼 ┈┈┈┈┈ 246
3. 타이후의 미녀 서시, 그리고 삼백과 비뤄춘 ┈┈┈┈ 255

제12장 물과 흙의 도시

1. 소데노 미나토와 캐널 시티 ┈┈┈┈┈┈┈┈┈ 265
2. 물의 도시 야나가와 ┈┈┈┈┈┈┈┈┈┈┈┈ 270
3. 아리타, 이마리 도자기 ┈┈┈┈┈┈┈┈┈┈┈ 279

제13장 후쿠오카의 신사와 마쓰리

1. 구시다신사와 명성황후 시해사건 ┈┈┈┈┈┈┈ 291
2. 다자이후 텐만궁과 원령사상 ┈┈┈┈┈┈┈┈ 299
3. 하카타의 축제 ┈┈┈┈┈┈┈┈┈┈┈┈┈┈ 306

참고문헌 ┈┈┈┈┈┈┈┈┈┈┈┈┈┈┈┈┈┈ 311

제1장

서론

① 대구 개황

1) 대구의 구석기 시대/ 신석기 시대

인류가 지구상 처음 출현해서 돌을 깨어 도구를 사용하게 되었던 석기문화石器文化 시기를 구석기 시대라 부른다. 현재 인류의 모든 문화는 이 석기문화에서 출발하여 발전하였는데, 한반도에서는 보통 3만 년 이전을 전기 구석기

구석기유적 전경 월성동 dic.kumsung.co.kr

시대라 부르고, 그 후 1만 년까지를 후기 구석기 시대라 부른다.

대구의 후기 구석기 시대의 유적은 월성동에서 그 흔적을 살펴볼 수 있다. 후기 구석기 시대는 일반적으로 뗀석기와 골각기 등을 사

각종석기 월성동 dic.kumsung.co.kr　　　　빗살무늬토기 서변동 daegucity.net

용하여 식물 채집과 짐승 사냥을 하면서 가족 단위로 자연을 떠돌면
서 생활하는 모습을 보인다.

　대구에서 인류가 최초로 거주하였다는 흔적을 보여주는 유물로는
달서구 월성동에서 발견된 좀돌날석기를 들 수 있다. 월성동의 유적
과 유물은 이미 1만 년 전에 대구에서 사람들이 살았음을 보여주는
것이다.

　한편 대구에서는 수성구 상동에 신석기 시대 중기에 해당하는 유
적으로 지석묘가 확인되었는데, 이 발굴과정에서 빗살무늬토기편이
출토되었다.

하천변에 살았던 사람들의 모습 gysinwon.ms.kr

신석기 시대의 중요한 유물 중의 하나인 빗살무늬토기는 신석기 시대 사냥과 채집 외에 재배, 가축 사육을 주로 하면서 움집을 만들어 정착 생활을 하였던 흔적으로 한반도 전역에 보급되어 사용되었다. 대구 상동에서 발굴된 빗살무늬토기는 신석기 후기에 해당하는 것으로 이와 비슷한 것이 중구 대봉동에서 빗살무늬토기와 움집터가 함께 발굴되었고, 북구 서변동에서도 빗살무늬토기와 집석 유구 및 움집터가 발굴되었다. 이와 같은 발굴 유적들을 보면, 이 시기 사람들은 대체로 하천변 가까이서 집을 짓고 살았음을 볼 수 있다. 대구에서는 상동, 대봉동, 서변동 모두 하천 주변으로 당시 사람들이 지역에 모여 산 흔적이 발견되었다.

2) 대구의 청동기 시대와 철기 시대 유적과 유물

청동기 시대의 주거생활은 움집을 만들어 정착 생활을 하던 신석기 시대의 모습에서 한 단계 더 나아가 마을을 형성하고 재산을 축적하는 신분제 사회로 변하게 된다. 신석기 시대에 많이 사용하였던 빗살무늬토기는 쉽고 편리하게 제작이 가능한 민무늬토기로 바뀌게 되고, 청동기를 자체적으로 생산하지 못할 때는 간 화살촉이나 간 돌칼 같은 청동제 무기를 모방한 기능성을 높인 석기를 사용하기도 하였다.

(좌)갈판·갈돌(월성동 주거지) (우)간돌 화살촉(상동, 서변동) picturebook-illust.com

지석묘(상동) daegucity.net

널무덤의 형태 ohmynews.com

각종 철기류(팔달동) daegucity.net

대구에서는 갈판과 갈돌 같은 것들이 월성동 주거지에서 발견되었고, 여러 개의 간 돌 화살촉이 상동과 서변동 등지에서 발견되었다.

또 한편, 청동기 시대에는 거석 문화의 무덤 방식으로 고인돌을 조성하게 되는 것을 볼 수 있는데, 대구 상동에 남아 있는 지석묘 유적은 청동기 시대가 되면서 대구가 한반도 남쪽의 큰 중심지 중 하나가 되었음을 보여준다.

이후, 철기 시대가 되면서 청동기 시대의 고인돌이 사라지고 새로운 무덤 형태인 널무덤이 나타난다. 평리동에서 출토된 청동거울이나, 팔달동에서 발견된 쇠뿔손잡이목항아리는 철기 시대 유물을 대표하는데, 이 시대는 철기의 사용으로 생산력이 급격히 증대하고 지배 – 피지배 계급으로 분화되는 모습을 보인다. 당시에 사용된 유물들을 통해 철기 시대에 대구지역은 국가 발생 전 단계로 발전하였고 달성 주변에 달구벌이라는 읍락국을 형성하였음을 알 수 있다.

(좌)청동거울(평리동) (우)쇠뿔손잡이목항아리(팔달동) daegucity.net

3) 대구의 삼국시대와 통일신라 시대의 유산

한반도는 4세기경이 되면 삼국시대로 접어드는데, 이 시기 대구 지역 내에서는 지역 집단 간의 불균등한 발전이 격화되어 강한 권력을 가진 우두머리 집단이 등장하게 되고, 이런 권력을 상징하는 달성 고분과 같은 거대 묘가 축조되는 것을 볼 수 있다. 이 고분의 조성 시기는 삼국시대에 해당하며, 이때는 대구가 서라벌 세력에 의해 신라로 통합되던 시기라 할 수 있다.

달성고분 37호에서는 경주의 금관과 같은 장신구와, 둥근 고리 모양 손잡이 장식이 달린 큰 칼과 같은 철제무기가 부장되어 있었고, 토기도 다수 발굴되었다. 고분 속에 넣었던 부장품들은 달성 고분의 규모와 더불어 이 집단의 권위를 상징하는 것이라 할 수 있다.

금동관(달성고분 37호)
blog.daum.net/nohyd/611

신라의 삼국통일 이후 대구는 지방의 한 현縣으로 위상이 그리 높지 않았다. 하지만 신문왕이 집권하던 689년에는 신라의 도읍지를

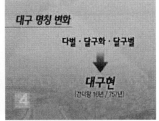

689년 경주에서 달구벌(대구)로 천도를 추진했던 ch1.tbroad.com
신라 신문왕의 릉 news.joins.com

경주에서 달구벌로 천도하려는 시도가 있었는데, 귀족들의 반발과 막대한 자금의 필요로 그 계획은 성공하지 못했다. 하지만 이러한 시도로 보았을 때, 대구는 삼국시대부터도 지정학적으로 매우 중요한 지역이었음을 알 수 있다. 신라의 지방 군사 조직인 10정停 중 하나가 대구의 비슬산 아래 있는 현재 현풍 지역에 주둔했던 것이 이를 방증한다. 경덕왕 16년부터는 달구벌, 다벌, 달구화達句火라는 지명에서 대구大丘라는 지금의 이름으로 개칭하였다는 기록을 볼 수 있다.

한편, 신라 말에는 장보고의 군대가 왕위쟁탈전 과정에서 대구에서 전투를 벌였고, 후삼국기에는 왕건과 견훤이 경주를 차지하기 위해 대구 공산에서 격전을 벌였던 흔적이 남아 있다. 이는 대구가 신라 말까지도 경주와 지방을 연결하는 중요한 군사·교통의 요충지였음

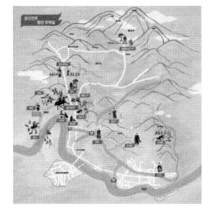

yeongnam.com

을 말해주는 것이다.

신라 시대에는 다섯 명산五岳이 있어 봄과 가을에 제사를 지내는 풍속이 있었는데, 지금의 토함산, 지리산, 계룡산, 태백산 그리고 중악中岳이 그것으로, 이 중 중악이 팔공산에 해당하는 것이었다. 팔공산에는 신라가 불교국가였던 만큼 불교 유적이 산재해 있다. 동화사, 송림사, 부인사, 은해사 등이 신라 시대의 불교 유적이며, 팔공산의 마애약사여래좌상은 경주 남산의 마애불과 비슷한 점이 많다.

동화사 kbpf.org

팔공산 마애약사여래좌상
daegucity.net

4) 고려 시대 이후 정치·군사적 요충지로서의 대구

고려가 후삼국을 통일하고 수도를 송도(개성)으로 정해 북진정책을 추진하면서, 신라 시대까지 이어오던 지정학적 요충지로서의 대구의 역할이 상당히 축소되는 모습을 보인다.

하지만 12세기 무신정권기에 전국적으로 민란이 일어났을 때는 대구가 그 중심지의 하나였는데, 이는 몽고 침입 당시에도 공산성에

선화당, 현 경상감영공원 daegucity.net

서 벌어진 항쟁과 더불어 다시 대구가 정치·군사적 요충지임을 보여주는 사건들이다.

이후 조선 건국 직후인 태조 3년(1394)에는 대구의 인구가 약 1,300여 호로 계속 발전을 거듭하여 세종 1년(1419)에는 현에서 군으로 승격이 되기도 한다. 세종 30년(1448)에는 전국에서 최초로 민간 구휼 기관인 사창社倉이 설치되었고, 세조 12년(1446)에는 도호부가 설치되었으며, 임진왜란(1592) 때에는 대구에서 의병할동이 크게 일어났고 선조 34년(1601)에는 경상감영이 설치되는 것으로 보아 영남지역의 교통·군사 중심지이자 행정 중심지로도 대구가 크게 발전하였음을 알 수 있다.

이처럼 대구가 발전하게 된 요인으로는 지리적으로 경상도의 중앙에 위치하여 교통상의 중요한 요충지의 역할을 했고, 감영이 설치되면서 정치·행정의 중심지가 되었으며 지리적으로 주변에 산과 평야가 밀집되어 있어 농산물의 주요 집산지였던 점이 주요한 요인으로 작용한 것이다.

② 쑤저우苏州 개황과 역사

1) 도시 개황

쑤저우 위치 suzhou.gov.cn

쑤저우苏州는 '쑤苏'로 간칭하며, 과거에는 오吳, 고소姑蘇, 평강부平江府 등으로 불렸다. 장쑤성江苏省의 주요 시이자 국무원国务院이 비준한 '국가역사문화명성 및 풍경관광성시国家历史文化名城和风景旅游城市', '국가첨단기술산업기지国家高新技术产业基地', '장강삼각주 중요 중심 도시长江三角洲重要的中心城市之一'이다. 다섯 개의 구区에다 네 개의 현급시县级市를 관할하고 있으며, 총면적은 8488.42제곱킬로미터이며, 상주인구는 1072만여 명이다.

쑤저우는 수隋나라 때 대운하가 개통되자 강남江南 쌀 수송지로 활기를 띠면서 항저우杭州와 더불어 "上有天堂, 下有蘇杭(하늘에는 천당이 있고, 땅에는 쑤저우와 항주가 있다.)"라는 말이 있을 정도로 번영하였다. 아울러 예로부터 "사주지부絲綢之府(비단의 도시)", "어미지향魚米之鄉(쌀과 물고기의 고장)", "원림지도園林之都(정원의 도시)"로도 불렸다.

쑤저우가 하나의 도시로 성립된 것은 대략 기원전 514년경 오나라의 도읍지에서 시작된 것으로 본다. 이렇게 보면 2,500여 년의 도시 역사를 자랑한다. 쑤저우는 전통적으로 오문화吳文化의 주요 발상지이며, 서한西漢 초기에는 중국 동남지역 최대의 도시로 번영하였다.

쑤저우에는 역사적 인물도 많이 배출했다. 당대 시인 유우석劉禹錫, 육구몽陸龜蒙, 송대 문인 범중엄范仲淹, 범성대范成大, 명대 문인 고계高啓, 풍몽룡馮夢龍, 이옥李玉, 오위업吳偉業, 명대 화가 당인唐寅, 구영仇英, 청대 문인 김성탄金聖嘆, 고염무顧炎武, 근대 문인 전현동錢玄同, 류아자柳亞子 등 수많은 명인들이 쑤저우 출신이다.

쑤저우 전경 suzhou.gov.cn

2) 도시의 역사

쑤저우 지역에는 6천 년 전부터 원시 부락이 형성되어 있었다. 요순堯舜의 뒤를 이은 하夏나라 우왕禹王이 홍수를 다스리기 위해 천하를 아홉 개의 고을, 즉 구주九州로 나누었는데, 여기서 쑤저우는 '고양주古揚州'에 속하였다. 춘추전국시대에 이르러 쑤저우는 오월

쑤저우 전경 suzhou.gov.cn

동주吳越同舟와 와신상담臥薪嘗膽 고사가 유래한 오吳나라의 도읍지가 되었다. 그 후 B.C.473년에는 월越나라에 속하게 되었고, 다시 초楚나라에 합병된다. 그로부터 300여 년이 지난 후에 삼국시대 오吳나라가 잠시 이곳에 도읍을 정하기도 하였다.

지금의 쑤저우라는 명칭은 수隋나라 때 개칭한 것이다. 삼국시대 이후 쑤저우는 한 나라의 도읍지가 되지는 못했으나 장강長江 유역의 주요 교통중심지로 중요한 위치를 차지하고 있다.

상술했듯이 쑤저우라는 지명은 수隋나라 때부터 사용되었다. 한때 오주吳州라든가, 고소姑蘇, 평강平江이라 불렸던 적도 있었다. 그러다가 명明 이후로 쑤저우라는 이름으로 고정되었다. 원대元代에 이 지역의 정식 명칭은 평강로平江路였는데, 마르코 폴로가 쓴 『동방견문록』에도 'suju'라고 표기한 것을 보면 역시 일반적으로 쑤저우로 불렸던 것을 알 수 있다.

역사적으로 쑤저우는 지주地主문화가 발달한 곳으로, 관직에서 물러난 관료들이 낙향하여 은거하면서 쑤저우의 문화를 만들어 내었다. 따라서 지역적 자존감과 지역문화에 대한 자부심이 매우 높았다. 원대 말기에 명 태조 주원장朱元璋이 천하통일을 이루는 과정에서 마지막까지 저항했던 장사성張士誠의 본거지였던 것도 이러한 배경에 기인한 것이라고 할 수 있다. 그 때문에 태조는 명나라 건국 후에 쑤저우 지역을 홀대하며 보복 조치를 취하기도 했다. 주원장은 이곳의 잠재력을 두려워해서 강남성 소속으로 두고, 막대한 세금을 매기고 부유한 가문을 당시 수도였던 난징南京으로 이주시키기도 했다. 하지만 쑤저우는 계속해서 경제적으로나 문화적으로나 강남의 중심지로서 번영해 갔다. 전통적인 견직물과 자수 제품이 유명하였고, 명明나라 이후부터 면포의 생산도 많아졌다. 또한 쑤저우 출신의 수많은 과거시험 합격자를 배출하는 등 강남의 중심지로 발돋음 하였다. 명나라의 수도였던 난징이나 베이징의 인구가 100만 내외였는데, 쑤저우의 인구는 200만이 넘었다고 한다.

쑤저우는 만주족의 청조淸朝가 들어선 후에도 변발 풍습을 거부하는 등 민족적 자존을 지키려고 저항했던 지역이어서 많은 불이익을 받았지만 다시 견직물 중심지로 번영을 구가하며 회복한다. 상하이上海가 개항하기 전까지는 우쑹강吳淞江의 수운을 이용한 외국무역도 활발하였다.

쑤저우운하 pixabay.com

청나라 말기 태평천국 군대가 이곳을 점령하였다가 나중에 진압되는 과정에서 도시의 많은 부분이 파괴되었다. 중일전쟁 당시에도 쑤저우의 대표적 사찰이던 운암사가 파괴되는 등 수난을 당했다. 제2차 세계대전 후에는 방적, 기계, 제강, 화학, 시멘트 등 근대공업도 발달하였다. 주변 지역의 풍부한 농업생산과 경항대운하, 우쑹강, 후닝沪宁(上海~南京) 철도 등 편리한 수륙교통에 힘입어 전통적인 상업활동도 활발하다. 90년대 중반에는 중국과 싱가포르 양국 정부가 합작한 쑤저우공업원구苏州工业园区가 구시가지 동쪽 진지호金鸡湖 호변에 조성되어 중국의 첨단산업을 이끌고 있다.

시가지는 둘레 23km의 성벽으로 둘러싸인 옛 성안과 그 바깥의 신시가지로 나뉘는데, 시내에 운하망運河網이 발달하여 '물의 도시', '동양의 베니스'로도 불린다.

쑤저우 운하

③ 후쿠오카福岡 개황과 역사

1) 도시 개황

후쿠오카는 일본 규슈 북부에 있는 도시로, 오랫동안 대륙으로부터 일본으로 들어오는 관문 역할을 한 곳이다. 이곳은 과거 동중국해[1], 대마도를 거쳐 아시아대륙과 일본 사이에 인적, 물적 교류가 활발했던 곳이다. 한국과는 200km 정도의 거리밖에 되지 않을 정도로 가깝다. 후쿠오카현의 인구는 512만 명이고 이 중 후쿠오카시의 인구는 162만 명 정도로, 후쿠오카현 인구의 3분의 1이 후쿠오카시에 거주하고 있다. (2021년 기준) 2020년 10월에 실시된 국세 조사國勢調査에 따르면 후쿠오카시의 인구증가율이 20개의 정령도시政令都市 중 최대였다.

후쿠오카시의 인구 증가율이 최고인 이유로는 살기 좋은 주거환경과 교통이 편리한 점을 꼽고 있다. 또한 시에서 국제교류를 활성화시키고 스타트업 기업들이 비즈니스를 할 수 있는 환경을 조성하는 등의 노력이 주효했던 것으로 평가된다. 2021년 〈살고 싶은 도시 랭킹〉에서 후쿠오카는 5위를 차지했다.(2020년 4위) 면적은 340km² 정도로 대구시(883km²)의 3분의 1이 조금 넘는다.

후쿠오카시는 규슈 지역의 행정, 경제, 교통의 중심지이고, 기타큐슈시를 포함한 〈북큐슈, 후쿠오카 대도시권〉은 일본 경제규모 4대 도시권으로 꼽히고 있다. 철강과 제조업으로 유명한 기타큐슈시와 함께 후쿠오카는 글로벌 창업, 고용창출 특구로서 국가전략 특별구

---

1) 우리나라 제주, 대만, 중국 남쪽, 규슈에 걸친 바다로, 이전에는 '동지나해東支那海'라고 불렀다. '지나支那'라는 것은 영문 China를 한자로 표기한 것이다. 중국과 대만에서는 동해東海라 한다.

역으로 지정되었다.

후쿠오카에서 가장 번화한 곳은 텐진天神이다. 텐진이라는 지명은 학문의 신으로 추앙받는 스가와라노 미치자네를 기려 명명한 지명이다. 미치자네는 중세 전기 사가천황에게 발탁되어 중용되었으나 주변의 모함으로 후쿠오카 부근의 다자이후로 귀양을 오게 되고, 도읍인 교토에서 멀리 떨어진 다자이후에서 쓸쓸하게 죽음을 맞이하게 된다. 이 비운의 주인공 미치자네를 추모하여 일본에서는 그를 '하늘의 신天神'으로 모시고 있고, 후쿠오카에서도 그를 기리기 위해 텐진이라는 지명을 사용하고 있다. 텐진은 규슈 최대의 상업지역이고 규슈지역의 대표적인 금융기관들이 들어서 있다.

신칸센이 정차하는 하카타역 주변은 관공서나 회사가 많은 지역으로 후쿠오카시는 하카타와 텐진 사이를 흐르는 나카강을 중심으로 두 개의 구역이 상가와 업무 구역으로 구분된다. 나카강을 중심으로 한 환락가는 나카스라 부르는데, 밤이 되면 포장마차가 즐비한 포장마차 거리로도 유명하다. 후쿠오카의 텐진, 하카타, 나카스의 포장마차 수는 일본 최고라고 한다. 이외에도 하카타항쪽 바다에 면한 시사이드 모모치 해변에는 야구장 후쿠오카 돔과 시립 박물관, 시립 도서관 등의 문화시설과 음식점, 오락 시설이 밀집되어 있다.

2) 도시 역사

후쿠오카는 일본 최초로 벼농사가 전래된 지역이다. 7세기에는 대륙으로부터의 침입을 막기 위한 목적과 대륙과의 외교를 관장하기 위해 다자이후를 설치했다. 다자이후의 외항이었던 하카타는 외교사절이나 상인들을 접대하기 위한 홍로관을 만들기도 하여 신라

에서 무역을 위해 이곳에 오기도 했다. 11세기 말경부터 다이토가大
唐街라 불리는 당나라 사람들의 거리가 형성되어 후쿠오카에는 이
국풍의 건물이 늘어서고 많은 외국인 상인들이 오가는 대도시가 되
었다. 12세기에는 일송무역日宋貿易에서 부를 축적한 중국 상인들이
하카타에 거주하며 활발한 상업활동을 했다. 이들은 하카타의 사원
과 긴밀한 관계를 가지고 있었는데, 이들의 힘이 중앙에까지 미치게
되어 이들을 특히 '하카타 강수博多綱首'라 부른다.[2] 13세기 후반에
는 두 번에 걸친 몽고 침략이 있어 이들을 막기 위해 설치한 원구방
루가 아직도 남아 있다.

무로마치시대(1338~1573)에는 하카타에 연행사라 불리는 12명의
호상들의 회의가 있었는데, 이를 통해 시정이 운영되어 일본 역사상
최초의 자유도시가 되었다.

1587년에는 규슈를 정벌한 도요토미 히데요시가 전투로 폐허가
된 하카타를 재건한다. 히데요시는 자유로운 교역이나 상인들의 자
치를 인정하면서 후쿠오카는 새로운 자치도시로 자리잡게 된다. 하
지만 도쿠가와 이에야스의 에도막부시대부터 막부의 쇄국령으로 외
국과의 통상이 나가사키나 쓰시마로 한정되는 바람에 후쿠오카와
하카타는 국제도시로의 역할을 더 이상 하지 못하게 되었다.

3) 후쿠오카의 특산물과 관광지

딸기

동일본에서 가장 인기 있는 딸기 품종은 '도치오토메'이다. 도치

---

2) 강수綱首란 선장의 존칭.

오토메란 '도치기현 아가씨'란 뜻으로 1996년 도치기현栃木県에서 개발된 품종이다. 단맛과 신맛의 밸런스가 좋고 향이 좋다는 평가를 받고 있다. 이에 비해 서일본에서 가장 인기 있는 것이 후쿠오카산 딸기인 '아마오'인데, 아마오란 '붉고(아카이), 둥글고(마루이), 크고(오키이), 맛있다(우마이)'의 첫 글자를 딴 이름이다. 아마오 이전에 '도요오카'라는 품종이 있었는데 그 후속으로 2005년 개발된 것이 후쿠오카산 아마오이다. 아마오의 특징은 열매가 크다는 점이다. 둥글고 귀여운 모양으로 산미가 적고 과즙이 많은 품종이다. 아마오를 이용한 '딸기 찹쌀 떡(이치고 다이후쿠)'이 유명하다.

후쿠오카산 딸기 아마오
yahoo.jp/44h3Hx

딸기 찹쌀떡
yahoo.jp/-Z1NHa

명란젓

명란젓이 일본으로 건너가게 된 것은 일제 강점기에 부산에서 명태 알을 마늘과 고춧가루로 절여서 발효시킨 것을 일본인들이 후쿠오카에 가지고 와서 일본 사람들의 입맛에 맞게 개량한 데서 시작된다. 명란젓을 일본에서 '멘타이코明太子'라고 하는데, '멘타이明太'는 명태의 일본식 발음이고, '코子'는 알을 뜻한다. 요즘은 멘타이코 앞에 '가라시辛子, 고춧가루'를 붙여 '가라시 멘타이코'라 부르는데,

겉만 살짝 익힌 '아부리 멘타이코'
yahoo.jp/65xXTH

매운 명란젓을 의미한다.

일본에 명란젓은 러일전쟁부터 태평양전쟁까지 부산과 시모노세키를 오가는 부관연락선釜關連絡船을 통해 일본으로 수입되었다. 후쿠오카에서 후쿠야라는 상점을 운영하던 가와하라 토시오川原俊夫는 한국의 명란젓을 일본인들의 입맛에 맞게 소금에 절이는 제조법으로 새롭게 만들었다. 당시 한국이나 시모노세키의 명란젓은 명란을 으깨는 방식으로 만들었는데, 가와하라는 으깨지 않고 조미액에 절이는 방식을 개발하여 이 방식이 한국에 역수입되게 되었다. 가와하라의 뒤를 이어 1960년대에는 많은 동업자가 생겨났다. 1975년에는 신칸센이 하카타역까지 연결되면서 도쿄의 백화점 등에 명란젓을 보급하며 전국적으로 알려지게 된다. 1980년대에 명란젓이 주먹밥이나 파스타에도 널리 이용되면서 2007년에는 주먹밥 등에 이용되는 명란의 출하량이 선물용 명란 출하량을 추월하게 되었다.

일본에서는 명란과 야채를 함께 올린 도시락이 출하되거나 술안주나 주먹밥, 오차즈케의 재료로 널리 사랑받고 있다. 2011년 NTT 도코모가 조사한 〈밥반찬으로 하고 싶은 음식 랭킹〉에서 명란은 1위를 차지하기도 했다. 양식에도 어울려서 명란에 마요네즈를 섞은 '명란 마요네즈'나 스파게티의 재료로 사용되기도 하고 빵에 발라먹는 '명란 프랑스'등이 많이 팔린다고 한다. 최근에는 튜브식 명란젓이 인기를 끌고 있다.

하카타라멘

하카타 라멘은 돈코츠(돼지뼈)로 우려낸 국물로 만든 라멘이다. 맛은 가게에 따라 천차만별이지만 기본적으로는 돼지 뼈를 우려낸 하얀 국물과 아주 가는 면이 특징이다. 돼지 뼈를 센 불에 끓이기 때문에 뼈의 콜라겐이 녹아서 걸쭉한 국물이 된다. 라멘 열풍이 일어 후쿠오카 관광으로 라멘 투어나 라멘 택시 서비스가 인기를 끌고 있다. 그 인기에 힘입어 오사카나 도쿄에 가게를 내는 점포가 많아지고 전국 라멘 푸드 테마 파크에 출품하거나 유명한 가게의 이름을 딴 컵 라멘이 판매되는 등 전국에 지명도가 높아지고 있는 추세이다. 그리고 역으로 전국의 유명 라멘집이 후쿠오카에 가게를 내서 그들과 하카타 라멘이 융합하는 형태로 간장 맛 돈코츠나 된장 맛 돈코츠 라면이 탄생하기도 한다. 또 규슈 내의 구루메 라멘이나 구마모토 라멘의 영향을 받아 하카타 라멘의 다양성도 확대되고 있다.

돼지 뼈를 우려내는 방식의 하카타 라멘의 유래에 대해서는 여러 설이 있다. 1937년 나가사키현 시마바라 출신의 미야모토 도키오가 당시 요코하마에서 유행하던 중국 소바와 나가사키 짬뽕의 돼지 뼈 국물을 넣은 돈코츠 라멘을 시작했던 것이 하카타라멘의 기원이라고 한다. 이것이 구루메 라멘, 혹은 돈코츠 라멘의 발상으로 가장 유력한 설이다. 1941년에는 후쿠오카시 나카스 부근의 포장마차 '산마로三馬路'를 개업해서 맑은 돈코츠 국물에 넓적한 라멘을 판매했다. 그 후 다양한 사람들이 나카스의 포장마차에서 여러 종류의 돈코츠 라멘을 내놓았는데, 1946년 중국 요리를 배운 이노우에 세이자에몽 정이 중국 봉천(지금의 심양시)에서 먹었던 걸쭉한 돈코츠 스프에 면을 넣은 '짓센十銭(십전) 소바'에 힌트를 얻어 소바 대신 라멘을 넣은 것이 지금의 하카타 라멘이 되었다.

하카타 라멘이라는 명칭은 처음에는 존재하지 않았는데, 후쿠오카시 니시진西新의 라멘 가게인 시바라쿠의 사장이 1977년 하카타 라멘이라는 명칭을 고안했다고 한다. 그 이후 후쿠오카시의 돈코츠 라멘을 파는 가게들이 하카타 라멘이라는 이름을 쓰는 곳이 많아지면서 이 이름이 일본 전국에 퍼지게 되었다. 이 외에 후쿠오카 현 구루메시에서 1947년 창업한 포장마차 삼구三九에서 우연히 돼지 뼈로 만든 국물에서 구루메 라멘이 생겨 이 스타일이 하카타라멘이되었다는 설도 있다. 나가하마 라멘은 후쿠오카시 나가하마長浜나나카스의 포장마차에서 파는 라멘을 지칭한다.

하카타 라멘
yahoo.jp/D0J_J5

나가하마 라멘
yahoo.jp/s11BMC

모쓰나베

모쓰나베는 소나 돼지 내장을 주재료로 해서 만든 요리이다. '모쓰'란 오리나 소, 돼지의 내장을 의미하는데, 다른 명칭으로 호르몬나베라고도 한다.[3] 후쿠오카에서 태평양전쟁 이후에 내장과 부추를 알미늄 냄비에 간장 소스를 넣고 졸여서 요리했던 것이 모쓰나베의

---

3) 일본에서는 내장을 '호르몬'이라 부른다.

시작이다.

최근에는 다랑어나 다시마를 졸인 국물에 간장이나 된장을 넣고 내장과 부추, 양배추와 마늘, 고춧가루를 넣어 먹는다. 다 먹은 후에는 우동을 넣어 먹기도 한다.

모쓰나베 yahoo.jp/JEK-Jk

1992년 도쿄에 하카타풍의 모쓰나베가 오픈하자 싸고 맛있는 음식으로 버블경제 붕괴 후의 사회 분위기도 가세하여 도쿄를 중심으로 널리 알려지게 되었다. 그 결과 그 해 유행어 대회 동상을 수상할 정도로 인기를 끌었다. 그러나 그 후 광우병 문제가 발생하여 도쿄 등 대도시에서는 인기가 많이 떨어졌다. 하지만 후쿠오카에서는 향토요리로서 여전히 인기가 있는 요리로 노포들도 많고, 일반 선술집에서도 하카타 라멘에 이은 두 번째 인기 메뉴로 자리 잡고 있다. 2012년 조사한 '좋아하는 나베요리' 앙케이트에서 8위를 기록했고, 2011년 〈닛케이 우먼〉에서 실시한 '통신판매로 주문하고 싶은 요리' 순위에서는 가장 인기가 있는 나베요리로 선정되어 전국적으로 여전한 인기를 누리고 있다.4)

하카타인형

하카타인형은 후쿠오카현의 전통 공예품의 하나로 도자기로 만든 인형이 주류이다. 하카타인형이 만들어지기 시작한 것은 초대 후쿠오카 번주였던 구로다 나가마사黒田長政가 초청한 장인이 만든 인형이 시초였다고 한다. 400년의 역사를 지닌 하카타인형은 1976년

---

4) '좋아하는 나베 요리' 1위는 50% 이상의 지지로 그 이전과 마찬가지로 스키야키가 선정됨.

하카타인형
yahoo.jp/eOnhtf4

에는 인형 부문 전통 공예품으로 통상산업 장관의 지정을 받는다. 하카타 기온 야마가사 마쓰리에 사용되는 야마가사 인형도 하카타인형을 만드는 인형사가 대대로 제작하고 있다.

하카타인형은 1900년 파리 만국박람회에 출품되어 해외에 이름을 알리게 된다. 하카타인형의 매력은 도자기 형태로 구운 인형에 그대로 색을 입혀 흙이 가지고 있는 촉감을 그대로 느낄 수 있도록 만든 점에 있다. 인형의 제작은 ① 점토로 원형을 만들고, ② 건조된 점토에 석고를 입힌 후 석고 틀을 떼어낸다. ③ 석고 틀에 점토를 부어 복제물을 만들고, ④ 복제품을 굽는다. ⑤ 가루나 화학 염료로 흰 색을 입힌 후, 그 위에 다른 색을 칠하는 과정으로 만들어진다.

노能 유야熊野
yahoo.jp/FvacQS

제목; 고추잠자리
yahoo.jp/TIxUQd

1910년대에는 조각이나 인체 해부학을 도입한 하카타인형은 사실적인 스타일로 자리 잡게 된다. 그 결과 완구에서 미술품으로 가치가 승격되었고, 인형을 만드는 사람들은 명인의 명칭을 받게 되었다. 하카타인형의 대표적인 모델은 미인, 노能나 가부키歌舞伎 배우,5) 어린아이 등이다. 이 중에서도 아름답고 요염한 모습을 지닌 여성상이 가장 인기가 높다.

후쿠오카의 관광지

① 나카스中洲 포장마차 거리

하카타의 나카스는 규슈 최대의 환락가이다. 저녁 무렵이 되면 나카강那珂川 주변에 120개가 넘는 포장마차가 나오기 시작한다. 나카스의 포장마차는 이동하는 것이 아니라 고정된 장소에서 영업을 하는 독특한 형태이다. 메뉴로는 어묵탕, 모쓰나베, 닭 꼬치, 튀김 외에 하카타 라멘도 인기가 있다. 관광객은 물론이고 지역민들도 많이 이용하는 곳이다.

나카스의 포장마차 yahoo.jp/WlLCS3

---

5) '노能'는 중세 연극이고, '가부키歌舞伎'는 근세 연극.

② 후쿠오카 타워

후쿠오카 타워는 높이 234m에
이르는 해변 가에 위치한 타워로,
일본 최고의 높이를 자랑한다. 외
관은 8,000장의 거울로 덮여 있
다. 지상 123m에 위치한 전망대
에서는 후쿠오카 시내와 하카타
만을 모두 볼 수 있고 야경이 아

후쿠오카타워 yahoo.jp/jO1d-k

름다운 곳이다. 또한 연인들의 성지로 알려져 3층 전망대에는 하트
모양의 자물쇠를 채워 영원한 사랑을 약속하는 '서약의 울타리'가
있다.

③ 야후 돔

야후 돔은 후쿠오카 야구팀
인 소프트뱅크 호크스의 본거
지이다. 통칭 '야후 돔'이라 불
리는 이 야구장은 여러번 소유
주가 바뀌고 그에 따른 명칭 변
경도 몇 차례 있었다. 처음 소
유주는 다이에이사였는데, 다이
에이사의 경영 악화로 2005년

후쿠오카 페이페이돔 yahoo.jp/XRwtad

소프트뱅크사가 50억 엔에 인수했다. 그리고 소프트뱅크사의 자회
사인 야후 저팬이 '후쿠오카 야후 저팬 돔'으로 이름을 바꿨다. 2013
년에는 돔의 명칭을 다시 '후쿠오카 야후오크 돔'6)으로 바꾸었다가
2019년 11월에 페이페이PayPay 주식회사가 명명권을 얻어 2020년부

터 '후쿠오카 페이페이 돔(통칭 페이페이 돔)'으로 명칭을 변경했다. 2020년 7월에는 돔 옆에 엔터테인먼트 빌딩인 〈보스 이조 후쿠오카 BOSS E·ZO FUKUOKA〉를 오픈하여 요시모토나 HKT48 극장까지 다양한 볼거리를 제공하고 있다.[7]

야후 돔은 돔 구장으로서는 일본 최대 규모를 자랑한다. 수용인원은 야구 시합의 경우 4만 명, 콘서트의 경우는 52,500명에 이른다. 면적은 69,130km², 최고 높이는 83.96m로, 지상 7층 건축물에 해당된다.

④ 캐널시티 하카타

'도시의 극장'이라는 컨셉으로 1996년에 개업한 본격적인 복합상업시설이다. 남북으로 흐르는 인공 운하(캐널)를 중심으로 호텔, 극장, 상점, 레스토랑, 쇼룸 등이 늘어서 있다. 거의 모든 시설이 운하 동쪽에 있고 '그랜드 하이얏트 호텔 후쿠오카'만 운하 서쪽에 있다. 시설 중앙의 운하에는 선 플라자 스테이지가 있어 거의 매일 매직 쇼와 같은 여러 이벤트가 열리고, 주말에는 라이브 공연이나 지역 텔레비전 방송국의

캐널시티 하카타 yahoo.jp/NwIb-B

---

6) '야후오크'란 '야후 옥션'의 줄임말로, '야후 옥션'은 야후 저팬의 옥션 사이트를 말한다.

7) 요시모토는 오사카에 본거지를 둔 일본 최대의 예능 프로덕션 요시모토 흥업을 말한다. HKT48은 후쿠오카를 거점으로 활약하는 여성 아이돌 그룹.

프로그램 녹화가 수시로 행해지기도 한다. 매일 정시에 열리는 분수 쇼도 중요한 볼거리 중 하나이다.

⑤ 다자이후 텐만궁太宰府天満宮
　다자이후 텐만궁은 후쿠오카현 다자이후에 있는 신사로, 학문의 신 스가와라노미치자네菅原道真를 모시고 있다. 정초에 하는 신사 참배에는 전국에서 200만 명이 넘는 사람들이 찾는 곳이고, 연간 850만 명이 참배하는 유명 신사이다. 교토에 있는 기타노 텐만궁과 함께 전국에 있는 텐만궁의 총본산이다.

　901년 우대신이었던 스가와라노 미치자네는 좌대신이었던 후지와라노 도키히라와 그의 무리들의 계략에 의해 규슈의 다자이후로 좌천되고 그 이듬해 서거한다. 그 후 미치자네의 유해를 장지로 옮기려하자 가마를 끄는 소가 움직이지 않아 거기에 텐만궁을 세우게 되었다. 그가 뛰어난 학자였기 때문에 다자이후 텐만궁은 자녀의 학업 성취를 기원하는 부모님들의 발길이 끊이지 않는 곳이다. 넓은 경내에는 매화나무, 녹나무, 창포 등 아름다운 꽃이 계절마다 색다른 분위기를 연출하고 있다. 소가 움직이지 않았다는 전설이 있는

소의 동상과 연못에 걸쳐진 아치형 다리인 다이코바시太鼓橋 등의
볼거리가 있다.

⑥ 야나가와柳川

후쿠오카시에서 전차로 1시간 정도 남쪽으로 가면 물의 고향인
야나가와가 나온다. 여기는 야나가와성 주변 해자를 나룻배로 도는
것이 관광상품이다. 숙련된 뱃사공이 능숙하게 노를 저으며 뱃노래
를 불러 관광객들을 즐겁게 해 준다. 겨울에는 화로가 있는 고다츠
로 따뜻하게 뱃놀이를 즐길 수 있고, 밤에 등을 밝히는 '야나가와 등
불 배' 등 계절에 따른 풍물도 있다. 배를 타는 선착장 주변에는 예
전에 많은 문인들이 모였던 옛날 요정 '쇼게쓰松月'이나 '쇼게쓰 문
인관'과 같은 문학자료관도 있다.

야나가와 유람선 yahoo.jp/KP8G6r

제**2**장

영남의 관문 대구 달성

① 대구읍성의 시작과 달성 서 씨의 '서침나무'

1) 대구의 풍수지리와 대구읍성의 시작

대구는 동해안으로부터 100km 이상 떨어진 내륙에 위치해 있다. 북쪽으로는 낙동강의 주요한 지류인 금호강이 동에서 서로 흘러가고, 남쪽으로는 비슬산에서 발원한 신천이 북쪽으로 시가지를 관통하여 흘러 금호강과 합류하고 있다. 한편 북으로는 비로봉을 정점으로 하는 팔공산이, 남으로는 비슬산을 중심으로 서에서 동으로 달리는 산악지형의 모습을 갖추고 있다. 이러한 대구의 모습은 산과 하천의 조화로움이 잘 잡힌 천혜의 자연환경을 갖춘 곳임을 말해준다.

대구는 기본적으로 분지의 모습을 갖추고 있는데, 이는 산을 중심으로 보면, 더욱 선명히 드러난다. 북쪽의 팔공산괴가 동쪽에서 서쪽으로 펼쳐져 있고, 남쪽은 비슬산괴가 동에서 서로 가로놓여 있다. 서쪽으로는 낙동강에 큰 줄기로 흐르고, 대구를 가로지르는 금

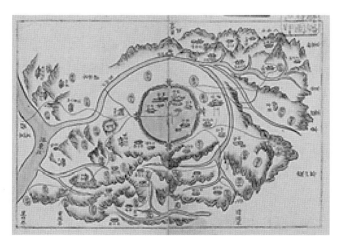

경상도읍지(1832년경)에 수록된 경상도 대구부 지도 kyujanggak.snu.ac.kr

호강이 동쪽에서 서쪽으로 흘러 화원 유원지 부근에서 낙동강으로 유입한다. 낙동강에 이르기까지 낮은 구릉지대로 약간 열려있는 분지의 형상을 띄고 있다.

『경상도읍지慶尙道邑誌』에 수록된 경상도 대구부 지도를 보면, 삼국시대 때의 이름이었던 달구 화현達句火縣(또는 達弗城)의 기원이 된 달성(達城)을 읍성 서쪽에 크게 그려 대구의 역사적 정체성을 상징적으로 보여주는 장소임이 강조하고 있는 것을 볼 수 있다. 달성은 경주의 월성과 비슷하게 자연적인 구릉을 이용하여 쌓은 토성으로 청동기 시대 이후로 대구 지방의 중심 세력들이 거주하였던 성으로 추정한다. 『삼국사기』의 기록을 보면, 달성은 261년 이사금 15년에 축조된 것으로, 이후 고려 중엽인 정종 때부터는 달성 서 씨들의 주거지가 되면서, 그들은 달구벌의 주요 지배 세력이 되었다.

달구벌 입지에 있어서 용맥은 팔조령, 최정산, 비슬산, 성불산(앞산), 연귀산, 아미산, 영남제일관으로 이어지는데 이는 달구벌 분지

거북바위(자라바위) 표지판 blog.naver.com

의 모습이 팔공산을 향해 엎드리고 있는 큰 거북의 형상을 하고 있음을 볼 수 있다.

그리고, 비슬산에서 시작하는 대구의 주맥은 앞선에서 그 기운이 급전직하로 떨어져 넓은 들판으로 기어가기 때문에 힘이 약해지는 상태라 할 수 있는데, 이러한 풍수를 보호하기 위하여 돌거북을 만들어 머리는 남쪽으로, 꼬리는 북쪽으로 하여 지맥을 통하게 하기도 했다. 1530년에 발간된 서거정의 '신증동국여지승람'를 보면 '연귀산은 부의 남쪽 3리에 있는데, 대구의 진산鎭山이다. 세상에서 전하기를 마을을 형성할 때 돌 거북을 만들어 산정부에 머리를 남쪽으로, 꼬리는 북쪽으로 향하도록 묻어 지맥을 통하게 한 까닭에 연귀라 부른다'라는 내용이 나온다. 연귀산은 현재 대구 제일중학교가 자리한 곳으로, 학교 건물 앞쪽에 머리를 앞산 쪽(남쪽 방향)으로 꼬리를 팔공산 쪽(북쪽 방향)으로 향해 있는 돌거북을 볼 수 있다. 이 거북바위는 타원형으로 되어 있으며 여러 곳에 성현性穴도 보인다. 이 거북바위는 고문헌에 기록된 대구를 상징하는 보물이다.

한편, 수성현(동쪽), 해안현(동북쪽), 하빈현(서북쪽)은 삼국시대부터 고려 시대까지 독립적인 고을이었지만 지방관이 파견되지 못하고 대구의 속현으로 존재하다가, 조선 전기에 대구에 병합되었다. 1600

년대 후반에 경상도의 거의 중심에 있던 대구가 확실한 감영의 역할을 할 수 있도록 성주에 속했던 화원현(서남쪽), 풍각현(남쪽)을 대구의 땅으로 만든 것이다. 이러한 옛 고을의 역사성이 면과 창고의 이름에 守(수성현)·解(해안현)·河(하빈현)·花(화원현)·角(풍각현)이란 글자로 담겨 있다. 지도 가운데 왼쪽 낙동강변에 있는 江倉은 대구 지역의 田稅와 大同米를 모아놓았다가 낙동강-남해-서해의 수운을 거쳐 수도인 한성부로 옮겨가던 창고를 의미하는 것이다.

한편, 대구의 출발의 기점인 달성은 청동기 시대 이래로 중심 세력을 이루었던 집단들이 거주했던 달구벌의 원형이다. 이곳은 서 씨의 시조 서진徐晋은 고려 때 봉익대부 판도판서 등을 역임하면서 공을 세워 달성군達城君에 봉해졌는데, 그의 아들 서기준과 손자 서영에 이르기까지 3대가 달성군에 봉해졌다.

이후 서 씨의 후손들이 대대로 달성에 살면서 달성을 본관으로 삼았다. 본관 달성達城은 현재 대구광역시 일원의 옛 지명으로 1601년(선조 34) 경상도 관찰사영이 설치되면서 경상도의 중심지로 자리잡게 된 곳인데, 서 씨 시조의 묘소는 대구광역시 중구 달성동 달성

달성토성 yeongnam.com

공원에 있다. 시조의 증손 서균형은 1360년(공민왕 9) 문과에 급제하여 간관諫官을 지낸 바가 있는데, 당시 신돈의 횡포를 탄핵하는 직언을 서슴지 않았고 잦은 왜구의 침입에 대비한 군의 중요성을 역설했던 것으로 유명하다. 그의 아들 서침은 정몽주의 문하에서 학문을 연마하여 조선이 개국한 후 조봉대부로 전의소감을 지냈는데, 조선 세종 때 조정은 서침에게 고려 중엽 이래 달성 일원의 땅을 나라에서 군사용으로 사용하고자, "그 대신 다른 땅을 주고, 후손들에게 대대로 벼슬을 내리겠노라"라고 제안했다. 그런데 서침은 "아무것도 바라지 않으며, 다만 대구 사람들의 환곡還穀(정부로부터 꾼 곡식) 이자를 경감해 주십시오"라고 말했다고 한다. 이 소식을 접한 대구 사람들은 세금을 줄여준 서침의 은혜에 감응하였고 1665년 구암서원의 최초 건물인 숭현사崇賢祠(대구시 문화재자료 2호)를 세워 서침 선생을 모시게 되었다. 이후 1971년에는 그가 국가에 헌납했던 달성 성내의 중심부에 '달성 서 씨 유허비'가 세워졌다. 그리고 유허비 인근의 300년 넘은 회화나무에는 '서침 나무'라는 별명이 주어졌다.

이러한 달성에 일제는 1906년 달성토성에 황궁요배전을 세웠고, 1914년에는 신사를 설치했으며, 일본산 가이즈카 향나무 등을 심어

달성토성의 서침나무 ohmynews.com

달성토성에 조성된 일본 신사 (좌)rigvedawiki.net, (우) yeongnam.com

공원화하면서 달성의 역사적 의미는 퇴색되었다. 광복 후 신사는 1946년에, 요배전은 1966년에 철거되었지만, 식민지의 아픈 역사는 여전히 간직되고 있다.

2) 대구의 명칭의 변화와 지명의 유래

대구 지역을 이르던 말로, '달구벌'은 넓은 평야, 큰 마을(부락), 큰 성이라는 뜻이다. 삼국시대까지 대구는 5~6세기 말, 삼국시대에는 다벌多伐, 달벌達伐, 달불성達弗城, 달구벌達句伐, 달구화達句火 등으로 불렸다. 여기서 화火와 벌伐은 촌락, 읍성을 뜻하는 말이며, 달達은 넓은 공간을 의미하는 것이다. 통일신라가 되어서는 달구벌이 대구현大丘縣으로 바뀌었는데, 이는 달구벌이라는 우리말이 당나라의 영향을 받아서, 벼슬 이름이나 지방 이름을 2자의 한자로 개칭한 제도 정비에 따라, 한자음을 붙인 대구大丘로 불리게 된 것이다. 이후 고려 때는 경산부 〈성주〉(京山府 〈星州〉)에 붙여졌고, 1466년(세조 12)에 이르러서야 도호부都護府로 승격되면서 경주에 있던 경상도 관찰사영이 대구로 옮겨오게 되었다. 또한 孔子의 이름인 '丘' 자를 고을의 이름으로 쓰는 것은 불가하다 하여 정조 때부터 '邱' 자로

44

고쳐 쓰게 되었는데, 지도에는 여전히 '丘'가 사용되고 있었음을 볼 수 있다.

　조선 시대의 大邱府는 북구 중 팔거천 이동지역과 동구 지역 일부를 뺀 대구광역시 전체, 달성군 다사읍, 화원읍, 가창면, 옥포면, 하빈면, 청도군 풍각면 대부분, 각북면, 각남면 서부를 포함하는 지역이었다. 대구 부성大邱府城은 1736년(英祖 12)에 축조된 것이고, 좌측에 위치한 달성達城은 신증동국여지승람新增東國輿地勝覽에 따르면 돌로 쌓은 성으로 옛날에 군창軍倉이던 곳이다. 치소 일대에는 감영監營, 객사客舍, 이아貳衙, 중영中營, 진영鎭營, 향교鄕校 등이 위치하여 행정 중심지를 이루고 있었음을 볼 수 있다.

　대구의 각 지역의 명칭은 고려 태조 왕건과 관련된 일화가 많이 엮여 있다. 왕건은 특위한 뒤 한동안 후백제와 긴장 관계에 있었는데, 태조 10년에 견훤은 고울부(영천)를 격파한 뒤 서라벌로 들어가 경애왕을 죽이고 재물을 약탈하였다. 그리고는 왕건을 진압하기 위해 병력을 거느리고 팔공산으로 진입하였는데, 왕건은 견훤과 세 번 싸워 전패하였던 기록이 있다. 이때, 왕건이 전투를 벌이면서 있었

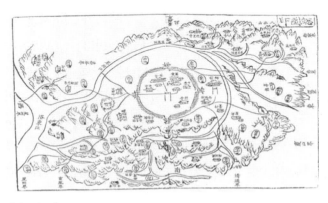

pinterest.co.kr

태조 왕건의 초상화
news.joins.com

던 일화들이 바탕이 되어 그 지역의 주요 명칭으로 붙여졌고, 그것이 지금까지도 이어져 오고 있다.

우선 팔공산은 대구의 명산으로 신라 때는 부악父岳이라고 일컬었고, 공식적인 제를 지내던 오악五岳, 즉 동쪽의 토함산, 남쪽의 지리산, 서쪽의 계룡산, 북쪽의 태백산과 더불어 중심부에 해당하는 중악中岳에 해당하였다. 정상인 비로봉에는 천신에게 제를 올리던 천 계단이 나아있는데, 산기슭에는 동화사와 부인사 및 파계사 등 명 사찰이 위치하고 있다.

이러한 팔공산에서 후백제군과 대전을 벌인 고려군은 무참히 패배하고 왕건만이 극적으로 탈출하였다. 그 흔적을 따라가 보면 먼저 살내를 볼 수 있다. 대구 북구 동서변동 금호강과 동화천이 합류하는 두물머리 근처로 이곳에는 '화살이 내川를 이뤘다'라는 뜻의 '살내'가 있다. 왕건과 견훤이 강을 사이에 두고 서로 활을 쏴 하천이 온통 화살로 뒤덮였다는 데서 유래되었다고 한다. 다음으로는 무태를 볼 수 있다. 왕건이 군사를 이끌고 지금의 대구 북구 서변동을 지나 연경동으로 향하던 중 "경계를 게을리하지 말고 태만하지 말라"라고 당부했던 곳에 붙여진 지명이다. 지금의 동·서변동을 말한다. 왕건은 무태에서 숙영을 하고 '선비들이 글 읽는 소리가 들렸다'고 해서 붙인 이름인 북구 연경동研經洞에서 동구 지묘동으로 이동하였다. 연경동은 현재 한국토지주택공사의 보금자리주택단지로 조성된 곳이다. 이후 이동한 지묘동은 '지혜로운 묘책'이라는 뜻을 지녔다. 이곳에서 신숭겸은 왕건을 대신하여 왕의 갑옷으로 갈아입고

위장한 채 어가를 타고 적에게
돌진하여 죽음을 맞이한다. 왕건
대신 죽음으로써 왕건을 구한
전략에서 붙여진 지명이다. 팔공
산이라는 지명도 왕건을 무사히
구하는 과정에서 죽은 신숭겸,
김락 등 8명의 충성스러운 장
수의 순절을 의미하는 뜻으로

대구 왕건길 *yeongnam.com*

팔공산八公山이라고 부르게 되었다. 한편, 파군재는 동구 불로동에
서 동화사와 파계사로 가는 길목에 있는 곳으로 '군대가 깨졌다'는
의미이다. 여기에서 왕건은 견훤 군에 무참해 패배했는데, 현재 신
숭겸 장군의 동상이 서 있고 그 뒤로는 동수대전 전투 장면이 그려
진 부조가 있다.

팔공산 안쪽 염불암에 있는 일인석은 팔공산을 향해 도주하던 왕
건이 혼자 앉았던 것으로, 한 승려가 "이 자리는 한 사람만이 앉을
수 있는 곳인데 그대는 누구인가?"라고 물으니, 왕건이 "내가 바로
왕이다"라고 대답했고, 그러자 승려는 절을 하고는 북쪽에는 견훤

팔공산 관봉석조여래좌상 *location.or.kr*

군이 있으니 남쪽으로 되돌아가라고 했던 곳이라 한다. 이에 왕건은 일인석에 앉아 있다가 다시 파군재를 넘어 봉무동에 있는 독좌암에 홀로 앉아 쉬었는데, 이곳을 독좌암이라 하고 이곳에는 현재 독암 서당이 자리하고 있다. 독좌암을 거쳐 남동쪽으로 향한 왕건은 주위를 둘러보니, "노인은 없고 아이들만 있다"라고 붙여진 마을이 불로동이다. 불로동에는 200여 개의 거대한 고분군이 있는데, 왕건이 견훤에게 패해 도주하다 뒤돌아보니, 체력이 떨어지는 늙은 병사들은 다 낙오하고 젊은 병사만 겨우 따라오고 있었다고 해서 불로동이라 붙여졌다고도 한다.

팔공산에서 내려온 왕건은 견훤 군의 포위망에서 벗어난 뒤 '얼굴을 펴고 비로소 안심했다'라는 데서 비롯된 지명이 지금의 해안과 안심이다. 해안은 방촌동 지역이고, 이 지역을 지나간 왕건이 날은 어두운데 중천에 떠 있는 달이 길을 비췄다는 데에서 붙여진 지명이 반야월이다. 왕건과 관련된 사찰도 몇 군데가 있다. 우선 팔공산의 대비사大悲寺는 신숭겸 장군이 순절했다는 소식을 듣고 크게 슬퍼하며 지었다는 곳이다. 대구 남산 앞산공원 인근에 있는 은적사隱跡寺는 숨는다는 뜻으로 왕건이 숨었던 절이라고 해서 붙여진 이름이다. 은적사 대웅전 옆에는 사람 한 명 들어갈 조그만 굴이 있는데, 이곳이 왕건이 혼자서 사흘간 머물렀던 곳이라 한다. 또한 왕건은 은적사보다 더 안전한 은신처를 원해서 더 깊은 골짜기로 이동했는데, 이곳이 안일사安逸寺이다. 왕건이 편안하게 머물렀다는 뜻의 이름을 가진 절인데, 왕건이 안일사까지 추격해 온 견훤을 피해 숨어들었던 풍화 동굴이 있는 곳이다.

② 대구로 온 경상감영과 대한 외국인 두사충

1) 조선시대 감영의 역할과 경상감영

경상감영慶尙監營은 조선 지방 행정의 8도 체제하에 경상도慶尙道를 관할하던 감영監營으로 현대의 도청道廳과 같은 역할을 하는 곳이다. 조선은 과거 고려가 운영하던 5도 양계라는 복합적 구조의 지방행정체계를 탄력적으로 조정하여, 전국을 8도 체제로 일원화하고 각 도에 관찰사觀察使를 파견하였다. 관찰사는 감사監使라고도 불리며, 해당 관할지의 행정 및 사법권을 부여받았을 뿐 아니라 병마절도사나 수군절도사도 겸직함으로써 해당 지역의 군사 지휘권까지 가졌고, 도내의 모든 수령(목민관)과 진관鎭官의 장수들은 관찰사의 지휘를 받게 되었다.

원래 경상도 지역을 관할하는 감영은 조선 초기에는 경주부에 있었고, 경주를 다스리는 부윤府尹이 경상도 관찰사, 즉 경상감사를 겸하였는데 태종 7년(1407년)에 경상도가 다른 도에 비해 땅이 넓고 인구가 많다는 이유로 조선 조정은 낙동강을 경계로 서쪽을 우도右道, 동쪽을 좌도左道로 나누어 좌도는 예전대로 경주부윤이 맡고 우

경상감영문 포정문(관풍루) pinterest.co.kr

도는 상주목사가 맡아 해당 도의 관찰사를 겸하게 하였다. 경상도의 우·좌 분도分道가 당시 조세 체계의 혼란 등의 부작용을 일으키자 이듬해 원래대로 환원하고, 대신 경주에 있던 감영을 상주로 옮겨 상주목사가 경상감사를 겸하게 되었다.

중종 14년(1519년)에는 감사가 맡은 업무가 과중하다는 지적이 들어오면서 종전대로 다시 우·좌도를 나누어 상주목사와 경주부윤에게 각각 관찰사를 맡겼다가 12월에 다시 분도로 인한 폐해가 크다는 호소에 따라 원래대로 되돌리게 되었는데, 이는 당시 기묘사화의 여파로 인해 그 동향이 심상치 않았던 영남 지역 사림士林들에 대한 통제를 강화하기 위한 정치적 의도가 있었다고 지적하기도 한다. 이후로도 상황에 따라 경상도는 나누어졌다가 다시 합쳐지기를 반복했고, 경상감영도 성주星州의 속현이었던 팔거현을 거쳐 대구부의 달성, 안동부 등을 전전하게 된다.

이처럼 경상도의 분도가 되풀이됨에 따라 이곳저곳을 떠돌던 경상감영은 임진왜란이 한창이던 선조 29년(1596년)에 이르러 처음으로 대구부에 세워지게 된다. 당시 경상도를 점령하다시피 한 왜군이 전라도로 진격하는 것을 막을 수 있는 전략적 요충지로서 대구가 주목받았다.

그러나 선조 30년(1597년) 정유재란으로 대구는 왜군의 손에 파괴되고 달성에 있던 감영도 불타버린 뒤, 감영은 당시 대도호부大都護府가 설치되어 있었던 안동으로 옮기게 되었고, 임진왜란이 끝난 선조 34년(1601년), 안동대도호부가 교통이 불편한 내륙에 있어 위치상 감영으로는 적합하지 않다는 이유를 들어 경상감영을 다시 대구로 옮기자는 이덕형의 건의가 받아들여져 다시 대구부로 옮긴다. 감영이 대구부로 옮겨지면서 감영 운영을 경제적으로 지원하기 위해 경

1905년 선화당 모습(대구근대역사관 소장)
koya-culture.com

일제강점기 때 징청각
encykorea.aks.ac.kr

산·하양·화원이 대구부에 합속되었는데, 대구에 새롭게 지어진 경상감영의 부지가 바로 대구 중구 포정동에 소재한 현재 경상감영공원으로 조성된 선화당宣化堂 일대에 해당하는 곳이다. 선화당宣化堂은 관찰사가 공무를 보던 곳으로 1982년 3월 4일 대구광역시 유형문화재 제1호로 지정되었고, 징청각澄淸閣은 선화당과 함께 건립된 것으로 보이는데 이 건물 역시 1730년 두 차례의 화재를 입었으며, 지금의 건물은 정조 13년(1789년)에 새로 지은 것이다. 이후 1910년에는 경상북도 청사로 개칭되었는데, 1966년에는 경북 도청 청사를 포정동에서 산격동으로 이전하였고, 그 자리는 1970년 중앙 공원으로 조성되었는데 1997년 경상감영 공원으로 개칭되었다.

경상감영은 대구부성, 즉 읍성邑城 안에 설치되었는데, 성내에는 관찰사가 경상도 전체의 행정과 사법 그리고 수륙 양군의 지휘권을 맡아보는 감영과 대구부 한 고을만의

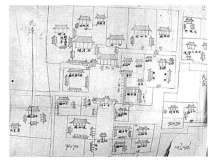

경상감영 공해도(1907년, 규장각 소장)
koya-culture.com

부사감사가 부사를 겸하는 경우에는 판관로서 대구부 행정과 사법 업무를 보는 부아府衙는 별개로 존재하였다. 대구진관 내의 군사 행정과 훈련을 맡은 영장營將의 집무실인 진영鎭營과 객사客舍 등도 있었음을 볼 수 있다. 여기에는 이들을 도와 실무를 전담할 아전을 비롯한 군교軍校, 잡무를 맡아보는 사령使令, 나장羅將, 잔심부름 등 궂은일을 도맡는 관노비들이 있었고, 이들이 조선 후기 경상도를 대표하는 행정도시가 될 대구부성을 구성하는 구성원들이었다. 그 읍성 주위에는 관에서 근무하는 향리를 비롯해 상공인 및 관노비, 중인 계층과 평민, 천민들의 주거지가 주로 형성되어 각종 상업활동에 종사하였음을 볼 수 있다.

2) 귀화 외국인 두사충과 경상감영터

두사충은 명나라 제독 이여송의 참모로서 전쟁터의 진陳과 군대의 병영터를 골라잡는 수륙지획주사水陸地劃主事, 또 다른 말로는 풍수참모 혹은 풍수 전략가였다. 그는 진린 제독과 처남 매부 간이었으며, 이순신 장군에게 "奉呈杜僕射(봉정두복야)"라는 시를 받을 정도로 친분이 돈독하였는데,

두사충 ohmynews.com

두사충은 전쟁이 끝난 후, 명明이 기울고 청靑이 일어나는 상황에서 청의 신하가 되는 것을 도저히 용납할 수 없었기에 이후 조선에 귀화하여 대구에서 살게 되었다.

조선의 산세와 지세를 훤히 꿰뚫고 있던 두사충이 대구에서 처음

정착한 곳은 지금의 경상
감영공원 자리인데, 그는
이곳을 '하루에 천 냥이
나오는 명당'이라고 했다.
그런데 그곳이 경상감영
(경상도를 관할하던 관청) 부
지로 결정되자 두사충은
나라를 위해 그 땅을 흔쾌

하루 천 냥이 나오는 명당 search.naver.com

히 내놓았다고 한다. 이에 조정은 지금의 계산동 땅을 하사, 이 땅마
저도 추위에 떠는 백성들의 의복을 해결하기 위해 뽕나무를 심고 가
꾸게 했는데, 지금의 계산동 일대가 바로 그곳이며 그 이후부터 뽕
나무 골목으로 부르게 되었다.

경상감영터, 계산동, 대명동(명나라를 그리워하며 배례를 올린 대덕산
일대), 고산서당(두사충이 원래 묻히려고 했던 묏자리), 담티재(담이 걸려
고산서당까지 더 걷지 못하게 된 곳), 모명재慕明(두사충의 호), 두사충 묘
소 등이 모두 두사충과 관련된 유적이라 할 수 있다.

모명재 mmj.suseong.kr

③ 대구읍성의 축조와 약령시의 발달

1) 대구읍성의 축조

대구읍성은 선조 24년 부사 윤현이 선산 군위 안동 읍민을 징집하여 대구부민과 더불어 토성으로 축조되었다. 임진왜란에 붕괴되어 오랫동안 복원되지 않고 있다가 영조 12년(1736)에 석성으로 축성되었는데, 대구읍성

대구읍성 조형물 blogs.chosun.com

에는 동서남북에 4개 문이 있었다. 먼저 약전골목 길 남성로의 정문인 남문 영남제일관嶺南第一關, 동성로의 동문 진동문鎭東門, 북성로에 북문 공북문拱北門, 서성로에 서문 달서문達西門이 바로 그것

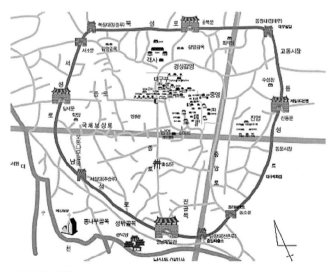

대구읍성 복원도 kbmaeil.com

이다. 지금의 대구 중심 거리는 과거 경상감영을 중심으로 사대문으로 향하는 길이었다.

영남제일관 앞에 위치한 영영축성비는 경상도 관찰사 겸 대구 도호부 사였던 민응수가 임진왜란으로 허물어진 대구읍성을 쌓은 뒤, 규모와 공사과정을 기록하여 1737년(영조 13)에 세운 것이다. 비문에 따르면, 공사 기간은 1736년 1월에 시작하여 6개월

대구읍성 흔적길 m.yeongnam.com

정도 걸렸고, 동원된 인원은 7만 8천 534명에 이르렀다고 한다. 그 둘레는 총 2천124보步, 성 위에서 몸을 숨기고 적에게 활이나 총을 쏠 수 있게 한 여장은 819첩, 높이는 서남 18척, 남북 17척, 뒤 축대 넓이가 7보, 높이가 3급級이라고 기록되어 있다. 읍성의 네 모퉁이 에는 동장대, 남장대, 북장대와 한양을 바라본다는 의미의 망경루라 는 4개 망루가 있었다.

대구읍성 흔적길 m.yeongnam.com/jsp/view.jsp?nkey=20140325.010090809440001

2) 조선 효종, 국책사업과 약령시

임진왜란을 전후하여 사회경제는 급격히 변화하여, 생산자와 수요자들을 중심으로 교통이 편리한 곳에 모여 5일 간격의 시장이 형성되었다. 이러한 현상은 교환경제의 발달과 그에 따른 직업의 분화를 촉진하여 사람들이 교환을 전제로 한 각종 재화의 생산을 전문화하게 하였다.

1609년(광해군 1)부터 1677년(숙종 3) 사이에 전국적으로 실시된 대동법은 이전의 상평통보와 함께 쌀과 직물을 모든 물자 교환 매체로의 소재화폐素材貨幣 구실을 전담하게 하였는데, 이와 같은 교환경제의 발달은 사람들에게 자신의 부가가치를 높일 수 있는 상품을 재배하고 만들도록 함으로써 직업이 더욱 분화하고 생산품이 증가하게 되었다.

대구약령시는 이러한 사회 분위기가 형성되었던 조선 효종(1649~1659) 때 발생하게 되었다. 대구가 경상좌·우도 감영 소재지일 뿐만 아니라 좌·우도의 교통 요충지이며 특히 낙동강·금호강에 접해 있어, 지역 안의 약재 등 각종 상품을 육운陸運·수운水運으로 수송하기에 가장 편리했다. 대구에 인접한 고령·성주·칠곡·선산·의성·

대구 약령시의 옛모습 culturecontent.com

군위·영천·경산·청도·합천 등 각 군·현과 안동·영양·봉화·예천·문경·상주·김천 및 경주 등 원격지의 각 부·군·현이 한결같이 한약재의 명산지였고, 나아가 이전 상공常貢 또는 별공別貢으로 관아에 수납하던 공물 몫도 대동법 실시 이후부터는 한약재를 일단 판매하지 않으면 안 되었다는 점도 큰 변화였다.

이처럼 대동법이 실시됨으로써 대내적인 민수용이든 관수용이든, 대외적인 교역용이든 한약재는 원칙적으로 시장을 통해 조달될 수밖에 없었다는 사회·경제적 여건이 형성되었고, 이런 분위기에서 대구 약령시가 크게 발전하게 된다.

효종 연간부터 경상감영 서편 객사 주변(대구 중부경찰서 북편 일대)에서 전개된 시기로, 약재 생산자와 상인들은 정해진 개시일 동안 대구읍성 사방의 관문을 통하여 출입하면서 상품을 매매하였다. 관인의 지휘와 통제를 받는 약재의 객주客主·여각旅閣 및 거간居間의 중개 알선을 받으면서 거래를 하였고, 정선된 희귀 약재가 관수용으로 거래되고 난 다음 의원醫員 및 일반 민수용의 거래가 이뤄졌다. 민간 거래는 성곽 밖에 위치하여 연중 2일과 7일에 개시되던 서문시장과 4일과 9일에 개시되던 동문시장의 한 모퉁이에서 대량으로 자유 거래되었을 것으로 추측되는데, 도시와 약령시의 규모가 커짐에 따라 1907년 5월 약령시는 남문 밖 오늘날의 약전골목(남성로와 동성로 일부)으로 이전하게 된다. 당시의 대구에서는 "대구 상인들은 약령시 열리는 한 달 동안 벌어서 1년을 편안히 놀고먹는다."라는 말까지 나돌 정도였다.

그러나 민족 항일기 때의 대구약령시는 일제의 감시로 인한 생산자·상인들의 활동 제약과 1914년에 발동한 〈조선 시장 규칙〉에 의한 규제로 크게 위축되는데, 대구의 유력한 한약종상 양익순梁翼淳

이 주동이 되어, 1923년 약령시진흥동맹회藥令市振興同盟會를 조직
하여 공정거래·상업금융·운임 특혜·여관접대 시설 개선 등 일대
부흥 운동을 전개하게 된다.

이처럼 대구 약령시는 발흥 이래 약 300여 년 동안 온갖 어려움을
겪으면서도 지역과 국가 사회 발전에 크게 기여하였고, 일본·중국
·몽골·동남아·중동 및 서유럽 각국까지 영향을 주게 되었다. 제2
차 세계대전 말기의 가혹한 통제경제 아래에서도 지속하였으며,
1949년까지 추령시가 개시되기도 했다. 그러나 6·25전쟁을 계기로
약령시는 더는 개시되지 않고 있으며, 지금은 '약전골목'에서 상설
한약종상으로 바뀌었는데, 1978년부터 대구한약협회 등이 대구약령
시 부활 운동을 벌여 매년 10월 문화의 달 행사 가운데 한 종목으로
약령시를 개설하고 있다.

약령시한의약박물관과 박물관 내부에 게시된 모형 picuki.com

58

제3장

국권 수호와 저항의 도시 대구

① 을사늑약과 의로운 보부상 서상돈

1) 을사늑약 전후, 일본의 차관 공세

일본은 1894년 청일전쟁 당시부터 우리나라에 대해 적극적으로 차관공여借款供與를 제기하여 두 차례에 걸쳐 각 30만 원과 3백만 원의 차관을 성립시킨다. 이러한 일본의 차관 공세는 1904년 제1차 한일협약 이후 더욱 노골화되는데, 일본이 우리나라에 차관 공세를 펴는 데는 두 가지 목적이 있었다. 그 첫째는 한국의 재정을 일본 재정에 완전히 예속시키는 것이었고, 둘째는 차관으로 식민지 건설을 위한 정지작업整地作業을 하자는 것이었다. 이는 궁극적으로 한국 경제를 일본에 예속시키고 한국의 경제적 독립을 말살하고자 하는 의도였다.

제1차 한일협약 이후 우리나라에 재정 고문으로 부임한 메가타目賀田種太郎는 1906년까지 네 차례에 걸쳐 1,150만 원의 차관을 도입

조선이 일본의 식민지가 된 이유

blog.naver.com

하였는데, 제1차 차관은 1905년 1월 '폐정리자금채'라는 명목으로 해관세海關稅를 담보로 한 3백만 원이었고, 제2차 차관은 1905년 6월에 이뤄졌는데 우리 정부의 부채 정리와 재정 융통 자금 명목으로 하여 한국의 국고금을 담보로 2백만 원이었다. 제3차 차관은 1905년 12월 우리나라의 토착 자본을 일본 자금에 예속시킬 목적으로 금융 자금채 150만 원이 이뤄졌고, 제4차 차관은 1906년 3월 기업자금채의 명목으로 5백만 원이었다.

이러한 일본의 차관 공세에 따라 대한민국 정부는 1907년 초에 원금만 1,650만 원에 달하는 채무를 지게 되었다. 실제로 도입된 것은 1,150만 원이었는데, 150만 원이 그 이자였다. 이처럼 해마다 늘어나는 이자는 상당하였다. 통감부 설치 이후 대일 부채가 격증하게 되었고, 이는 일본이 한국을 식민지로 만들기 위한 기초 작업에 필요한 재원을 차관이라는 명목으로 충당하였기 때문이었다. 차관은 대부분 일본으로부터 강요된 것이었고, 식민지화의 비용으로 사용되었지만, 그것의 상환 의무는 대한제국 정부가 고스란히 떠안게 된 것이다. 만성 재정 적자에 시달리던 대한제국 정부는 거액의 외채를 상환한다는 것은 요원하기만 했다.

2) 서상돈과 국채보상운동

이러한 상황에서 제일 먼저 국채보상운동을 제창하고 나선 것은 경상도 대구 지방의 애국지사들이었다. 1907년 1월 29일 대구의 광문사에서 대동광문회라는 명칭을 개칭하기 위한 특별회 자리에서 서상돈은 국채보상 문제를 제의하였다.

서상돈 kbmaeil.com

서상돈徐相敦(1850.10.17.~1913.6.30) 선생은 경북 김산군 마잠(현 김천시 지좌동)에서 아버지 서철순과 어머니 김해 김씨 사이에서 장남으로 태어났는데, 그의 집안은 고조부인 서광수(1714~1786)가 천주교에 입교한 이래 일가친척들 대부분이 입교하여 독실한 교인 집안이 되었다. 그의 가족은 1859년 외가가 있는 대구로 이사하여 대구성 남문 밖 뽕나무골 부근에 자리를 잡게 되었는데, 이곳은(현재 계산동) 상설시장을 끼고 있으며 5일마다 성시되는 큰 장(현재 동산동 일대) 입구로 각처의 상인 출입이 빈번한 장소였다. 9세에 아버지를 여의자 소년가장이 된 서상돈은 13살에 외할아버지 김후상의 도움으로 앞밖거리의 한 점포에 심부름꾼으로 취직하게 된다. 이후 행상을 시작했고 18살이 되었을 때 소금·건어물·일용잡화 등을 취급하는 보부상이 되었다. 서상돈은 낙동강을 무대로 부산에서 안동까지 800리 뱃길을 누비고 다녔고 1885년 35세에는 수많은 보부상을 거느린 대상인이 되었다. 안동·군의·김천·칠곡·달성 등지에 토지를 매입하여 대지주가 된 그는 어느덧 대구지역을 대표하는 유력한 경제인 중 한 사람이 되었다. 그는 만민공동회 활동을

서상돈 고택 blogs.chosun.com

하고, 탁지부의 시찰관으로 공직생활을 하면서 여러 강대국에 빼앗긴 국권 수호와 민권 보호를 위한 자각은 내수자강內修自彊에 입각한 시대정신을 일깨우기도 했다.

한편, 대구에 내려온 서상돈은 김광제와 함께 1906년 1월 대구 '광문사'를 설립하였는데, 김광제(1866~1920)는 충청남도 보령 출신으로 1888년 무과에 급제하여, 1902년 동래 경무관을 지냈는데, 을사조약이 체결되자 경무관을 사임하고 관권의 부패와 타락을 탄핵하는 상소를 올리기도 한 인물이다.

김광제 xnhc0blw251d.kr

'광문사'의 사장으로는 김광제, 부사장으로는 서상돈이 취임해서 외국의 신학문을 도입하고, 실학자들의 저술을 번역 편찬하여 민족의 자강 의식을 고양하는 사업을 하였다.

1907년 1월 서상돈과 김광제는 다음과 같은 발언을 통해 국채보상운동을 제안하게 된다.

무릇 신민이 충으로 행하고 의를 숭상하면 나라는 흥하고 백성은 평안을 누리며, 불충하고 불의하면 나라는 망하고 백성의 멸함은 고금의

역사에 근거함이라. …우리의 국채 1,300만 원은 대한의 존망이 달린
일이라 할지니…. 이천만 동포가 석 달만 담배를 끊어 한 사람이 한
달에 20전씩만 대금을 모은다면 거의 1,300만 원이 될 것이니… 국민
들의 당연한 의무로 여겨서 잠시만 결심하면 갚을 수 있는 일이라…[1]

1907년 3월 8일자 대한매일신보 news1.kr

국채보상운동에 관한 당시 신문 사설 terms.naver.com

　이에 참석자들은 전원 동의를 하고 적극적으로 동참하기로 약조
하였다. 고관이나 양반·부유층은 물론 노동자·농민·부녀자부터 상
인·군인·학생·기생·승려 등에 이르기까지 폭넓은 계층이 참여하

---

1) 국채 1,300만원 보상 취지문 중 일부, 이대현, 『대구사랑 대구자랑』, 매일신보
　사, 2014. 55쪽 재인용.

였고, 일본 유학생들과 멀리 미주와 노령 교포들도 의연금을 보내왔고 국내에 거주하는 일부 외국인들도 참여하였다. 어느 서양인은 "세계 어느 나라에서도 볼 수 없는 일이라"고 감탄하면서 4환을 보냈고, 평남 영유군 이화학교李花學校의 일본인 교사 정유호빈正柳好彬도 2환을 성금으로 보내오기도 하였다. 다음은 국채보상운동을 제안한 김광제 강연의 일부분이다.

> 금일今日 문제問題 국채國債의 보상報償이로 본사本社에서 발기發起니 본사本社의 형편形便브터 강 설명說明하고 본사本社를 광문사廣文社라 명칭名稱야 설립設立든 초두사기初頭事機를 방청제위傍聽諸位가 다 목도이문目睹耳聞 한바 … (중략) …
> 제일패망第一敗亡할와 제일시급第一時急 바 일천삼백만원一千三百萬圓의 국채國債 올시다. … (중략) …
> 발기자 본사장本社長 김광제金光濟, 부사장副社長 서상돈書相敦으로 자서自書하오리다 본인本人드터 흡연吸煙의 제구諸具를 만장제군전滿場諸君前에 파쇄破碎오며 오등吾等의 토지土地와 신체身體가 전집중典執中에 현재現在한지라 보상報償면 속토속신贖土贖身할것이오 미보未報면서 여予하고도 무죄無罪한이 몸이 인人의 노예奴隷되리로다 황천皇天이 감응感應여 전국인민全國人民으로 일심합력一心合力야 대사大事를 순성順成고 민국民國을 보존保存케 옵소셔 (합장재배合掌再拜 휘한허희揮汗噓唏고 하담이퇴와下坍而頹臥 니라)[2]

이후 국채보상운동은 대구 지방의 여성들이 동참하면서, 전국적으로 확산되었다. 2월 23일 대구의 여성들은 '남일동 부인 7명 은패물 폐지부인회'를 결성하여 국채보상운동에 참여할 것을 선언하고

---

[2] 『강연집(講演集)(동양선생김광제강연(東洋先生金光濟講演))』(광동서관(光東書館), 1909).

자신들이 간수해 온 은지환·은장도·은가지·은연화 등 총 13냥 8 돈쭝의 패물을 모아 헌납하였다. 전국의 부녀자들에게도 궐기를 촉구하는 격문을 발표하여, 전국 각지의 여성들이 가락지, 비녀, 은장도 등 금·은·패물을 내놓고 품삯, 바느질삯을 보태기도 하였다.

은패물을 헌납하는 부녀자들의 모습 yeongnam.com

이들은 밥 한 공기를 반 공기로 줄이고 반찬을 줄여 절약한 돈을 망설임 없이 내놓았다. 이처럼 국채보상운동 과정에서는 전국적으로 28개 여성단체, 17개 준여성 단체가 제힘으로 조직되어 활동했음을 볼 수 있다. 다음은 『황성신문』에 실린 국채보상론에 관한 사설이다.

> … 대한 광무 11년 새봄의 제일 좋은 소식이 하늘에서 온 복음을 전하도다. … 두 손을 들어 재배하며 대한제국 만세, 대한제국 동포만세를 소리쳐 선창하고 삼백 번을 춤추며 이 만고의 호소식을 우리 이천만 동포에게 봉헌하노니, 이 소식은 다름이 아니라 대구 광문사 부회장 서상돈 씨 등 제씨의 단연 동맹한 호소식이로다. … 20세기 오늘의 세계에 대한민국 명예로운 이름이 전 지구상에 찬란히 빛나리니… 뒷날 대한독립사 제1권 제1장에 대서특필하여 해와 달같이 게재할 것이 이 단연 동맹회의 서상돈 등 제씨가 아니겠는가.[3]

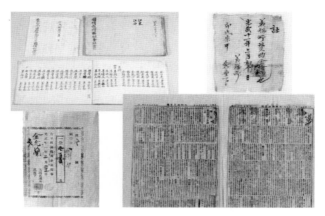

국채보상운동 기록물(2017년 유네스코 기록문화유산 등재)
deconomic.co.kr/news/articleView.html/?idxno=23232

이 국채보상운동이 가장 활발하게 전개된 것은 1907년 4월부터 12월까지였다. 특히 6월~8월에는 가장 많은 의연금이 모였는데, 이 운동을 처음부터 적극적으로 이끌어간 중심체는 양기탁과 베델이 이끄는 대한매일신보사였다.

3) 일본의 탄압과 조직력의 한계

일본 통감부와 친일파들의 교란 책동, 민족언론과 핵심 단체들에 대한 탄압으로 1907년 말을 전후해 이 운동은 핵심 동력을 잃게 되었다. 특히 일제가 이 운동의 선두에 나섰던 대한매일신보의 영국인 사장 베델과 총무 양기탁에게 보상금 횡령 혐의를 씌워 양기탁을 구속한다. 비록 양기탁이 무죄 선고를 받기는 했으나 운동의 순수성에

---

3) 『황성신문』, 사설'단연보국채(斷煙報國債)', 1907.2.25.

타격을 주게 되었다. 의연금 각출만을 호소했을 뿐 거둬들인 돈을 일본에 보상하는 구체적인 방안도, 일제 통감부의 예상되는 탄압 책동과 국내 분파 세력에 대한 대비책도 마련해놓지 못한 것이 한계로 드러난 것이다.

기부 영수증 사본 ohmynews.com

한편, 운동 지도층은 국민의 애국적 열의를 따라가지 못하였다. 이러한 한계로 국채보상운동은 1908년 여름께 사그라지게 되었다. 1천300만 원의 모금 목표에는 턱없이 모자랐지만 1908년 7월 의연금은 20여만 원에 달하였다. 모금액 일부는 1923년 민립대학 설립 운동의 재정적 기초가 되었으나, 안타깝게도 민립대학설립 운동이 좌절되면서 이 돈은 일본제국에 흐지부지 삼켜지고 말았다.

그러나 그 뜨거운 애국심과 민족의식, 독립사상은 1919년 3.1운동

국채보상운동기념관 traveli.co.kr

과 그 후의 항일투쟁의 밑거름이 되었고, 한국의 국채보상운동은 국
언론인이 한국에서 발행하는 영어신문에 의해 서방세계로 알려지게
되었다. 또한 해외 유학생 및 해외 이주민이 외국에서 발행하는 신
문을 통해서도 해외로 알려지게 되었다. 이후 1907년 네덜란드 헤이
그에서 열린 「제2차 만국평화회의」에서 한국의 국채보상운동이 전
세계에 알려졌고, 외채로 시달리는 다른 피식민지국에 큰 자극이 되
었다.

② 대구읍성의 해체와 순종의 행차

1) 대구의 일본인 유입의 시작

강화도 조약의 체결로 문호를 개방한 조선에는 일본인들이 유입
되기 시작했다. 1893년 일본인들의 대구 정착 이후, 잡화상점 등을
시작으로 대구에도 일본인들이 유입되기 시작하였다. 이때만 하더
라도 그들은 대구에서 자그마한 잡화를 파는 상점이나 하는 정도였
지만, 1900년에 대구에 일본인들의 조직인 일본인회가 설립되고,
1903년부터 경부선 철도 공사가 시작되어 일본인들은 철도 건설부
지로 예정된 지역의 토지를 사들이면서 대구로 밀려들기 시작하였
다. 1904년에는 일본인 철도 종업원과 공사 업자, 노동자 및 상인,
여관, 요릿집이 대구에 일시에 불어나 그 수는 1천여 명에 달하였고,
대구 중심부로 상권을 넓히려는 일본인 상인들에게 대구읍성은 골
칫거리가 되기 시작하였다. 왜냐하면 일본인들은 성 밖 아니면 성의
외곽 도로변에 집중되어 있었기 때문이다. 일본 상인들과 당시 대구
에 주둔하던 일본군 수비대들은 1905년부터 의도적으로 읍성의 허

대구 '희움 일본군 위안부 역사관' yna.co.kr 대구성벽 복원 blog.daum.net/shinbarksa

술한 부분을 여기저기 무너뜨리고 다니기 시작하였다.

결국 대구읍성의 성벽은 대구가 근대 도시로 발전하지 못한다는 명분이 되었고, 읍성을 철거해야 한다고 주장하는 일본인 상인과 경북관찰사 사이의 대립과 충돌이 빈번하게 일어나기 시작하였다.

이때, 대구 군수 겸 관찰사 서리로 대구에 부임해 있던 박중양이 대구읍성 해체를 시도하게 된다. 박중양은 청일전쟁이 발발하던 무렵부터 일본인들과 교류하며 일본 유학 중에 야마모토山本라는 일본식 이름을 사용한 이로, 러일전쟁

박중양 풍자만화 ko.wikipedia.org

이 일어난 1904년에는 귀국하여 일본군의 고등 통역관을 맡은 친일파였다. 항상 지팡이를 들고 다니며 거슬리는 사람이 있으면 사정없이 때렸기에, 별명이 박작대기로 불렸다.

박중양의 성벽을 부수고자 하는 속뜻을 전해 들은 이와세岩瀬靜, 나타에中江五郎平, 사이토齊藤芳造, 이토伊藤元太郎 네 사람은 극비리에 한국인과 일본인 인부 60명을 부산에서 고용해 데리고 와서

하루 밤새에 성벽의 이곳저곳을 파괴하게 된다. '옛것을 고쳐 새것으로 만든다革舊改新'라는 명분 아래 박중양은 대구읍성 해체한 것이다. 읍성을 한창 헐어내는 와중에 조정에서 성벽 철거를 불허한다는 명령이 내려왔지만, 박중양은 읍성 해체를 강행하였다.

1908년 11월 4일, 대한매일신보 yeongnam.com

일본인들은 당시 대구읍성 바깥 땅을 대거 소유하고 있었는데, 성벽이 없어지자 그 땅값이 10배 이상 폭등하였고, 일본인들은 성벽을 허물고 나서 생긴 평지 중 일부만 도로로 만들고 나머지는 자기들이 차지해 상권까지 장악하게 된다. 경상감영의 객사였던 달성관도 일본인들에게 무상으로 넘어갔는데, 일본인들은 달성관을 헐고 새로운 시가지를 만들고자 하였다. 이에 대구 사람들은 반발하며, "우리 모두 일어나서 일본 거류민단의 객사 파괴를 저지하자"라고 구호를 외치며 밤에는 모닥불을 피워놓고 수백 명의 주민이 철야로 달성관을 지켰다. 당시 기생 염농산 등이 주민들과 합세하여 객사 앞에서 농성을 벌이기도 하였다. 일본은 대구에 주둔하던 자국군 수비대 1개 대대를 출동시켜 강제 퇴거 후, 달성관을 해체하였다.

2) 순종의 남순행

일제 강점기 통감 이토 히로부미는 자신의 회유정책이나 자치 육성정책이 의병의 반발로 힘을 잃어가던 것을 만회할 속셈으로 1909년 1~2월에 순종 황제를 앞세워 영남과 서북 두 지역으로 순행을 단행하게 되었다. 1905년 대구역이 들어서고, 1909년 순종 황제가 이토 히로부미의 강요로 경부선 열차를 타고 남행을 하게 되었다. 1909년 1월 7일 오후 3시 24분 서울에서 출발한 지 8시간 만에 순종은 이토 히로부미와 함께 대구역에서 하차하였다. 대구역 앞에는 만국기가 하늘에 펄럭였고 기병과 군악대가 대령하여, 21발의 화포가 울려 퍼졌다.

달성공원을 지나는 황제행렬, 황제는 무개 여가를 이용하고 대신들은 말을 이용하여 이동하였다. (1909년 1월 12일)

대구역 환영 인파 news.joins.com   황제 행렬 blog.naver.com

열차에서 내린 순종은 일본 제복을 입고, 지붕이 없는 가마(일명 옥교玉轎)에 올라타 일본이 무너뜨린 읍성 자리에 만든 신작로를 따라 달성 토성까지 행차했다. 당시 대구 사람들은 평생 처음 대하는 순종의 치욕스러운 고행길을 안타까워하며 모두 길가에 엎드려 울었고, 각자 이불이며 옷가지를 들고 나와 순종이 지나는 길에 깔았다고 한다. 그다음 날인 1월 8일에는 순종은 다시 대구에서 출발하여 부산에 도착하였고, 1월 10일에는 부산에서 출발하여 마산에 도착, 1월 12일 마산에서 출발하여 다시 대구에 도착하여 달성공원을 방문하였다. 대구로 다시 온 이유는 달성 토성에 세워진 일본 신사에 참배하는 것이 목적이었다.

이 소식을 접한 박중양은 밤을 새워 어가길을 닦았다고 한다. 당시에는 북성로를 통과하면 달성공원과 맞닿는데 아마 북성로가 채 정비되지 않았을 것이기 때문이다. 우현서루 부근에서 우측으로 좁은 길(차 한 대가 겨우 지나갈 정도)을 내어 달성공원과 연결하게 한 것이다. 이때 달성공원에는 순종과 이토 히로부미의 방문을 기념하는 향나무 한 그루씩을 기념 식수하였고, 지금도 이 향나무는 그 자리를 지키고 있다.

이 순종의 행차를 조선왕조실록에는 '지방의 소란이 안정되지 않고 백성들의 곤란이 끝이 없으니 지방을 시찰하여 백성의 고통을 알아보겠다.'라 적혀있는데, 이토 히로부미는 이러한 행차에 대해 순종과는 사전 논의를 거치지도 않았고, 통감부와 일본 정부에 의해 주도면밀하게 진행하였다고 한다. 그 목적은 이토 히로부미의 순종을 내세워 조선 보호권을 대내외에 과시하고 을사늑약으로 악화된 여론을 무마하기 위해 마련한 것이었는데, 민심을 다스리되 결국 일본에 복종할 수밖에 없다는 것을 선전해야 하는 대한제국 황제의 순행

순종황제남순행로 xuronghao.tistory.com

순종 행차 기념 식수 향나무 ohmynews.com

은 비극적인 여행이었다.

그러나 이토 히로부미의 뜻대로 되지만은 않았다. 순종 황제는 순행 중 곳곳에서 항일 의지에 대한 암시적 독려를 하였고, 황제를 맞이하는 수많은 백성들은 황제에 대한 안타까운 마음과 더불어 열렬한 충성의 표시를 보였다. 공사립학교 학생들을 비롯하여 일반 시민들의 수많은 인파가 황제를 환영하였고, 황제가 가는 정거장 곳곳에는 태극기가 나부끼고 일부 지역민들은 연도로 나와 만세를 부르기도 하였다. 순종은 이토 히로부미의 의도에 부응했지만, 순행 중에는 선왕들이 하던 능행에서 하는 예를 그대로 따랐다. 통과 지역에 있는 왕릉을 봉심하거나 지나는 곳곳에 역대 충신들의 사당에는 관리를 보내 제사를 올리는 등 조선왕조의 능행의 예를 그대로 따랐다. 이러한 순종의 행위에 이토 히로부미는 크게 당황하였고, 결국 남순행과 서순행을 끝내고 돌아오자마자 귀국하여 사임하게 되었다. 이토 히로부미는 통감을 사퇴한 후, 그해 10월 만주로 향하던 하얼빈에서 안중근 의사에게 저격당하였다.

3) 대구의 친일파들

식민지시기 대구에는 대구읍성을 해체한 박중양을 비롯하여 친일파가 여럿 있었다. 조선총독부의 자문기관인 중추원은 일제에 헌금한 자나, 공로를 쌓은 자 등이 받는 친일파의 최고 명예직이라 할 수 있는데, 서병조, 이병학, 정해붕, 정재학, 장직상, 서병주, 진희규, 신현구, 김재환 등의 대구의 지주나 자본가들이 중추원 관직을 지내기도 했다.

중추원 board/webzine

일본사단 설치 청원서 softart.tistory.com

서병조

서상돈

서상돈의 아들 서병조 minjok.or.kr/archives/88686

이 중 박중양은 조선인이 오를 수 있는 최고위직인 중추원 부의
장까지 올라갔다. 한편 서병조는 서상돈의 둘째 아들로 아버지가 죽
은 후 물려받은 재산으로 경상농공은행, 대동무역주식회사, 조양무
진주식회사 등을 설립하거나 중역을 역임한 대구의 대표적 자본가
였다. 그는 일본인과 조선인 자본가로 구성된 '대구상업회의소'와
'대구상공회의소'의 특별회원이 되었고, 일제 지방행정기관 자문기
구 의원과 일제 관변단체 경북위원, 부회장 등을 역임하는 등 적극
적으로 일제와 뜻을 같이하며 다양한 직위를 겸하게 된다.

장직상은 초대 외무부 장관과 국무총리를
지낸 장택상의 형으로, 일제강점기 금융자본
가이자 지주였던 장길상의 동생이기도 하다.
그의 아버지는 칠곡의 대지주로 경북관찰사를
지냈는데, 1917년 대한광복회가 군자금을 요
구하자, 이를 경찰에 밀고하여 대한광복회의
단원들에게 피살당하였다. 이 사건으로 대구

장직상 blog.daum.net

로 옮겨와 경일은행, 조양무진주식회사, 남탄을 제조하여 조선은행
·식산은행·법원과 형무소·경찰서 등을 폭파하려고 계획하였다. 그

가 대구 조선은행에 터트린 폭탄은 선물로 위장하여 작은 상자에 담고 보자기로 싸서 덕흥여관 사환으로 하여금 은행 국고 주임 후쿠치에게 전달한 것인데, 그 중간에 폭탄이 터져 순사를 비롯한 여섯 사람이 다치고 은행 건물이 파손되었다. 그는 이후 일본으로 피신하다가 체포되어 대구 형무소에서 복역하던 중 1930년 6월에 스스로 목숨을 끊고 말았다.

③ 마음의 안식처, 종교의 성지

1) 남산동과 가톨릭

남산3동에 위치한 대구 가톨릭 교구청의 자리는 서상돈이 종묘원을 운영하던 임야지대로 '앞고개'라 불렸던 곳이다. 이곳을 서상돈이 대구교구청에 헌납했고, 프랑스 선교사들이 교구청을 비롯한 신학대학, 성모당, 수녀원 같은 건축물을 지었다. 1913년 12월 4일 대구본당(계산 주교좌본당), 서상돈, 아우구스티노 등의 협력으로 주교관이 완공되었는데, 이 주교관은 수려하고 남성미가 느껴지는 건물이

대구 가톨릭 교구청과 성모당 maria.catholic.or.kr

었는데 안타깝게도 1964년 화재로 소멸되었다. 1914년 10월에는 성 유스티노 신학교를 건립하였고, 1919년 성모당이 축성되었다.

이 성모당은 교구청에서 제일 높은 곳에 자리 잡은 건축물로 북향으로 세운 붉은 벽돌 건물로 지어졌으며, 넓은 마당이 있는 여성적인 건물이다. 이곳은 이상화의 '나의 침실로'라는 시의 배경이 된 곳이기도 하고, 김수환 추기경의 어머니가 아들을 위해 기도하던 곳이었다.

한편 1946년 대건 초급중학교 설립 인가를 받은 건물이 신학대학 옆자리에 있었는데, 1991년 월성동으로 이전하였고, 1951년 효성 여학교 설립 인가를 받은 건물은 후문 쪽에 자리 잡고 있었는데 1990년 이 또한 월성동으로 이전하였다.

남산동의 건축공사는 중국인 기술자 강의관, 모문금, 타향록이 맡아서 하였는데. 이들은 드망즈 주교의 주선으로 들어온 산동성 출신의 기술자였다. 대구에 쌍흥호라는 회사를 차려 건축업을 하면서 대구 화교 100년 역사의 기초 마련하는데 많은 기여를 하였다.

대구 가톨릭은 서씨 집안과도 밀접한 관련이 있는데, 그 시작은

한티순교성지 blog.daum.net

1784년 천주교에 입교한 서상돈의 고조부 서광수 때부터였다. 서상
돈이 18살에 독립해 보부상을 할 때 김수환 추기경의 외조부였던
서용서, 최철학, 김종학 같은 천주교 신자의 도움을 받았고, 서상돈
의 백부 서인순은 대구감옥에서 순교, 숙부 서익순은 칠곡 한티에서
체포되어 서울 절두산에서 순교했을 정도로 서씨 집안은 천주교와
아주 밀접한 관련이 있다. 이런 인연으로 서상돈은 자신의 재산을
기부하여 가톨릭의 정착에 힘쓰게 되었다.

2) 기독교의 본거지 동산

대구 제일교회를 설립한 아담스 목사와 제중원을 설립한 존슨 선
교사는 1895년 달성 서씨 문중으로부터 야트막한 산이었던 동산東
山을 매입하였는데, 이때부터 이곳에는 학교·병원·교회가 들어서
면서 미국 북장로교 선교사들의 선교기지로 활용되기 시작한다. 지
금의 동산병원 옆 계성학교 일대의 땅으로 병원사택, 계명대학교,
계성학교, 신명학교, 제일교회, 선교사 주택들이 들어선 것이다.

아담스 목사와 존슨 선교사 christianfocus.kr

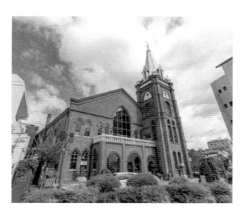
대구기독교역사관 picuki.com

　대구의 기독교는 부산에서 활동하던 아담스 목사가 1898년 조직한 야소교회당에서 시작되었다. 의료 선교사였던 존슨도 대구로 와서 선교사업에 동참하였는데, 이때 교인은 7명이었다. 1900년 7월에 정완식과 기덕경이 처음으로 세례를 받았는데, 1907년에는 800명의 신도를 거느릴 정도로 교회가 확장되었다. 야소 교회당이었던 이름은 남성정교회南城町敎會로 바뀌었다가, 이후 다시 제일교회로 이름이 바뀌었다. 1994년 지금의 자리에 새로운 건물을 지어 옮겼는데, 그 해 100주년 기념 예배를 보기도 했다.

선교사의 집 blog.naver.com

한편, 신명 학교는 대구 최
초의 여학교로 1907년 미국
북장로교 선교사 브루엔의
부인 마르타가 나산동 소대
의 사택을 교사로 삼아 개
교한 곳이다. 1912년에는 이
금례, 박연희, 임성례 세 사
람의 졸업생 배출하였으며,

신명학교 donga.com

1937년 6월 미국의 교육자 헬렌 켈러가 수행원과 함께 학교 방문,
강연하기도 하였다.

선교사들이 개원한 동산병원은 1999년 개원 100주년을 맞이하였
고, 병원관사로 사용하던 스윗즈 주택은 선교박물관으로, 챔니스 주
택은 의료박물관으로 블레어 주택은 교육·역사박물관으로 개관하
여, 당시의 대구의 기독교 유입의 역사를 기록하고 있다.

3) 팔공산에 펼친 동화사

대한불교조계종 제9교구
본사인 대구 동화사는 신라
와 고려 시대의 대가람. 금
산사, 법주사와 더불어 법상
종 3대 사창 가운데 하나였
다. 신라 소지왕 15년(493년)
극달화상이 창건하여 유가
사(瑜伽寺)라 불리기도 하였

대한불교조계종 제9교구 본사 traveli.co.kr

다. 흥덕왕 7년(832년)에 심지왕사가 부처의 팔간자를 모셔와 절을 지었을 때 하늘에서 오동꽃이 흩날렸다 하여 동화사桐華寺라 고쳐 불렸다고 한다.

동화사에는 심지왕사, 보조국사 지눌, 사명당 유정, 기성당 쾌선, 인악당 의첨 등의 고승들이 머물렀다는 기록이 있는데, 선승의 성지이기도 하였다. 9세기경에는 동화사가 왕실의 사찰로 승격되었고, 일대 중흥을 맞이하면서 비로암 구역으로 확장이 이뤄졌다고 한다.

임진왜란 때에는 사찰 전체가 불타기도 하였는데, 광해군 1년(1608) 중건, 그 뒤에도 여러 차례의 중창을 거쳐 오늘날의 모습에 이르렀다. 동화사의 대웅전은 그 자태가 매우 빼어나고 화려하기로 유명한데, 뒷산의 팔공산 줄기와 기막힌 조화를 이룬다. 이 대웅전 왼편에는 '삼지대사 나무'라 불리는 200년 된 오동나무가 우뚝 서 있는데, 이는 삼지왕사가 동화사를 창건한 뜻을 기리기 위한 것이라 한다.

팔공산에 펼쳐진 동화사 kbpf.org

4) 동학의 순교지, 최제우 나무

최제우(1824~1984)는 경주 출신으로 호는 수운으로, 외세의 침략과 봉건사회의 모순에 반대한 동학의 교조이다. 동학의 교인은 3천여 명에 이르렀고, 지방 종교조직인 접소는 13개소를 확보하였을 만큼 그 위세가 대단하였다.

혹세무민이라는 이유로 체포된 그는 1864년 체포되어 한양으로 이송되기 전 경상감영

최제우 encykorea.aks.ac.kr

(현 종로 초등학교 자리)에 갇혔는데, 여기서 100일간의 고문에도 자기 뜻을 굽히지 않았다고 한다. 그해 4월 사형 선고를 받고는 지금의 현대백화점 맞은편에 있는 관덕정 앞에서 참형을 당하였다.

이곳은 병인박해 때, 천주교들이 많이 순교하여 관덕정순교기념관이 세워진 곳인데, 거기서 최제우도 순교하였던 곳이다. 그가 순교를 당할 때, 경상감영 감옥의 회화나무는 나뭇잎을 떨어뜨리며 수액을 눈물처럼 흘렸다고 하는데, 이후 종로초등학교 교정에 서 있는 이 회화나무는 최제우 나무라 명명되기 시작하였다.

최제우 나무 cy.cyworld.com

82

5) 대구 종교계와 기미년 만세운동

대구의 만세운동은 종교계와 같이하였다. 1919년 2월 중순, 상해에서 돌아온 김순애와 백남규, 남산교회 장로 백남채, 남산교회 목사 이만집, 천도교 경북 교구장 홍주일 등이 의논하여 만세운동을 기획하였는데, 3월 1일 서울에서 의거가 시작되자 세브란스 의학 전문 학생 이용상이 독립선언서 200장을 가지고 3월 2일 이만집을 찾아왔다. 그리고 거사 일은 장이 서는 3월 8일 오후 1시. 장소는 대구 큰 장으로 정하였다. 이에 남성정교회(제일교회), 남산교회, 달남교회가 중심이 되어 신도들과 계성학교, 신명여학교의 학생들에게 뜻을 전파하였고, 대구고보, 대구 농림학교 학생 200여 명도 참여하였다.

(좌)대구3·1운동 당시 남성정교회(제일교회) 앞에 모인 인파 (우)대구3·1운동 계단
post.naver.com

시위대는 대구경찰서 앞에 이르러, '대한 독립 만세'를 외쳤고, 약전골목을 지나 중앙파출로, 달성군청(지금의 대구백화점 자리)에 이르렀을 때. 일본 헌병대의 진압이 시작되었다. 일본 경찰은 시위대 157명을 구속하였고, 67명은 재판에 회부하여 65명은 실형 선고받았고 2명 집행유예를 받게 되었다. 이후 일본 경찰은 대구고등보통학교

·계성학교·신명학교 등에 3월 10일부터 휴교령을 내렸지만, 학생들은 비밀리에 독립선언서를 배포하며 만세운동을 지속하였고 다른 지방으로도 확산시켰다.

신명3·8독립만세운동 당시 사진
news.imaeil.com

계성고 60주년 가장행렬 중 3·1운동
nocutnews.co.kr

6) 민족교육의 산실, 조양회관

교육도시 대구의 모습은 일제 식민지시기부터 시작되었다. 1922년 5월, 대구지역 대표적 지주와 자본가들이 대구구락부를 결성하였고, 서상일이 조양회관朝陽會館 건립을 제안하였다.

조양회관 yeongnam.com

회관 건립에 필요한 대지는 서상일이 제공하고, 설계는 윤갑기, 시공은 화교 건축가 강의관과 모문금 등이 참여하였다. 이 조양회관은 민족교육 운동의 산실이었는데 매번 시국 강연, 국산품애용, 상공업 진흥에 대한 강연들이 이뤄졌고, 여성 광복에 관한 강연 및 근대 미술 전시회 개최되었다. 건물 안에는 대구 여자청년회, 대구 운동협회. 인쇄소, 도서실, 대강당. 동아일보사, 김용조 아틀리에가 임대해 사용하였는데, 1930년대부터 일본 보급부대, 유격대 병영이 들어오게 되고, 1940년 동아일보의 폐간과 함께 문을 닫게 된다. 1941년 일제가 소유권을 이전하기를 요구하였으나 거부하면서 창씨개명, 신사참배, 일본기 게양 거부로 여러 고초를 겪게 되었고, 광복 후에는 1950년 아동문학가 이응창이 원화학원으로 설립하여 학교 건물로 사용하다가 1955년 원화여자고등학교로 개칭 1981년까지 사용되었다. 현재 이 조양회관은 망우공원으로 이전하여 광복회관으로 사용되고 있다.

7) 2·28 학생 민주의거

대구는 4·19운동의 전신인 2·28 학생 의거의 출발지이다. 이는 이승만 정권 말기인 1960년 2월 28일 자유당과 이승만 정권의 독재에 항거하여 일어난 사건이다. 대한민국의 많은 시민과 학생들이 발췌 개헌(1952년), 사사오입 개헌(1954년), 진보당 사건(1958년) 등으로 이어지는 자유당 정권의 부패와 실정에 대한 분노가 극에 달해 있었던 시기, 3월 15일 대통령 선거를 앞둔 때 일어난 이 의거는 이후 3·15 마산 의거, 자유당의 집권과 이승만의 하야를 불러오는 4·19혁명으로 이어졌다.

2·28학생 민주의거 현장 사진 228.or.kr　　시위대 학생들을 탄압하는 경찰들 228.or.kr

　　2월 28일은 이승만의 자유당 정권에 맞서는 민주당 정·부통령 후보인 장면 박사가 대구에서 유세하게 된 날이었다. 대구시에 있던 고등학교들은 학생들이 유세장에 나가지 못하도록 이날이 일요일이었음에도 등교를 지시했는데, 경북고등학교는 3월에 있을 중간고사를 앞당겨 친다는 이유로 또 다른 학교들은 단체 영화 관람이나 토끼 사냥과 같은 황당한 이유로 등교를 지시하였다고 한다. 그런데 경북고, 대구고, 경북대 사범대 부설고 학생 8인은 1960년 2월 27일 오후 대구 동인동에 있는 경북고등학교 학생부 위원장 이대우의 집에 모여 일요 등교 지시에 항의하기 위해 시위를 조직하게 된다.

　　그들은 "백만 학도여 피가 있거든 우리의 신성한 권리를 위해 서슴지 말고 일어서라"라고 시작하는 결의문도 작성하였고, 1960년 2월 28일 오후 12시 55분경 경북고등학교 학생부 위원장 이대우 등이 조회단에 올라 격앙된 목소리로 결의문을 읽자 학생들이 함성을 지르고 박수를 치며 동조하게 된다. 이들 800여 명의 학생이 오후 1시경 반월당을 거쳐 경상북도 도청으로 가는 과정에서 다른 학교 학생들이 합류하며 시위대의 규모는 더욱 늘어났는데, 당시 경상북도 지사는 학생들에게 "이놈들은 전부 공산당"이라고 말하며 탄압을 지시하게 된다.

반면 학생 시위대가 거리를 행진할 때 시민들은 박수를 쳐 주었고 경찰이 학생들을 진압하기 시작하자 경찰에 항의하고 학생들을 숨겨주기도 하였다. 시위에 참여한 1,200여 명의 학생 가운데 120여 명이 경찰에 체포되었는데, 경찰은 여론이 안 좋은 것을 알고 시위가 번질 것을 우려해 주동자 일부를 제외하고 대부분 학생을 석방하였다.

1960년에 발발한 대구 2·28운동은 고등학생들이 주체가 되어 계획적으로 조직한 자유민주주의를 갈망하는 학생운동이었는데, 이것은 한국 역사의 1926년 6·10 만세운동, 1929년 광주 학생 항일 운동에 이어지는 의거로 한국전쟁 이후 학생운동의 효시가 되기도 한다. 특히 4·19 혁명의 도화선으로 이승만 독재 정권을 무너뜨리는 결정적인 계기를 만들었으며, 한일 수교 반대와 그 이후의 민주화 운동에 큰 영향력을 미쳤던 것이다. 1961년 4월 10일 매일신문이 주관하여 대구시민 성금으로 명덕 로터리에 2·28 대구 학생기념탑을 세웠는데 1990년 2월 28일 두류공원으로 이전되었고, 경북고등학교에는 2·28 기념탑과 작은 조형물이 설치되어 있다.

2·28대구 학생기념탑 daegucity.net

경북고등학교 2·28기념탑 blog.naver.com

제4장

와신상담과 사면초가의 도시 쑤저우

① 오월동주吳越同舟와 와신상담臥薪嘗膽의 역사

'오월동주'는 오나라 사람과 월나라 사람이 같은 배를 탔다는 뜻으로, 적대 관계에 있는 사람끼리 이해 때문에 뭉치는 경우를 비유한 말이다. 이 사자성어의 유래는 손무孫武『손자병법孫子兵法』「구지편九地篇」이다. 거기에는 "예전부터 사이가 나쁜 '오나라 사람과 월나라 사람이 한배를 타고吳越同舟' 강을 건넌다고 치자. 강 한복판에 이르렀을 때 갑자기 강풍이 불어 배가 뒤집히려고 한다면 그들은 평소의 적개심을 접고 서로 왼손과 오른손이 되어 필사적으로 도울 것이다."라고 하여 처음으로 '오월동주'라는 표현을 언급하였다.

오자서 baidubaike

합려 baidubaike

이처럼 오나라와 월나라는 춘추시대부터 중국 강남지역의 라이벌이었다. 『사기史記』에 따르면 쑤저우 지방은 주周나라 태왕의 아들인 태백太伯이 세운 오吳나라가 있던 곳이다. 오왕 합려闔閭는 B.C.514년에 왕위에 올랐고, 오자서伍子胥의 건의에 따라 쑤저우성苏州省을 건설하였다. 합려는 부국강병富國强兵을 위해 유명한 군사 전략가인 손무孫武를 초빙하였다. 그리고 B.C. 506년 오자서와 손무를 앞세워 서쪽의 초楚나라를 침공하여 그 수도까지 함락시켜 국세를 크게 확장하였다. 오나라가 초나라를 격파할 당시, 남쪽의 월越나라도 점차 강대해져서 역사적으로 유명한 오월쟁패吳越爭霸의 서막이 오르게 된다.

이러한 오월쟁패의 역사 속에서 탄생한 고사성어가 바로 '와신상담'이다. '와신상담'은 가시 많은 거친 나무 위에서 자고 쓰디쓴 쓸개를 먹는다는 뜻이다. 어떤 목적을 달성하기 위해 온갖 고난을 참고 견디어 심신을 단련함을 비유하는 말로서, 『사기史記』의 「월세가越世家」와 『십팔사략十八史略』에서 나온 말이다.

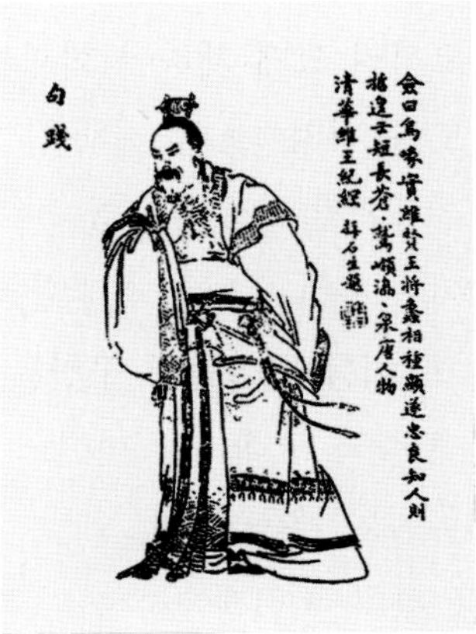

월왕 구천 baidubaike

춘추전국시대 때 인접한 오吳나라와 월越나라는 앙숙지간이었다. B.C. 496년 월나라 왕 윤상允常이 세상을 떠나 아들 구천勾踐이 왕위를 승계한다. 오왕 합려는 이 기회를 이용, 월나라를 공격하나 월왕 구천은 지금의 상해 서남부 지역에서 오나라 군대를 격퇴한다. 이 전투에서 오왕 합려는 월나라 장군 영고부靈姑浮에게 화살을 맞았고, 그 상처가 악화되어 결국 세상을 떠나게 된다. 합려는 지금 쑤저우의 서북쪽 호구虎丘에 묻힌다.

합려는 죽기 전에 아들 부차夫差에게 반드시 원수를 갚아 달라는 유언을 남겼다. 부차는 아버지의 복수를 잊지 않기 위해 아침저녁으로 가시 많은 땔나무 위에 누워 자며 자신의 방을 드나드는 신하에게 "부차야! 너는 구천이 너의 아버지를 죽였다는 것을 잊어서는 안 된다!夫差, 而忘越人之殺而父邪"라고 외치게 시켰다. 부차는 복수를 맹세하며 때가 오기만을 기다렸다.

합려의 아들 부차 baidubaike

구천은 부차의 이러한 복수심을 알고 먼저 공격을 하였다. 그런데 오히려 크게 패하여 회계산會稽山에서 포위당했다. 이때 구천은 참모인 범려范蠡의 계책을 이용, 오나라에 화평을 제의하고, 스스로 부차에게 신하가 되겠다며 목숨을 구걸했다. 부차는 구천을 지금 죽이지 못하면 나중에 후환이 있을 거라는 오자서의 충간에도 불구하고, 이를 받아들여 구천을 쑤저우성에 데려와 구금한다. 범려는 이때 중국 고대 4대 미인으로 일컬어지는 서시西施를 부차에게 바치는 미인계를 썼다.

부차는 전쟁에서 승리 후 자만에 빠져서 서시와 함께 사치와 향락에 탐닉하게 되고, 오자서의 간언은 듣지 않고 간신의 아첨과 모략에 빠져서 마침내 공신 오자서를 사형에 처한다. 그리고 쑤저우성 주변에 궁전과 누각을 짓느라 인력과 재력을 소모하며 국력을 약화시켰다. 게다가 여러 차례 전쟁을 일으켜 중원의 강대국인 진晉나라, 제齊나라와 전쟁을 하면서 군사력마저 점차 쇠약해졌다.

한편, 구천은 3년간의 갖은 수모 끝에 다시 월나라에 돌아오게 된다. 월나라로 돌아온 구천은 몸과 마음을 채찍질하며 지난 치욕을 잊지 않으려 노력했다. 항상 쓸개를 곁에 매달아 두고 앉아서나 누워서나 쳐다보고 올려다보고, 음식을 먹을 때도 쓸개를 맛보며 "너는 회계산의 치욕을 잊었느냐? 女忘會稽之恥邪?"라며 치욕을 상기했다. 회계의 치욕을 잊지 않았던 구천은 다시 군사를 일으켜 오나라를 쳐들어갔고, 이십여 년 만에 오나라 도읍을 점령하고 부차를 굴복시켰다. 구천은 부차를 사로잡아 귀양을 보냈으나 부차는 그곳에서 치욕을 견디지 못하고 자결함으로써 구천은 최후의 승자가 되었다.

② 호구虎丘의 역사와 전설

앞서 언급한 대로 호구는 오왕 합려의 무덤이 있는 곳이다. 원래 해용산海涌山이라 불린 호구는 쑤저우성 서북 5킬로미터 지점에 있으며, '오 지방 제일의 명승지'로 일컬어진다. 호구는 춘추시대에 조성된 원림園林으로, 무려 2,500년의 역사를 자랑한다. 기원전 5세기 말 춘추시대 후반기에 오월쟁패吳越爭霸의 전쟁에서 전사한 오나라 합려闔閭 왕의 묘역으로 조성한 것이다. 송대 시인 소동파蘇東坡가 "쑤저우를 지나면서 호구에서 노닐지 않고 합려의 묘소를 참배하지

호구 baidubaike

않는 것은 두 가지 큰 결점이다.過姑蘇不遊虎丘, 不謁闔丘, 乃二欠事."
라는 명언을 남겼을 만큼 아름다운 경치를 자랑한다.

해용산海涌山이라는 이 산의 명칭이 호구로 바뀐 것에 대해 두 가
지 설이 전한다. 하나는 합려의 장례가 끝난 사흘 후, 백호가 나타나
묘 앞에 웅크리고 앉아 묘를 지켰다는 전설이다. 또 하나는 합려가
죽은 지 270년 후, 천하를 통일한 진시황이 합려와 함께 묻힌 보검
을 찾기 위해 묘를 파헤치던 도중, 갑자기 호랑이 한 마리가 나타나
도굴을 중단하게 해서 호구라 부르게 됐다는 것이다.

호구의 여러 명소들을 차례로 살펴보자.

1) 간장검干將劍과 막야검莫耶劍의 전설이 서린 시검석試劍石

시검석은 오왕 합려가 천하의 명검을 시험해 보기 위해 잘랐다는
바위이다. 길이 약 2미터, 너비 약 1.5미터 가량의 둥글넙적한 바위

호구 시검석 baidubaike

로, 단칼에 베어 낸듯 가운데가 곧게 갈라져 있다.

여기에는 재미있는 전설이 있다. 춘추시대는 청동기시대에서 철기시대로 진입하는 시기였다. 이 무렵 오나라와 월나라는 양질의 철을 보유하여 검 제작기술이 천하제일이었다. 오나라 왕 합려는 천하를 제패할 욕심에 이곳에 많은 보검 제조 장인들을 불러 모았다. 라이벌이었던 월나라에 구야자歐冶子라는 보검 명인이 있었으므로 합려는 월나라를 뛰어넘고 싶었던 것이다. 월나라의 장인 구야자가 만든 검은 돌을 두부처럼 자를 수 있는 것으로 유명했다.

합려는 여러 보검 장인들 만든 검을 시험해 보았으나 마음에 드는 검이 없었다. 그러던 중에 쑤저우성 내에 간장干將이라는 보검 장인이 세상에서 가장 예리한 보검을 만들 수 있다는 소문이 들렸다. 합려는 간장에게 가장 좋은 보검을 만들 것을 명령했다. 아울러 3백 명의 동남동녀童男童女를 검의 제조를 위한 제사에 제물로 쓰고자 하였다. 그러나 간장은 100일 안에 보검을 만들겠다고 약속하면서 아이들 제물은 필요하지 않다며 풀어주도록 간청했다. 간장은 전국 각지의 가장 좋은 원료를 모아 혼신의 힘을 다하여 당대 최고의 보검을 만들어 내었다.

이 보검은 차갑기가 물과 같고, 보름달이면 용의 울음소리를 내는 세상에 보기 드문 보검이었다. 그러나 간장은 보검을 완성한 후에도 기뻐하지 않았다. 왜냐하면, 합려의 성품으로 볼 때, 이런 보검이 또 다시 만들어지는 것을 원치 않을 것이고, 그렇다면 이 칼을 만든 자신을 죽일 것이 분명하기 때문이었다. 고민하던 간장은 몰래 또 한 자루의 보검을 만들었으며, 처음에 만든 검은 자신의 이름을 따서 '간장', 두 번째 만든 검은 아내의 이름을 따서 '막야莫耶'라고 하였다.

백일의 기한이 되자 간장은 합려에게 '막야검莫耶劍'을 바친다. 그때 마침 호구虎丘를 산책하던 합려는 기뻐하면서 그 칼로 옆에 있는 큰 돌을 내려치니, 돌은 두 쪽이 났고 보검은 하나의 흠집도 없이 완전무결하였다. 만족한 오왕은 후에 간장이 생각한 대로 보검이 또 다시 만들어지지 않도록 간장을 죽이라는 명령을 내린다. 간장은 부인 막야에게 '간장검干將劍'을 가지고 도망치도록 했다. 결국 간장은 합려에게 살해당했고, 임신 중이었던 부인은 간장검을 갖고 도망을 쳤다.

18년이 지난 후, 오왕은 어느 청년이 보검을 바치러 왔다는 말을 듣고, 자신의 보검과 비교하기 위해 궁궐로 그를 부른다. 그 청년은 고개를 숙이고 보검이 든 함을 바쳤다. 그 함 위에는 '대왕에게 보검을 바칩니다'라고 적혀 있었다. 합려가 이 글을 읽는 순간 청년은 함에서 보검을 빼내어 합려의 목을 베어버린다. 그때 합려가 항상 차고 다니던 막야검이 스스로 날기 시작했다. 궁궐의 호위무사들이 그 청년을 잡으려고 했으나, 간장검과 막야검은 각각 청룡青龍과 적룡赤龍으로 변했고, 청년은 청룡을 타고 하늘로 날아갔다.

2) '지성이면 감천'의 감천憨泉

호구에 있는 우물 감천은 감감천憨憨泉이라고도 하며, 남조南朝 양梁나라 무제武帝 때 감감존자憨憨尊者라는 승려가 판 우물이라고 전

한다. 후인들이 감감존자를
기려 우물의 이름을 감천이
라고 지었는데, 물맛이 좋고
시원하며 사철 내내 마르지
않는다.

여기에도 전설이 있다. 감
감憨憨은 양梁나라 때의 고

호구 감천 baidubaike

승이었지만 당시 눈이 거의 보이지 않아 일상생활을 할 수 없을 정
도였다. 호구 사찰의 방장方丈이 그를 안타깝게 여겨 물 긷는 스님
으로 절에 머물 수 있도록 해주었다. 호구에서 우물까지는 길이 매
우 멀었다. 하루는 도중에 잠깐 쉬려고 앉았다가 깜박 잠이 들고 말
았다. 꿈속에 한 고승이 이곳에 바다와 통하는 샘이 있다고 알려주
었다. 꿈에서 깬 후 양손으로 앉았던 곳의 땅을 더듬어보니 푸른 이
끼가 만져졌고, 그 아래에 샘이 있다는 사실을 확신하게 되었다. 이
에 그는 지게 작대기로 이곳을 파기 시작했다. 49일 동안 파자 마침
내 샘이 솟았다. 그리고 감감의 눈도 치료되었다. 이 우물은 그의 이
름을 따서 "감감천憨憨泉"이라고 했다. '지성이면 감천'이라는 속담
의 유래가 바로 이 우물이라고 한다. 그렇다면 이 속담은 '지극한 정
성이면 감천이 솟아 장님의 눈도 뜨게 된다'는 의미로 해석할 수 있
을 것이다.

우리나라 설화에는 서로 도우며 살던 앉은뱅이 '지성至誠'이와 봉
사 '감천感天'이 백일기도 끝에 눈을 뜨고 일어설 수 있게 되었다는
이야기도 전해온다.[1] 이 설화로 보면 또 '지극한 정성이면 하늘을

---

1) 손동인, 『지성이와 감천이』, 창비, 1990.

감동시킨다'는 의미가 될 것이다. 한편, 이 속담의 유래가 판소리 〈심청가〉라는 설도 있다. 〈심청가〉에 나오는 '지성이면 감천'이라는 말 역시 지극한 정성으로 장님이 눈을 뜨게 된다는 점에서 같은 맥락이라 할 것이다.

3) 천인석千人石, 검지劍池, 제삼천第三泉, 손무정孫武亭

시검석을 뒤로 하고 계속 오르다 보면 갑자기 거대한 너럭바위들이 비죽비죽 머리를 쳐든 채 놓여 있는 넓은 공터가 나타난다. 이곳이 바로 천인석千人石이다. 부차는 아버지의 무덤을 만든 후, 그 위치를 숨기 위해 공사에 동원한 1천여 명의 인부를 이곳에서 모두 독살시켰다고 한다. 너럭바위 곳곳에는 붉은 기운이 얼핏얼핏 서려

있는데, 이는 당시 독살당한 사람들이 흘린 피라는 이야기가 전해진다.

호구 천인석 baidubaike

천인석 왼쪽에는 검지劍池와 제삼천第三泉이, 오른쪽에는 손무정孫武亭이 있다.

검지는 '검의 연못'이라는 뜻으로, 연못의 모양이 검처럼 생기기도 했다. 하지만 합려 왕의 유체와 함께 3천 개의 검이 묻혔다 해서 붙은 이름이다. 후세에 진시황과 손권孫權이 검지에서 검을 찾기 위해 샅샅이 뒤졌으나, 하나도 찾지

호구 검지 baidubaike

못했다고 한다. 천인석 위에서 바라보면 보이는 '호구검지虎丘劍池' 네 글자는 당대唐代 유명 서법가 안진경顔眞卿의 아들 안군顔頵이 쓴 것이고, '풍학운천風壑雲泉'이라는 네 글자는 송대宋代 사대서법가四大書法家의 한 사람으로 일컬어지는 미불米芾이 쓴 것이다. 또 바위벽에 새겨진 전서篆書체 '검지劍池' 두 글자는 역대 최고의 명필로 꼽히는 왕희지王羲之가 쓴 것이다.

검지 안쪽으로 들어가면 석벽에 '제삼천第三泉'이라고 크게 새겨져 있는 샘이 나온다. 호구의 샘물이 진강鎭江과 무석無錫의 샘물에 이어 천하에서 세 번째로 맛이 좋다 하여 제삼천이라는 이름을 갖게 되었다.

오른쪽의 손무정孫武亭은 『손자병법孫子兵法』을 쓴 손무孫武가 오나라 군사를 훈련시키던 곳이다.

호구 제삼천

4) 기울어진 호랑이 꼬리 호구사탑虎丘斜塔

호구의 정상에는 959~961년 사이에 세워진 호구사탑이 있다. 높이가 47.5미터인 팔각형 7층 석탑으로, 명대明代부터 기울기 시작해 현재 2.48° 기울어져 있다. 그래서 탑 꼭대기와 아랫부분의 중심이 약 2.3미터 차이가 난다. 이를 바로 세우지 못하는 이유가 합려의 무덤이 있기 때문이라 한다. 전문가의 이야기로는 탑의 무게가 6천 톤 정도인데 기초를 다질 때 흙으로 다진 부분이 너무 얇아서 탑의 무게를

이기지 못했기 때문이라고 한다.

합려의 무덤 조성과 관련된 호구탑의 전설도 전해온다. 합려는 3천 자루의 보검과 함께 호구에 안장되었다. 합려의 장례식이 끝난 지 며칠 되지 않아 무덤에 백호가 나타났다가 금방 사라졌다고 한다. 이 소식을 들은 아들 부차가 신하들에게 무슨 징조인지 물었다. 한 신하가 "호랑이는 산중의 왕이므로, 천하를

쑤저우 호구사탑

제패한다는 길조입니다. 하지만 호랑이가 금방 사라졌으니, 이것이 걱정됩니다."라고 했다. 부차는 다시 어떻게 하면 좋을지 물었다. 신하는 "호구가 원래 호랑이의 모습을 하고 있는데, 다만 꼬리 모양만 없습니다. 그러므로 꼬리 모양의 탑을 만들면 길함이 영원히 지속될 것입니다."라고 하였다. 이에 부차가 탑의 건설을 지시했다고 한다.

이처럼 호구사탑은 호랑이 모양의 호구산에 호랑이 꼬리 역할을 하기 위해 만든 탑이다.

③ 사면초가四面楚歌와 패왕별희霸王別姬의 역사

쑤저우는 '사면초가'와 '패왕별희'의 역사를 가진 도시이기도 하다.

전국시대 말기에 진시황은 초楚나라를 위시한 육국六國을 멸망시키고 천하를 통일시킨다. 초나라가 멸망하자 초나라의 귀족 출신이었던 항우項羽와 그의 삼촌 항량項梁은 쑤저우성으로 피난을 와서

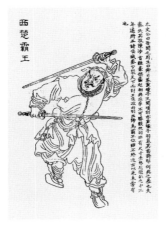

항우 baidubaike

암암리에 인재를 모으고, 무술연마를 하고 있었다. 그 후 진시황이 죽고, 진승陳勝과 오광吳廣의 농민반란이 일어나 진나라가 혼란에 빠지자 항우는 쑤저우에서 사람을 모아 초나라의 부흥을 꾀하게 된다. 이때 항우를 따라 나선 쑤저우의 청년들이 『사기』에서 말한 '강동자제팔천인江東子弟八千人'이다. 이들은 항우를 따라 혁혁한 전공을 세웠으나, 유방劉邦에게 패해 회수淮水(장강 북쪽)을 흐르는 강를 등지고 한나라 병사들에게 포위되었으니, 이것이 소위 사면초가四面楚歌이다. 『사기史記』에서는 "지금이라도 강을 건너 재건을 꾀하자"는 신하들의 간언에 대해 항우가 다음과 같이 말했다고 기록하고 있다.

하늘이 나를 망하게 하는데, 내가 어찌 강을 건너겠는가! 또한 내가 강동자제 8천 명과 강을 건너 서쪽으로 왔다가 지금 한 사람도 살아돌아가지 못하니, 설사 강동의 부형들이 나를 가엾게 여겨 왕으로 대해준다 한들 내가 무슨 면목으로 그들을 보겠는가! 저들이 말은 하지 않더라도 나 스스로 마음에 부끄럽지 않겠는가! 天之亡我, 我何渡爲! 且籍與江東子弟八千人渡江而西, 今無一人還, 縱江東父兄憐而王我, 我何面目見之? 縱彼不言, 籍獨不愧於心乎?

항우는 전쟁터에 항상 자신의 명마 추騅를 타고, 애첩 우희虞姬를 데리고 다녔다. 그는 우희와 마지막 술잔을 기울이며 「해하가垓下歌」를 부른다.

力拔山兮氣蓋世,　산을 뽑을 만한 힘과 세상을 덮을 만한 기개이지만
時不利兮騅不逝.　때가 불리하매 말도 앞으로 나가지 않는구나.
騅不逝兮可奈何,　말도 나아가려 하지 않으니 어찌할 거나.
虞兮虞兮奈若何.　우야, 우야, 너를 어찌할 거나.

이에 우희虞姬는 「화해하가和垓下歌」로써 화답한다.

漢兵已略地,　한나라의 병사들이 이미 (초나라의) 땅을 차지하였고
四面楚歌聲.　사방에서 들려오는 것은 초나라의 노랫소리.
大王義氣盡,　대왕의 의기가 다 하였으니
賤妾何聊生.　천첩인들 어찌 살겠나이까.

　우희의 노래를 들은 항우는 자신의 애마 추騅를 베어버리고, 사랑하는 '우희虞姬'도 자결한다. 이것이 유명한 경극京劇『패왕별희覇王別姬』의 마지막 장면이다. 이 경극 '패왕별희' 이야기를 모티브로 하여 1993년 천카이거陳凱歌 감독이 동명의 영화로 만들었다. 이 영화는 경극을 연기하는 배우의 이야기에다 중국의 근대사를 결합한 것으로, 칸영화제에서 그랑프리를 수상하기도 했다.

경극 패왕별희의 우희 baidubaike

　이처럼 항우는 패자覇者가 되지 못하고 비운의 생을 마감했지만 사마천司馬遷은 『사기』「본기本紀」에서 그의 일대기를 조망함으로써 그를 황제와 같은 반열에 올렸다. 『사기』의 「본기」편은 황제黃帝부터 한漢 무제武帝까지 3000년간 드넓은 중원을 호령했던 제

왕들의 역사를 기록한 것인데, 사마천이 황위에 오르지 못한 항우를
여기에 넣어 황제와 같은 격으로 예우한 것이다. 항우가 죽은 지
1000년 가까운 세월이 흐른 송宋나라 때에도 유명 여류문인 이청조
李靑照가 「하일절구夏日絶句」라는 시에서 또 다음과 같이 노래했다.

生當作人傑,　　살아서는 인걸이요,
死亦爲鬼雄.　　죽어서도 귀웅이라.
至今思項羽,　　여태 항우를 그리워하는 것은
不肯過江東.　　살려고 강을 건너지 않았기 때문이리.

이것은 모두 항우의 영웅적인 기개
와 인품을 높이 평가했기 때문이라 할
것이다.

사면초가로써 항우에게 승리한 유
방은 한漢나라를 건국한다. 이후 쑤저
우 지역이 다시 역사의 전면에 나서게
된 것은 한나라 말기이다. 이 시기 한
나라의 정세는 황건적黃巾賊의 난을
진압하는 과정에서 각 지방 관리들과
토호들이 군사력을 갖추게 되어 다시

유방 baidubaike

군웅할거 시대를 형성하였다. 이때 쑤저우 지역에 기반을 둔 손견孫
堅 역시 군벌들의 세력 분할과정에서 크게 성장하게 된다. 그가 죽
은 후에는 아들 손책孫策이 강동江東 일대를 지배하였다.

그러나 그는 자객에게 살해당했고, 그의 뒤를 이어 『삼국지연의
三國志演義』에서 오나라 황제로 등장하는 손권孫權이 강동의 패권
을 쥐게 된다. 그는 쑤저우 일대의 풍부한 물산과 장강長江에서 훈

련된 강력한 수군을 바탕으로 마침내 적벽대전赤壁大戰에서 승리를 쟁취한다. 손권은 또한 중원의 뛰어난 경작기술을 받아들이고, 남부 지역을 정복하여 산속에 살던 사람들을 평야로 이주케 하여 노동력을 풍부하게 만드는 등 부국강병의 기초를 닦았다. 따라서 장강 이남지방의 농업개발을 처음으로 시작하여 그 후 남북조시대南北朝時代에 남조가 경제적으로 풍요하게 된 기반을 마련한 인물로 평가받고 있다.

제 5 장

이야기가 있는 쑤저우의 거리

쑤저우는 거리마다 골목마다 역사가 숨어있고 이야기가 스며있다. 쑤저우 거리를 걸으며 골목을 기웃거리노라면 그곳에 자리한 유적지나 그 속에서 살았던 시대의 인물들이 말을 걸어온다. 이제 그 이야기를 들어보자.

1 런민루人民路 북사탑北寺塔과 손권孫權

'인민의 나라'로 자부하는 사회주의 국가 중국에서 런민루人民路라는 거리 이름은 보통 그 도시에서 가장 크고 중심이 되는 거리에 사용한다. 쑤저우도 마찬가지이다. 쑤저우의 런민루는 쑤저우시의 남북을 가로지르는 간선도로이다. 북으로 진촨루金砖路와 즈멘루织锦路의 교차로에서 시작하여 남으로 난환둥루南环东路와 난환시루南环西路 교차로까지 이어진다. 40m의 도로 폭에 길이는 10.5km이다.

1940년대 런민루 북사탑 baidubaike

　런민루는 쑤저우의 문화장랑文化長廊으로 불리는 문화의 거리이다. 이 거리를 따라 수많은 역사유적이 분포되어 있으니, 창랑정沧浪亭, 보은사報恩寺, 문묘文庙, 이원怡园 등이 있고, 주도로 옆의 지선도로와 골목에는 많은 역사 이야기와 민중들의 숨길이 숨어있다. 특히 쑤저우를 특정 짓는 원림문화園林文化, 고거문화故居文化, 교량문화橋梁文化, 가항문화街巷文化 등이 종횡으로 얽혀 있어 깊은 문화적 분위기와 도시의 인문 정신을 대변하고 있다.

　이 거리에서 단연 눈에 띄는 유적은 쑤저우의 랜드마크 역할을 하는 북사탑이다. 근래 쑤저우에는 동방지문東方之門이라는 신식 고층 건물이 지어져 눈길을 끈다. 쑤저우의 전통 성문을 모티브로 해서 만든 건물로서, 2004년에 착공하여 2014년에 완공했다. 설계 의도와는 달리 빌딩이 잠옷바지를 닮았다고 해서 '잠옷바지 건물'로 불리며 인터넷상에서 다양한 패러디물을 양산하고 있다.

　하지만 구시가지 안에서 줄곧 쑤저우를 상징해 온 대표적 건축물은 북사탑이라 할 수 있다. 이 탑의 정식 명칭은 보은사탑報恩寺塔

으로, 쑤저우시 구쑤구姑苏区 런민루人 民路 1918호에 있다.

이 탑이 처음 창건된 시기는 삼국三 國시대 오吳나라 적오赤烏 연간(238-251) 으로 알려져 있다. 그 후 남조南朝 양梁 나라(502-557) 때 11층탑으로 개축되었 고, 북송北宋 원풍元豊 연간(1078-1085) 에 9층으로 중건되었다. 남송南宋 건염 建炎 4년(1130)에 전화로 소실되어 남송 南宋 소흥紹興 23년(1153)에 다시 중건

북사탑 baidubaike

되었다. 현존 건물은 남송 시대에 재건한 것이고 1967년 전면적으로 수리하였다. 탑의 높이는 9층으로 74m이며, 탑의 여덟 면이 목조 기 와로 이루어진 누각 형식이다. 탑의 기초는 900㎡로 쑤저우의 탑 가 운데 제일 넓다.

북사탑의 건축과 관련된 전설도 재미있다. 이 탑은 삼국시대 손권 孫權이 어머니 오부인吳夫人을 위해 지은 것으로 알려져 있다. 탑의

손권 baidubaike

꼭대기에는 청동으로 만들어진 표주박 모 양의 조형물이 상징처럼 얹혀있다. 이 조 형물은 무게가 약 2톤이나 되는 엄청난 크 기이며, 바람이 불면 기괴한 소리를 낸다. 전설에 의하면 이 표주박을 얹게 된 것이 천하제일의 책사 제갈량諸葛亮의 계략 때 문이라는 것이다. 손권은 이 탑을 짓기 위 해 특별히 제갈량을 초청하여 설계의 자문 을 구하였다. 당시 제갈량은 유비劉備를

도와 천하를 제패하기 위해 노심초사하고 있었으므로, 당연히 손권을 도와줄 마음이 없었다. 그래서 오나라를 골탕 먹일 생각에 일부러 어려운 주문을 했다. 다른 탑보다 높게 9층으로 짓게 한 것은 물론, 탑의 층마다 처마를 길게 만들고 탑의 꼭대기에는 도저히 지탱하기 힘들 정도의 엄청난 무게와 크기의 청동 조형물을 얹도록 한 것이다.

제갈량 baidubaike

제갈량의 설계주문을 받은 손권은 한편으로는 난감하면서도 화가 나기도 하였다. 그러나 제갈량을 초청하여 탑을 만든다는 소문은 이미 널리 퍼져 있었다. 뿐만 아니라 제갈량이 오나라의 건축기술을 시험해 본다는 생각도 들었다. 그래서 손권은 제갈량의 주문대로 탑의 건설을 강행할 수밖에 없었다. 손권은 오나라 최고의 장인들을 불러 모았다. 그러나 당시 기술로서는 2톤 무게의 청동 주조물을 만든다는 것은 사실상 불가능하였다. 그러나 전국에 있는 청동을 모아 전력을 기울여 주조하기 시작했다. 당시 청동을 녹이기 위해 지핀 불의 연기가 십 리까지 퍼졌다고 한다. 그런데 표주박의 주조를 개시한 후 얼마 안 되어 청동이 1근 정도가 부족하다는 사실을 발견했다. 장인들은 고심 끝에 자신의 백동 팔찌를 벗어서 화로에 던졌고, 구경하던 쑤저우성 백성들이 모두 이를 따라 자발적으로 청동 팔찌를 헌납하니 모자란 청동은 금방 보충되었다. 그리고 마침내 2톤 무게의 청동 주조물이 만들어졌다. 청동 주조물이 만들어졌다는 소식을 들은 손권은 무척 기뻐하면서 제갈량에게 이를 자랑스럽게 알렸다. 이 소식을 들은 제갈량은 내심 놀라며 다시는 오나라를 깔보지 못했다고 한다.

그러나 2톤 무게의 청동 표주박을 어떻게 탑 위에 세울 것인가의 문제가 남아 있었다. 이를 고심하던 장인들은 탑을 한 층씩 쌓을 때마다 그 층을 흙으로 메우고, 후에 주조물을 얹고 난 뒤에 흙을 제거하는 방법을 생각해내었다. 이렇게 탑이 완성된 날, 탑은 보이지 않고 거대한 언덕만 보였다. 다시 역순으로 한 층씩 흙을 제거하자 비로소 전체 탑이 드러났다. 과연 설계에 한 치의 오차도 없는 북사탑의 장엄한 모습이 드러났다.

② 역사거리 핑장루平江路와 쑤저우의 명동 관첸제觀前街

1) 홍균洪鈞과 새금화賽金花의 사랑이 깃든 핑장루平江路

핑장루는 쑤저우의 역사거리歷史老街로서, 핑장허平江河라는 운하를 따라 형성된 넓지 않은 길이다. 핑장루는 쑤저우 구시가지 안에서 현재까지 가장 완전하게 보존된 지역으로, 고대 쑤저우성苏州城의 축소판으로 평가하는 사람들이 많다. 남송南宋 때 만들어진 지도「평강도平江圖」와 명말明末에 만들어

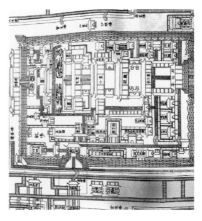
평강도 suzhou.gov.cn

진「쑤저우부성내수도총도蘇州府城內水道總圖」를 대조해보면, 핑장루는 기본적으로 당송唐宋 이래의 성방城坊 모양을 그대로 잇고 있으며, 지금까지 거의 원형대로 잘 보존되었음을 확인할 수 있다.

핑장루 baidubaike

송宋나라 때는 쑤저우를 '평강平江'이라 불렀으니, 거리 이름도 그래서 붙은 것일 것이다. 핑장루의 옛 이름은 십천리十泉里인데, 과거 이 거리에 우물이 10개가 있었기 때문이었다. 그러나 청淸 건륭乾隆 때부터 '평강로平江路'라는 이름이 보편적으로 사용되었다. 2004년 5월, 핑장루는 노면을 전통적인 포석鋪石으로 까는 등 전면적인 보수와 정비를 하여 쑤저우의 새로운 명소로 떠올랐다.

핑장루를 이야기할 때면 홍균과 새금화의 사랑 이야기를 빼놓을 수 없다. 핑장루 쉬안챠오항懸桥巷 27호에 살았던 홍균은 청淸나라 동치同治 7년(1868)에 장원급제하여 한림원수찬翰林院修撰을 거쳐 병부좌시랑兵部左侍郎까지 올랐던 인물이다. 그러나 그는 낭만적인 연애로 더욱 유명하다. 1886년 어느 날 방년 16세의 '진회하명기秦淮河名妓' 새금화가 홍씨 집안으로 시집을 와서 그의 세 번째 부인이 되었다. 대 문인이자 고관이 갑자기 기녀와 눈이 맞았으니, 그 자체로 낭만적 이야깃거리라 할 것이다. 그 이야기 속으로 들어가 보자.

110

당시는 홍균이 상을 당해 귀향하던 길이었다. 경항대운하가 지나가는 교통의 요지 진회하秦淮河에서 묵게 되었다. 진회하는 지금의 난징南京 부자묘夫子廟 부근을 흐르는 운하로서, 수많은 여행객이 묵어가는 곳이었기에 운하 양쪽으로 기원妓院을 비롯하여 숙박시설, 음식점 등이 즐비한 유흥가였다. 그러다 보니 전국의 명기名妓들도 모두 이곳에 모여들었다. 홍균은 그곳 기원에서 새금화를 만났다. 그는 새금화에게 첫눈에 반해버렸다. 귀향길이라는 사실도 잊은 채 매일 새금화의 연주와 노래에 빠져 있었다. 이를 보다 못한 친구들이 나서서 함께 살도록 주선해주었다. 마침내 첫째 부인과 둘째 부인의 동의를 얻어 이듬해 새금화는 이곳 핑장루 쉬안챠오항으로 시집오게 되었던 것이다.

그는 새금화를 위한 거처를 별도로 마련해주었다. 바로 홍가대원洪家大院의 '일곱 번째 입구 방'으로서, 지금의 쉬안챠오항 29호이다. 새금화는 금방 이곳에 적응하여 쑤저우의 문화를 즐기며 여유로운 생활을 했다. 틈이 나면 대원大院에서 평탄評彈을 듣거나 곤곡崑曲을 노래했으며, 또 경극京劇를 하기도 했다. 하인들의 눈에 그녀는

홍균 baidubaike

새금화 baidubaike

핑장루 suzhou.gov.cn

온화하고 선량한 사람이었다. 첫째 부인이 조금 업신여기기도 했지만 전반적으로 매우 평화롭고 안정된 결혼생활을 했다.

1890년 홍균은 러시아, 독일, 오스트리아, 네덜란드 등 4국의 공사로 임명되었다. 관례에 따라 외교관의 부인도 동반해야 했다. 하지만 그의 정실부인은 외국 생활을 두려워하여 새금화에게 대신 가도록 했다. 이에 새금화는 공사 부인의 신분으로 유럽 생활을 하게 되었다. 그녀는 유럽 각국을 여행하며 특유의 사교술로 여러 사람과 스스럼없이 어울렸다. 독일 황제 윌리엄 2세와 비스마르크 수상 등 정치 거물도 만났다. 그녀는 유럽 사교계의 꽃이 되었을 정도로 즐겁고 활기차게 외국 생활을 즐겼다. 그녀는 이렇게 3년간 유럽 생활을 하면서 시야를 넓혔고 새로운 시각도 갖게 됐으며, 외국어 능력도 겸비하게 되었다.

두 사람은 귀국 후 다시 쑤저우 핑장루 쉬안챠오항 고향집으로 돌아왔는데, 그때 피아노 한 대를 갖고 왔다. 귀국 2개월 후에 홍균은 55세의 나이로 세상을 떠났다. 홀로 남겨진 아름다운 새금화는 더 이상 이곳에 머물 이유가 없었다. 그녀는 상해에서 다시 기녀 생활을 시작했다. 시간적으로 보면 새금화가 핑장루의 홍씨 집에서 살았던 것은 겨우 6개월이었지만 쉬안챠오항 27호와 29호는 그들의 아름다운 사랑 이야기를 만든 곳으로, 지금도 사람들의 입에 오르내린다.[1]

112

2) 쑤저우의 명동, 관첸제观前街와 현묘관玄妙觀

쑤저우의 도시 중앙을 동서로 가로지르고 있는 관첸제观前街는 약 800미터의 길지 않은 거리이다. 하지만 이곳은 자동차가 다니지 않는 보행자 전용도로로서, 쑤저우에서 가

관첸제 야경 baidubaike

---

1) 새금화는 1872년 출생하였고, 원래 이름이 채운彩雲이었다. 홍균이 죽은 후 그녀는 조몽란曹夢蘭으로 개명하여 다시 기녀 생활을 시작했다. 그 후 얼마 지나지 않아 그녀는 또 톈진天津으로 옮기고, 새금화賽金花로 개명하여 이 업을 이어나갔다. 당시 그녀는 뒷방으로 물러나 경영자 역할을 했다. 이후 새금화는 화류계에서 더욱 큰 명성을 날렸다. 톈진에서 새금화는 두 번째 남자를 만났다. 그 사람은 호부상서戶部尚書 양우생楊雨生이었다. 그는 새금화를 다시 베이징으로 데리고 갔다. 이 때 그녀의 기업妓業도 베이징으로 옮기게 되었다. 남방의 미녀를 많이 거느린 새금화의 기루妓樓에는 정재계의 유력자들이 줄을 이었다. 거기에다 새금화 원래의 명성이 더해져 베이징 홍등가의 가장 유명한 기루가 되었다. 상서尚書 양립산楊立山, 절강강서순무浙江江西巡撫 덕효봉德曉峰도 이곳의 단골이었다. 이들 역시 새금화와 교제하며 유력 후원자가 되었다. 이 두 거물은 명기名妓에 대한 씀씀이도 매우 호사러웠다. 한 번에 일이천 냥의 백은白銀을 뿌렸다. 이것은 일반 백성들이 평생 넉넉히 쓰고도 남을 만큼 큰돈이었다. 그 외에도 새금화는 사방에서 중요 인물들과 폭넓게 교제하였다. 1900년 팔국연합군이 베이징을 점령했을 때, 그녀는 더 큰 피해를 막고자 연합군 사령관 왈더시瓦德西, Waldersee의 정부情婦가 되기도 했다. 이 일로 사람들은 새금화가 부끄러움도 모르고 매국을 했다고 비난했지만 실은 그녀 덕분에 많은 생명을 지켜낼 수 있었다. 이러한 관점에서 새금화를 오히려 협녀俠女이자 의기義妓라고 부르는 사람도 많다. 그 후 1903년 베이징에서 어린 기녀를 학대한 사건에 연루되어 투옥되었고, 석방 후에 다시 쑤저우로 돌아왔다. 그리고 얼마 뒤 또다시 상하이로 갔다. 만년 생활은 매우 궁핍했으며 1936년 베이징에서 병사했다.

장 번화한 거리이다. 비단을 비롯한 쑤저우 특산품 가게나 전통 요리를 맛볼 수 있는 오래된 식당 등 노포老鋪가 즐비할 뿐 아니라 백화점이나 대형 마트, 명품 상점, 보석 가게 등 현대식 쇼핑몰들도 몰려 있다.

이 거리의 중심부에는 현묘관이 있다. 현묘관은 중국에서도 가장 크고 가장 오래된 도교 사원이다. '관첸제'라는 거리 이름도 바로 이 사원에서 비롯되었다. 현묘관 앞에 형성된 거리이므로 '현묘관 앞 거리'라는 의미의 '관전가觀前街'라는 이름이 붙은 것이다. 현묘관 뒤로는 현묘관과 이어진 쑤저우 전통 공예품을 파는 가게가 늘어서 있다. 관첸제의 서쪽, 런민루人民路와 교차하는 부근에는 대형 백화점이 들어서 있으며, 인근 시얼루西二路 주변에는 서민들이 모이는 야시장이 선다. 이곳에는 초저녁부터 심야까지 포장마차들이 즐비하여 불야성을 이룬다.

현묘관玄妙觀은 춘추시대 오吳나라의 궁전터에 세워졌다. 서진西晉 때인 276년에 도교 사원이 되어 진경도원眞慶道院이라 불렀다. 이후 당나라 때는 개원궁開元宮, 송나라 때는 태을궁太乙宮과 천경

현묘관

114

관天慶觀, 명나라 때는 정총림正叢林, 청나라 때는 원묘관圓妙觀 등
으로 개칭되었다가 1911년 다시 현묘관玄妙觀으로 바뀌었다.

현묘관은 6각으로 된 30개의 푸른 돌기둥으로 건축되었으며, 바깥
기둥은 모두 팔각 석주이다. 남방에서는 보기 드문 큰 반원통형 기와
인 통와筒瓦로 지붕을 덮었다. 사원의 본당인 삼청전三淸殿은 1179
년에 중건되긴 했지만, 중국에서 가장 크고 오래된 도장道場으로 꼽
힌다. 가로 45미터, 세로 25미터의 크기이다. 또한 매년 1월 9일의 옥
황대제 탄신일과 2월 15일 노자 탄신일에 성대한 의식이 치러진다.

③ 운하거리 산탕제山塘街와 한산사寒山寺, 그리고 풍교楓橋

1) 과거의 영화를 간직한 산탕제山塘街

산탕제는 쑤저우를 통과하는 경항대운하가 만든 운하거리이다.
베이징北京과 항저우杭州를 잇는 경항대운하는 수隋나라 때인 7세
기 초 100만 명을 동원해 6년 만에 완공했다. 1764km에 달하는 대

산탕제 baidubaike

운하의 쑤저우 부분을 살펴볼 수 있으며, 그로 인해 형성된 다양한 문화를 만날 수 있는 거리이다.

산탕제는 산탕허山塘河라 부르는 운하를 따라 형성된 거리이다. 당唐 보력寶歷 원년元年(825), 시인 백거이白居易가 쑤저우자사蘇州刺史로 있을 때 창먼閶门의 외성外城 운하를 후추虎丘 산기슭까지 연결하여 배가 다닐 수 있도록 만들었는데, 이 운하가 산탕허山塘河이다. 그리고 둑을 쌓고 길을 넓혀서 후추虎丘까지 곧장 통하도록 만들었다. 백거이가 만들어 '백공제白公堤'라 불린 이 둑방길은 길이가 7리였으므로 또 '칠리산당七里山塘'으로도 불렸다. 이로써 경항대운하와 연결되어 수륙교통이 매우 편리해졌다. 이 지역은 이후 번화가였던 창먼처럼 상품과 사람이 모여드는 강남무역의 중심지가 되었다.

이곳이 번창함에 따라 시인묵객詩人墨客들은 물론 제왕이나 귀족들도 즐겨 찾는 명소가 되었다. 그래서 쑤저우 민가民歌에는 다음과 같은 노래도 있다.

上有天堂, 下有苏杭.　　하늘에는 천당, 땅에는 쑤저우와 항저우.
杭州有西湖, 苏州有山塘.　항저우에는 시후西湖, 쑤저우에는 산탕山塘
　　　　　　　　　　　이라네.
兩處好地方, 無限好風光.　두 곳 모두 좋은 곳, 좋은 풍광 무한하네.

청대 조설근曹雪芹의 『홍루몽紅樓夢』 '제일회第一回'에서도 창먼閶门과 산탕山塘 일대를 "화류계 가운데 일이등급의 부귀풍류 지역紅塵中一二等富貴風流之地"이라고 했다. '진회팔염秦淮八艶'에 꼽히는 진원원陳圓圓과 동소완董小宛도 이곳 예팡방野芳浜에서 명성을 날린 명기名妓들이다.

이곳에는 또 쑤저우 시민들의 저항정신을 보여주는 유적지가 있다. 중국 중등어문 교과서中学语文课本에도 수록된 장부張溥의 「오인묘비기五人墓碑記」의 오인묘五人墓가 그곳이다. 오인묘는 다

오인묘비기 baidubaike

섯 명의 쑤저우 시민의 묘이다. 명나라 말기에 환관宦官 위충현魏忠賢 일당이 전횡을 하며 백성을 괴롭히자 강남江南 사대부들이 중심이 된 동림당東林黨이 개혁과 부패 척결을 주장하며 그들과 맞섰다. 위충현 일당은 동림당 사람들을 잔혹하게 박해했고, 천계天啓 6년(1626)에 그 주동자였던 쑤저우의 주순창周順昌을 체포하였다. 이에 쑤저우 시민들은 분연히 떨쳐 일어나 의거를 일으켰다. 그 후 위충현 일당이 사태를 수습하기 위해 시민들을 닥치는 대로 체포하자 주동자였던 안패위顔佩韋, 양념여楊念如, 주문원周文元, 심양沈揚, 마걸오馬杰五 등 다섯 명이 시민들을 보호하려고 자진해서 항복했다. 이들은 처형장에서도 서로 웃으며 통렬하게 위충현을 꾸짖었다고 한다. 이듬해(1628) 숭정崇禎 황제가 즉위하여 주순창이 석방되었고, 다섯 명의 열사를 추모하기 위해 쑤저우 시민들이 이 합장묘를 만들었다. 그리고 반청反淸 운동에 앞장섰던 복사復社의 영수 장부張溥가 이들을 기리는 「오인묘비기五人墓碑記」를 지었다.

이 외에도 이곳은 탄사彈詞의 대표작 『옥청정玉蜻蜓』의 배경지이다. 탄사는 쑤저우의 대표적 전통 공연예술로서 우리나라의 판소리와 매우 흡사하며, 단지 반주악기가 북이 아니라 비파 같은 현악기라는 점이 다르다. 『옥청정』 가운데 「동교득자桐橋得子」라는 단락의

'동교'가 이곳에 있다. 또 세계적으로 명성을 날린 중국계 미국 건축가 이오밍페이貝聿銘: Ieoh Ming Pei의 고택과 사당이 있으며, 중국근대사상 최초의 혁명문화단체로 불리는 남사南社도 이곳을 근거지로 결성되었다.

이처럼 산탕제는 역사적으로 매우 번화했던 상업지역이었다. 그러나 상업 중심지가 이동하면서 이 지역은 오랫동안 옛 역사만 간직한 채 거의 방치되어 있었다. 그저 석판石板으로 된 노면路面과 옛 거리를 따라 흐르는 운하만이 이곳의 영화를 말없이 웅변하고 있었다. 21세기 들어 쑤저우 시정부는 이곳을 대대적으로 정비하기 시작했다. 2002년에는 오랫동안 방치되어 있던 청말清末 허단학許丹鶴의 고택인 쉬자이许宅를 수리하여 산탕댜오화러우山塘雕花楼라는 이름으로 복원하였고, 2003년에는 둥후이루东汇路 68호 안지왕

산탕댜오화러우를 소개한 책 baidubaike

먀오安齐王庙(安庙) 안에 있던 옛날 희대戲台를 이곳 퉁구이챠오通贵桥 서쪽으로 옮겨 복원하였다. 2005년에는 쑤저우상후이苏州商会 성립 100주년에 맞추어 쑤저우상후이박물관苏州商会博物馆을 개관하였다. 이곳은 원래 취안저우泉州 상인들의 연합회관인 취안저우후이관泉州会馆가 있었던 곳으로, 상후이박물관商会博物馆으로는 전국에서 두 번째로 개관한 곳이다.

2) 한산사寒山寺와 풍교楓橋

한산사 baidubaike

한산사는 쑤저우시 서쪽 5km 떨어진 곳에 자리한 불교 사찰이다. 한산사는 6세기 초 남북조 시대에 창건되었다고 한다. 건립 당시에는 묘리보명탑원妙利普明塔院으로 불렸지만 당대唐代의 고승 한산寒山이 이곳에 머문 후에 그의 이름을 따 한산사寒山寺로 바뀌었다. 당나라 때에는 특히 일본에서 유학을 많이 온 유명 사찰이었다.

여구윤閭丘胤의 『삼은시집三隱詩集』 서문에 따르면 이 절의 명칭 유래가 된 한산寒山은 습득拾得과 함께 천태산天台山 국청사國淸寺의 괴짜 스님 풍간豊干의 제자였다. 이 세 스승과 제자는 남루한 모습으로 주방에 들어가 승려들의 잔반殘飯을 먹곤 했다고 한다. 이 들은 삼은三隱 또는 삼성三聖이라고 불렸다. 『삼은시집』은 한산의 시 314수를 중심으로 이들의 시를 모은 것이다. 작품 중에는 민중을 대상으로 한 교훈적인 시라든가 선禪의 계偈를 닮은 것이 많으며, 한산에 얽힌 전설을 노래한 것도 있다. 특히 한산과 습득의 전설은 송대宋代 선종禪宗의 유행과 더불어 자주 선화禪畵의 소재가 되었다.

한산사는 여러 사건을 겪으면서 5차례나 소실되었다가 청대 말에
재건되었다. 한산사 종루에 있던 원래의 종도 청나라 때 일본인들이
약탈해갔다. 현재 있는 종은 1907년에 다시 만든 것이다. 대웅보전
안에는 일본이 사과의 뜻으로 만들어 보내온 종도 있다.

한산사 앞에는 당나라 시인 장계張繼의 시 「풍교야박楓橋夜泊」에
등장하는 풍교楓橋가 있다. 「풍교야박」은 장계가 한밤중 배를 타고
가다 한산사의 종소리를 듣고 지었다는 시이다. 풍교 가에는 이 시
가 음각된 비석이 있다. 한산사의 종소리를 들으면 번뇌가 사라지고
장수한다는 전설이 있어서 사람들의 발길이 끊이지 않는다. 한산사
에서는 2005년에 다시 108톤 무게의 대종을 설치하였다.

「풍교야박楓橋夜泊」 시는 장계가 장안長安(지금의 서안西安)으로
과거시험을 보러 갔다가 세 번째 고배를 마시고 고향으로 돌아오던
756년경, 쑤저우를 지나면서 지은 것이다. 장계의 배가 풍교와 강촌
교江村橋 사이에 머물렀을 때, 한산사의 종소리를 듣게 된다. 수심에
차 있던 장계는 이곳의 경치에 빗대어 자신의 낙담한 마음을 다음과
같이 표현했다.

풍교의 옛 모습 baidubaike

月落烏啼霜滿天,　　달 지고 까마귀 울며 서리는 하늘 가득,
江楓漁火對愁眠.　　강변 단풍나무와 고기잡이 불 근심스럽게 바라보
　　　　　　　　　노라니,
姑蘇城外寒山寺,　　고소성 밖 한산사에서
夜半鐘聲到客船.　　한밤 종소리가 나그네 배까지 들려오는구나.

현재의 풍교는 1867년 청나라 말엽에 중건된 것으로, 길이가 29
미터, 폭은 4미터이다. 한산사는 당나라 때 보명선원普明禪院 혹은
풍교사楓橋寺라 했는데, 장계의 이 시로 인해 더욱 큰 명성을 얻게
되었고, 이후 두루 한산사로 불렸다고 한다.
　　명대明代 쑤저우의 유명 화가 당인唐寅 역시 「고소팔영姑蘇八詠
－한산사寒山寺」에서 다음과 같이 노래하였다.

金閶門外楓橋路,　　금창문 밖 풍교로 가는 길.
萬家月色迷煙霧.　　집집마다 달빛이 안개에 흐리다.
誰閣更殘角韻悲,　　성문 아래 누각은 쇠잔하고 음률도 구슬픈데,
客船夜半鐘聲度.　　한밤 종소리 속에 나그네 배가 지나간다.
樹色高低混有無,　　높고 낮은 나무는 색에 따라 사라졌다 나타나고,
山光遠近成模糊.　　멀고 가까운 산들도 빛에 따라 어슴푸레.
霜華滿天人怯冷,　　온 천지에 서리 내려 썰렁한데,
江城欲曙聞啼鳥.　　쑤저우성에 동트며 새소리 들려온다.

제 6 장

대륙의 관문 하카타항

❶ 야요이시대의 발상지 요시노가리유적

1989년 사가현의 간자키쵸, 미타가와쵸, 히가시세부리손에 걸쳐 있는 요시노가리 구릉에서 요시노가리유적이 발견되었다. 야요이시대 전기부터 중, 후기에 걸친 유적으로, 남북 1km, 동서 600m에 이르는 방어용 구덩이로 전체를 둘러싼 취락이 발견되어 이를 '환호취락還壕聚落'이라 부른다. 요시노가리 유적은 일본 최대급으로 중국의 『위지왜인전魏志倭人伝』에 기록된 망루대나 성책등과 흡사한 구조를 가지고 있다. 또 분구묘나 3000기에 이르는 옹관묘가 있어 분묘의 시대적 변천이나 촌락에서 국가로의 형성과정을 아는 데에 중요한 유적으로서 가치가 높다. 1992년에 국가 특별 사적으로 지정되고 2001년부터는 〈국영 요시노가리 역사공원〉으로 특별관리되고 있다. 공원은 북내곽과 남내곽으로 구분되어 북내곽에는 제사를 지내기 위한 신전, 제사장무녀의 주거로 여겨지는 고상식高床式 주거, 감시를 위한 망루 등이 있고, 남내곽에는 수혈식竪穴式 주거가 복원되어 있다.

요시노가리유적 yahoo.jp/ubr-9x

요시노가리쵸
yahoo.jp/cVkR-J

요시노가리 유적은 일본 최대의 간만 차가 있는 아리아케해有明海 안쪽 사가평야佐賀平野 구릉 위에 위치한다. 이 일대는 비옥한 토양과 온화한 기후가 맞물려 고래로부터 농업생산기지로서의 역할을 담당해왔다. 예를 들면 고대, 중세에는 조정의 칙지전勅旨田1)이나 귀족들의 장원莊園이 되는 등 중앙권력의 경제적 기반이 되기도 했고, 대륙 문화와의 관계가 깊었던 것을 많은 문헌을 통해 확인할 수 있다.

사가현은 1982년 농촌의 잉여 노동력 활용과 고용대책의 일환으로 유적의 보고로 생각되었던 요시노가리지역을 공업용지로 개발하기로 결정했다. 이곳은 이전부터 개간이나 흙 채취를 할 때 인골이 담겨있는 옹관이 출토되거나 방대한 양의 석기나 토기가 출토되었

1) 천황 소유의 땅으로 세금을 거둘 수 없는 땅.

던 곳이었다. 토지 소유자는 이 옹
관을 향토 출신의 유신 영웅 에토
신페이江藤新平가 일으켰던 '사가
의 난'때 전사한 병사들의 묘라 생
각해서 소중하게 다루고 있었다.
또한 어마어마한 양의 토기나 석기

요시노가리의 옹관

때문에 개발 비용이 방대하리라 예상하고 있었다. 이러한 이유 때문
에 대규모의, 혹은 주먹구구식 개발이 이루어지지 않고 광대한 유적
전체가 잘 보존될 수 있었다.

1) 『위지왜인전魏志倭人伝』 그대로의 〈구니国〉

야요이시대의 '구니国'란 야마토 조정에 대한 지방 정권을 의미한
다. 이들 '구니'는 현재의 군郡에 해당되는 협소한 지역을 다스리던
정치집단이었으나, 정치의 주체로서 독립성을 갖는 원초적 형태의
정권이었다. 이들 '구니'는 야마토 조정에 대해 반속·반독립半属半
独立적 관계에 있던 지방을 의미한다. 요시노가리는 이런 구니의 형
태를 그대로 보여주는 유적이다.

요시노가리 유적에 대한 본격적인 대규모 발굴조사는 사가현 교
육청 프로젝트로 1986년부터 시작되었다. 그 후 3년간이라는 조사
기한의 최종 단계(1989)에 요시노가리는 새로운 국면을 맞이했다.
「야마타이국 시대의 구니」「『위지왜인전魏志倭人伝』에 쓰인 히미코
가 살고 있던 취락과 똑같은 형태」라는 제목으로 연일 신문과 텔레
비전의 뉴스에 보도되었고, 일본 고고학의 역사상 전대미문의 대소
동이 벌어진 것이다. 요시노가리는 일약 전국적으로 유명한 '야요이

유적'이 되었다.

야요이시대는 기원전 3세기부터 기원후 4세기에 이르는 시기로, 2,300년 전 고조선과 삼한 사람들이 이동하여 청동기 문명과 벼농사를 전래한 시대이다. 야요이弥生라는 명칭은 1884년 도쿄대학 근처 도쿄도 분쿄구 야요이쵸弥生町의 패총에서 발견된 토기를 야요이식 토기로 부른 것에서 유래한다. 처음엔 야요이식 토기를 사용한 시대라는 의미에서 "야요이식 시대"라고 부르다가 이후 '식'을 생략한 호칭이 일반화되었다. 야요이시대인 기원전 4세기 경 요시노가리 구릉에 취락이 형성되기 시작해서 이것이 대규모 취락으로 발전되게 된 것이다.

야요이시대 이전은 조몬시대縄文時代로, 죠몬시대는 기원전 만 년에서 기원전 3세기까지를 말한다. 이때는 빗살무늬 토기를 사용했고, 수렵과 도토리, 밤, 상수리와 같은 열매를 채집해서 토기에 보관했다. 조몬시대와 야요이시대는 토기의 모양으로 구분한다. 야요이시대의 토기는 무늬가 없는 민무늬 토기이고, 조몬시대는 빗살무늬 토기를 사용했다. 조몬시대에는 해수면 상승으로 인해 기후가 온화했기 때문에 먹을 것을 구하기가 비교적 용이했다. 조몬인과 야요이인의 생활방식을 비교해 보면 다음과 같다.

조몬인	야요이인
수렵, 채집생활	농경생활
이동생활	정착생활
돌(석기) 사용	청동기 사용
동굴, 움집 거주	집단 취락 형성
군집생활	계급사회(문명사회)

야요이토기
yahoo.jp/WVg-FK

조몬토기
yahoo.jp/Ocag4s

죠몬시대 후기에도 요시노가리 구릉 주변에 사람들이 살고 있었으리라 추정된다. 이곳에 사람들이 정착한 가장 큰 이유는 이 지역이 바다와 가까웠기 때문으로 생각된다. 마지막 빙하기가 끝나고 날씨가 따뜻해지면서 조몬시대 전기에 해수면이 상승해서 아리아케해가 요시노가리 구릉 남쪽 부근까지 확대되어 유적에서 2~3킬로미터 정도의 거리에 있었다고 추정된다. 아리아케해는 간만의 차가 평균 5~6미터로 매우 크고, 또 넓은 갯벌이 펼쳐져 있었다. 따라서 조개나 게와 같은 식재료가 풍부했던 것도 사람들이 이 지역에 정착하는 데에 큰 역할을 했을 것으로 추정된다.

야요이시대는 벼농사와 금속기를 제작, 사용한 점, 동아시아 지역과 교류했다는 점에 특징이 있다. 이를 뒷받침하듯 요시노가리 유적에서는 야요이시대 전성기의 취락이나 묘지의 변천, 사람들의 생활모습이나 제사, 생산이나 교역, 권력 암투와 전쟁, 국제교류에 관한 구체적인 자료들이 출토되고 있다. 그런 의미에서 요시노가리 유적은 일본의 야요이문화의 특징을 가장 잘 보여주는 유적이다. 그러나 무엇보다 가장 중요한 사실은 중국 대륙이나 한반도의 선진문화가 북부 규슈에 건너온 기원전 4~5세기에서 기원후 3세기에 이르는

감시를 위한 망루
yahoo.jp/eFMLfF

600년간의 모든 정보가 요시노가리 유적에 담겨있다는 것이다. 이 유적을 통해 야요이 시대 전반에 이르는 실태를 파악할 수 있는 중요한 정보를 얻을 수 있는 것이다.

요시노가리 유적 중심부는 1990년 사적으로, 이듬해에는 특별 사적으로 지정되고, 1992년에는 국영 요시노가리 역사공원으로 지정되었다. 그리고 2001년에 개원한다. 이 역사공원은 여왕 히미코가 왜倭의 도읍을 둔 야마타이국과 관련이 있었던 것으로 주목을 끌었다. 감시를 위한 망루의 흔적이나 마을을 둘러싼 환호還壕의 흔적들은 『위지왜인전』에 기록된 히미코의 궁전이 있었다고 하는 '루관樓觀' '성책城柵'에 해당되고, 또 거주구와 떨어진 곳에 설치한 고상식 창고군은 왜국에 있었다고 전해지는 '저각邸閣'에 해당되는 것으로 추정되어 주목을 끌었다.

2) 고대국가에의 태동

야요이시대 전기에 걸쳐 장소를 바꿔가며 운영되었던 환호취락은 한반도에서 전수된 벼농사 기술을 활용한 '무라村(취락)'가 각종 수공업 생산을 하면서 일본 최대의 대규모 환호취락으로 발전한 모습을 보여준다. 또한 옹관묘에서 출토된 다수의 야요이인들의 인골의 형태나 한반도계 문물에서 야요이인의 루트를 찾아볼 수 있다. 그 외에도 세형 동검이나 청동으로 된 거울, 유리 목걸이를 걸친 사람들이 묻혀 있는 거대한 분구묘는 사람들 사이에 계급의 격차가 생겼음을 나타내는 것으로, 요시노가리 유적은 일본이 고대 국가로 태동하는 모습을 보여주는 중요한 자료이다. 물론 그 과정에서 전쟁이 발발했던 것은 중국의 역사서나 방어 목적으로 만들어진 환호나 망루, 머리가 잘려나가거나 화살이 박힌 인골의 모습에서도 확인할 수 있다.

머리가 없는 인골 yahoo.jp/XFfuHy

3) 한반도와의 교류

요시노가리 유적에서 발굴된 이른바 야마타이국 시대(야요이시대 후기)의 V자형 환호나 그 주변에 세워진 망루, 외부인의 침입을 막기 위해 설치된 사카모기逆茂木(적의 침입을 막기 위한 뾰족한 울타리) 등은 중국이나 한반도의 영향을 강하게 받았다. 망루의 경우는 중국의 성곽도시에 설치되는 옹성甕城, 각루角樓와 같은 방어시설의 영향을 받았고, 사카모기의 경우는 부여 송국리에 있는 선사 주거 유적지의 성책인 '녹채鹿砦(사슴뿔이란 뜻)'와 매우 흡사하다. 그 외에도 한반도계의 무문 토기나 청동기, 철기 등은 한반도와 적극적인 교류나 교역이 있었음을 보여주는 자료이다.

세형 동검, 동경 등 yahoo.jp/IGrxs7   사카모기逆茂木 yahoo.jp/iijsg8

야요이시대는 지금의 일본사회의 기초가 이루어지고 환경, 농업, 차별이나 전쟁, 외교 등이 이루어졌던 시대였다. 또한 일본이 처음으로 동아시아 국제사회에 등장하는 시기이기도 했다 요시노가리 유적은 야요이시대를 살아간 일본인들의 모습을 관찰할 수 있는 귀중한 자료들이 풍부하게 남아 있는 곳이다.

4) 야요이인의 생활

중국 역사서 『위지왜인전』에는 야마타이국의 여왕 히미코가 거주했던 건물에 대해 "거처와 궁실宮室, 누관樓觀, 그리고 성책을 엄중하게 설치하여 항상 무기를 든 병사가 있었다."고 전하고 있다. 거처란 사적 공간, 궁실이란 공적인 궁전, 누관은 성스러운 제단, 그리고 성책은 침입자를 막기 위해 나무로 세운 목책을 말한다. 이 기술과 똑같은 것들을 요시노가리 유적에서 볼 수 있다. 요시노가리 역사공원의 테마는 '야요이인의 소리가 들린다'이다. 요시노가리 유적을 통해 야요이인의 소리를 들어보기로 하자.

세속적인 공간 남내곽

역사공원 중앙의 근대적 건물을 지나 다리를 건너면 야요이시대의 거대한 환호취락의 입구가 나온다. 오른쪽 구릉 위에는 커다란 건물과 망루가 보이고 그쪽으로 가기 위해 문을 통과하면 문 양쪽에 나무 끝을 뾰족하게 갈아 만든 사카모기가 있다. 거기에서 조금 경사진 언덕을 오르면 멀리 산들이 보이면서 시야가 탁 트이게 된다. 그곳에 성책과 누문櫓門이 있고, 병사들이 이곳에서 출입하는 사람들을 감시했을 것으로 보인다. 그곳을 통과하면 왕이나 귀족들이 거주하던 남내곽이 나온다. 이쪽 입구에도 역시 감시 망루와 성책이 있다. 중앙에는 광장이 있어 그 주변에는 수혈식 주거가 수십 개 늘어서 있다. 광장 정면 건물은 울타리로 둘러싸여 있는데, 이곳은 지배자의 공간이다. 이 건물에는 왕 부부, 딸 부부, 그 밖에 왕의 부인들과 아이들의 거처로 구성되어 있다. 이 거주지 부근에서는 유적 내 다른 지역과는 다른 잘 빚어진 토기나 당시로서는 귀중했던 철제품이 다수 출토되었다. 이들 출토품에서 견직물이나 옥으로 만든 장식품, 동검이나 동으로 만든 투구 등 권위를 상징하는 물건들을 볼 수 있다.

남내곽 전경 yahoo.jp/JwnOu3

수혈식 주거 yahoo.jp/ZnY5_L

일반 백성들은 세금 징수, 군사, 토목, 제사 등 구니의 통치를 위한 기능을 분담하며 가족들과 함께 남내곽에서 생활했다. 광장에는 왕이 다른 나라의 사자나 촌장을 만나거나 백성들과 회의를 하거나, 또는 의식이 행해졌던 것으로 추정된다.

② 성스러운 공간 북내곽

남내곽을 나와 북쪽으로 가면 북내곽이 나온다. 담이 있는 문을 통과하려고 하면 통로가 구불구불하게 되어 있어 안으로 쉽게 들어갈 수 있는 구조가 아니다. 무언가 비밀스러운 공간으로 만들어 놓기 위한 것으로 보인다. 안으로 들어가면 다른 건물을 압도하는 거대한 신전이 등장한다. 약 4미터 정도 되는 높이로 세워진 까닭에 더욱 거대하게 느껴진다. 신전의 2층에는 풍요를 기원하기 위한 '예축予祝 의례'를 위해 취락 전체의 어른들을 모아 왕이 향연을 시작하려는 모습을 재현해 놓았다. 3층에는 창이 없는 어두운 공간에 무녀가 악기 연주에 맞춰 신탁을 받기 위한 제례를 지내는 모습을 구현했다. 방의 중앙에는 신탁을 위한 거울과 옥, 무기 등의 제기들이 놓여 있다.

제사를 지내기 위한 신전

북내곽 입구

성스러운 공간인 북내곽은 예를 들면 히미코와 같은 무녀이자 여왕이 속세와의 접촉을 피하고 신성함을 유지하기 위해 폐쇄적인 공간으로 만들어 놓았다. 이 시대에는 '귀도鬼道'라고 하는 조상을 받들고 조상의 영혼을 불러내는 제의가 사회나 구니의 질서를 지키기 위한 지배 사상, 신앙이었다. 이를 위해 성스러운 존재인 왕(무녀)과 실무적인 세속의 왕(지배자)이라는 이중 구조의 정치체제로 운영되었다.

북내곽의 다른 건물들은 무녀의 주거, 몸을 깨끗이 하기 위한 건물, 식사를 조달하기 위한 하인들의 주거로 구성되어 있다. 북내곽 북쪽에는 역대 왕의 무덤인 분구묘墳丘墓가 있고, 북내곽은 이 왕들에게 제사를 지내기 위한 종묘였던 것이다. 따라서 북내곽 주변에는 의식에 필요한 제기나 공물을 바치기 위한 사람들의 주거나 공방, 창고가 늘어서 있다.

북내곽 분구묘가 있던 자리 yahoo.jp/kD4yUe

③ 국내외 사람들로 붐비는 시장

북내곽에서 남내곽으로 돌아와 서쪽으로 언덕을 다시 내려가면 30채 정도의 고상식, 수혈식 건물과 광장들이 보인다. 이곳이 시장이다.『위지왜인전』에는 "조세의 징수나 비축을 하고, 그를 위한 창고가 있고 각 취락에는 그 취락이 만들어놓은 시장이 있다."고 되어 있다. 이곳 창고에는 취락 전체에서 모인 쌀이 저장되어 있어 다른 취락의 창고에 비해 훨씬 크고 여러 개가 설치되어 있다. 광장에서는 산과 바다, 또는 해외에서 가져온 많은 물건들이 활발하게 거래되고 있었던 것으로 보인다. 시장 중앙에는 감시를 위한 망루가 세워져 시장을 관리하는 사람이 있고, 시장이 시작되고 닫을 때는 개시開市와 폐시廢市를 알리는 큰 북을 울렸다. 시장에서는 물물교환 이외에도 재판이나 행정적인 사무를 고지하는 일이라든지, 남녀가 만나는 축제 등이 열리기도 했다.

창고와 시장 yahoo.jp/ucosgl

시장을 나오면 물자를 운반하기 위한 배가 다니는 강이 나오고 강을 따라 밭이 펼쳐진다. 요시노가리 유적은 이와 같이 야요이시대의 이른바 '구니의 수도'의 모습이나 그곳에서 생활하는 사람들의 모습이 그대로 보존되어 있어 당시 생활을 짐작할 수 있는 귀중한 자료 역할을 하고 있다.

② 야마타이국과 히미코

1) 금인金印의 발견

1784년 시가섬志賀島에서 농민 진베이甚兵衛가 큰 돌 밑에서 「한위노국왕漢委奴國王」이란 금인을 발견했다. 이 금인은 57년 후한의 광무제가 왜국 사자에게 하사한 것이다. 현재 국보로 지정되어 후쿠오카 박물관에 전시되어 있다. 이 섬에 금인공원이 있고, 공원 입구에는 「한위노국왕금인발광지처漢委奴國王金印發光之處」라는 기념비가 서 있다.

이 금인의 높이는 2.2cm, 도장 부분의 길이는 평균 2.3cm, 질량 108.7g으로 되어있다. 도장 면에는 한, 위노, 국왕漢·委奴·國王의 다섯 자가 음각으로 새겨져 있고 손잡이 부분은 뱀이 똬리를 틀고 머리를 오른쪽 위 방향으로 향한 모습이 조각되어 있다.

금인 yahoo.jp/P2LB8Q

이 금인은 1784년 시가섬에서 두 사람이 들 정도 크기의 돌 밑에서 발견되었다. 이것은 발견 당시 '위나라에 조공했다'는 기록으로 인해 한차례 큰 소동이 일어났다고 한다. 학자들은 "위나라에 조공을 했다니, 이런 괘씸한 일이 있나. 이런 물건은 당장 부숴버려야 한다."고 강력하게 주장했다고 한다. 이에 번을 중심으로 한 많은 사람들의 의견도 이쪽으로 기울어졌는데, 당시 번교藩校인 감업관甘棠館 관장이었던 유학자 가메이 난메이亀井南冥가 이것을 폐기하는데 강력하게 반대했다. 난메이는 중국의 역사서인 『후한서後漢書』 동이전東夷伝에 "건무 중원 2년(서기 57)에 동쪽 오랑캐 왜의 노국奴國이 조공을 했다. 사신을 스스로를 대부大夫라 칭한다. 왜국의 가장 남쪽 경계로, 광무光武가 도장을 하사했다."라고 되어 있어 있음을 밝혔다. 노국은 하카타 부근이라는 설이 유력하다. 그는 이것이 중국의 도장이고, 그렇기 때문에 이 금인이 중요하다고 주장했다. 이러

136

한 난메이의 노력으로 금인은 구로다번 창고에 보관이 가능하게 되었다. 그 후 에도시대부터 지금까지 많은 학자들이 금인을 연구하고 고증해 왔고, 그런 가운데 금인 위조설도 나왔으나 과학적 측정으로 이런 설들은 인정되지 않았다. 그 결과 이 금인은 광무제가 위노국 왕에게 하사한 도장이 확실하다는 것이 증명되었다. 동아시아의 책봉체제하에서는 황제가 여러 나라의 왕을 신하로 인정하는 증거로서 정해진 지위에 맞는 옥인玉印, 금인金印, 은인銀印 등을 하사했었고, 중국 역사서 『위지왜인전魏志倭人伝』에 '친위왜왕親魏倭王'에게 금인을 하사했다는 기록이 있다. 그 왜왕이 바로 히미코이다.

2) 무녀 히미코

히미코(?~242/248)는 3세기 경 야마타이국邪馬台国을 다스렸던 여왕이다. 야마타이국은 『삼국지三国志』 위지왜인전에 기록된 당시 일본 내 가장 강대했던 나라로, 약 30개의 나라들이 야마타이국 통치하에 있었다고 한다. 야마타이국의 소재지에 대해서는 긴키와 규슈두 가지 설이 있다. 긴키설은 긴키지역(지금의 오사카 부근)에서 히미코가 중국의 위나라에서 받은 동경이 다수 출토된 점이나 이 지역의 야마토가 야마타이와 발음이 비슷하다는 점을 근거로 삼고 있다. 이에 대해 규슈설은 『삼국지三国志』 위지왜인전에 대방군에서 히미코의 나라까지 1만 2,000리라고 기재되어 있어 이에 해당하는 것이 규슈라는 주장이다. 또한 당시 규슈지역은 야요이시대 이래 가장 발전한 곳이기도 했다. 야마타이국이 어디 있었는가에 대한 논쟁은 아직도 해결되지 못하고 있다. 3세기 야마타이국의 위치 문제는 4세기 이후의 야마토 정권의 발전과정을 설명하는데 많은 영향을 미친다는 점에서 오늘날까지 치열한 논쟁이 전개되는 주제이다.

『위지왜인전』에 의하면 히미코는 야마타이국에 거주하며 귀도鬼道로 민중을 현혹시킨다고 되어 있다. 이 '귀도'의 의미에 대해서는 여러 설이 있고 그 의미가 불분명하지만, 위지왜인전에서 "뼈를 태워 금이 간 모양을 보고 길흉을 점쳤다"라고 되어 있는 바와 같이 점복술을 행하는 무녀였을 가능성이 높다. 또 히미코에 대해서는 "(히미코는) 이미 나이를 많이 먹었는데 남편은 없고, 남동생이 있어 (여왕을) 도와 나라를 다스리고 있다. 왕이 되고 나서 (히미코를) 알현하거나 만난 사람은 거의 없었다. 시녀 천 명으로 하여금 시중들게 했다. 남자는 오직 한 사람만 있어 음식물을 운반하기도 하고 말을 전하기도 하기 위해 거처에 출입하고 있다."(삼국지 위지왜인전) 고 기록되어 있다.

기원전 1세기 경 일본에는 100여 개의 소국이 있었는데 히미코가 이들 나라의 맹주가 된 것으로 보인다. 232년 후한이 멸망한 후 중국은 위나라, 촉나라, 오나라의 삼국시대가 전개되었다. 239년 히미코는 대부 난쇼마이를 대방군에 파견하여 위나라 황제에게 조공을 했고, 이때 황제는 히미코에게 금인을 하사하여 왜국에 대한 종주권을 인정하고 위나라의 책봉체제에 들어오게 했다. 한편으로 히미코는 한반도 남부의 변한, 진한과도 교류를 했다. 농경문화가 시작되고 인구가 증가함에 따라 생산력을 증가시키기 위해 철이 필요했기 때문이다.

히미코는 전쟁의 와중에 사망한 것으로 보인다. 삼국지 왜인전에 의하면 야마타이국 남쪽에 있는 구나국이 히미코에게 복속을 거부하여 전쟁이 일어났다. 그러자 히미코는 급히 대방군에 구원을 요청했다. 247년 대방군은 위나라 황제의 조서를 일본으로 가지고 와 히미코의 전쟁을 도왔지만 히미코는 역사서에 더 이상 등장하지 않게 되어 이때 사망한 것으로 추정된다.

히미코의 사후 직경 100여 보의 큰 무덤이 조성되고 여기에 노비 100여 명을 순장했다. 히미코가 죽은 후에는 히미코의 종녀宗女인 이요가 불과 13살의 나이에 여왕으로 즉위했다. 이요도 히미코와 같은 샤먼 계통의 여성이었을 것으로 추정된다. 히미코에서 이요로 이어지는 여왕 즉위 상황을 보면 야마타이국이 아직 강력한 왕권을 중심으로 한 전제국가는 아니었음을 알 수 있다. 또한 다음의 기록들을 보면 야마타이국은 신분사회였음을 알 수 있다.

"네가 헌상한 남자 생구2) 4명, 여자 생구 6명, 반포斑布 2필 2장을 받아서…"
"법을 어기면 가벼운 자는 그 처자를 몰수하고, 무거운 자는 그 일가 및 종족을 멸한다." (삼국지 위지왜인전)

3) 신공황후와 삼한정벌설

히미코에 대해서는 그녀가 신공황후神功皇后였다는 설이 있다. 신공황후의 섭정 시기는 삼국지에 기록된 히미코의 시대와 비슷하며, 일본의 역사서『일본서기』에 신공황후 섭정 66년에 진의 사신을 맞으러 가고, 왜 여왕이 먼 곳에서 와서 공물을 바쳤다는 중국 기술을 인용하고 있다. 이 때문에 일본의 역사서인『고사기』와『일본서기』에 기록되면서 야마토조정과 히미코를 연관시키려는 의도로 전승을 만들어 냈을 것으로 추정된다. 일본에서는 에도시대까지

---

2) 생구生口란 상품으로 취급되는 비자유민을 말한다.

히미코가 신공황후라고 여겨졌다. 또한 이 시기에 장기간에 걸쳐 일본의 천황이 공석이었기 때문에 그녀를 일본 천황이라고 말하는 견해도 있다. 그렇지만 이 때 히미코는 벌써 사망하고 이요가 다스리던 시대였다.

신공황후는 일본에서 상당히 리더십이 있는 여왕으로 추앙받고 있다. 그녀를 모델로 한 우표나 지폐(1878)도 있을 정도이다. 그녀는 스미요시 삼신住吉三神과 함께 야와타노카미八幡神의 하나로 추앙받고 있다. 오이타현의 우사 신궁, 오사카시의 스미요시 대사 등 여러 신사의 제신으로 되어 있다. 후쿠오카 북쪽의 가시이궁香椎宮은 신공황후의 남편인 츄아이천황仲哀天皇의 신령을 모신 곳이기도 하다.

신공황후는 우리나라와의 역사에서 〈삼한 정벌설〉로 유명하다. 『일본서기』의 기록에 근거해서 그녀가 오진천황을 임신한 채로 한반도에 출병하여 신라를 정벌했다는 기록이다(200). 일본 기록에 신라 왕은 일본군이 도착하자 스스로를 결박하여 항복하였고, 말과 마구를 바치겠다고 맹세하였다고 한다. 그녀는 배에 돌을 대어 아이의 출산을 늦추었고, 일본에 돌아가 치쿠시에서 오진 천황을 출산했다고 기록하고 있다. 일본은 신공황후가 삼한에 '임나일본부'를 설치하여 약 200년간 이 지역을 통치했다고 주장한다. 한국 학계에서는 '임나일본부'의 존재를 부정하고 있으며, '왜'가 일본이 아닌 '백제'라는 설, 한반도 남부에서 활동한 왜군이 백제의 용병이라는 설, 임나가 가야가 아니라 대마도라는 설 등 다양한 학설이 제기되고 있다. 더구나 일본의 같은 역사서인 『고사기』나 우리나라의 『삼국사기』 그 어디에서도 이에 대한 기록을 찾을 수 없어 신공황후의 삼한 정벌설은 학계에서는 이미 왜곡, 날조라는 것이 밝혀졌다. 그러나 일본은 조선을 침략할 때 이 설을 이유로 삼거나 교과서에 싣는 등 여전히 일본의 일부 학자들이나 일반 시민들이 아직도 이 설을 믿고 있는 것은 실로 안타까운 일이라 하겠다.

③ 다자이후와 원구방루

1) 규슈지역의 총독부 다자이후

후쿠오카현 다자이후시의 북쪽 중앙 부분에 다자이후 청사 유적이 있다. 다자이후는 7세기 후반부터 500년 간 규슈지역을 총괄하고 있던 관청이다. 이곳은 중앙 정부였던 교토 다음으로 중요한 행정기관으로, 쓰시마까지 관할하면서 외교와 국방을 담당했던 곳이다. 이곳에는 현재 건물의 흔적을 나타내는 초석만 몇 개 남아 있어 당시 "임금의 먼 조정"이라 불리며 서일본을 다스렸던 다자이후의 모습을 보여주고 있다.

589년 중국에는 수나라가 세워져 동아시아의 국제정세에도 큰 영향을 주었다. 그 후에 세워진 당나라는 7세기 중반 신라와 연합하여 백제와 고구려를 멸망시켰다. 일본은 우호관계에 있던 백제에 군사를 파견했지만 백제는 백촌강전투(663)에서 신라와 당나라의 나당연합군에 의해 패배하게 된다. 이에 일본은 당과 신라군의 침공에 대비하기 위한 방어시설을 구축한다. 우선 수성水城을 세우고(664), 그 이듬해에는 오노성大野城과 기이성基肄城 등 산성을 차례로 세웠다. 이 세 성의 공통점은 구릉이 이어지고 자연 지형을 효율적으로 이용할 수 있는 요새였다는 점이다. 수성과 오노성은 북쪽(하카타만)을, 기이성은 서쪽(아리아케해)을 막기 위한 방어선이었다. 이런 성들을 쌓기 위해 일본 전국에서 많은 젊은이들이 동원되었다. 일본 고대의 노래집 『망요슈萬葉集』에는 축성을 위해 동북지방에서 끌려온 젊은 병사들의 노래가 다수 실려 있다.

1968년 다자이후 발굴조사가 이루어졌다. 그 결과 중추건물이었던 청사廳舍의 초석 아래쪽에 오래된 초석이 발견되었다. 청사 건물은 두 번 세워졌는데, 처음 건물은 7세기 후반이고 두 번째는 701년 도읍의 궁전을 본떠 초석과 기와를 새로 깐 건물로 다시 지은 것이다. 이 시기가 다자이후가 가장 번성했던 시기이다. 다자이후 번성의 배경에는 고로관鴻臚館 무역으로 풍부한 부를 축적한 지방 호족들의 후원이 크게 작용했다.

다자이후 유적지 yahoo.jp/cykMxU

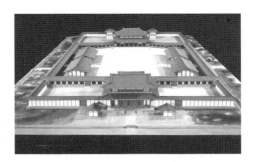

다자이후 복원도 yahoo.jp/SJPsbH

7세기부터 11세기에 걸쳐 국제교류가 활발해지면서 665년에 후에 다자이후의 영빈관이 되는 고로관의 전신인 쓰쿠시관筑紫館이 만들어진다. 이곳은 외국 사절의 접대, 견당사 등의 송별을 하기 위한 기능과 무역사무소, 검역소의 역할도 한 것으로 보인다. 고로관 유적은 1988년 헤이와다이 야구장 외야석 흙더미 속에서 발견되어 모두를 놀라게 했다.

고로관 yahoo.jp/ggJkoR

고로관 내부 yahoo.jp/0c5vki

2) 원나라의 침입

당나라와 신라의 침입을 막기 위해 규슈지역에 수성을 비롯한 방어시설을 구축했으나 실제 대륙으로부터의 침략은 없었다. 그러나 송을 무너뜨린 몽골제국의 쿠빌라이 칸은 일본에 사신을 보내 조공을 요구했다. 가마쿠라막부는 이를 거절하고 결사 항전을 천명했다. 1274년 원은 몽골인 및 한인 군대 25,000명과 고려에서 징발한 김방경 휘하의 군대 8,000명,그리고 수군 6,700명과 전함 900척의 대규모 정벌단을 편성해서 일본을 쳐들어온다. 10월 5일에 대마도, 10월 14일에 이키섬을 습격하고 히라도 다카시마의 마쓰우라당의 본거를 전멸시킨 원군은 10월 20일 하카타만에 상륙하여 격렬한 지상전을 펼쳤다. 그러나 아카사카전투에서 패배한 원군은 철수하기로 하는데 대폭풍우를 만나 선박 200여 척이 침몰하고 병사 1만 3,500명의 병사가 몰살되었다. 이후 막부는 원군이 재차 침입할 것에 대비하여 하카타만에 약 20km에 이르는 돌담을 쌓는다. 이를 '원구방루元寇防壘'라고 하는데, 후쿠오카 곳곳에 아직도 남아 있다.

원구방루 yahoo.jp/ZBnQvu

이마즈今津의 원구방루 yahoo.jp/WB1L8c

1차 원정이 실패로 끝난 뒤 쿠빌라이 칸은 다시 일본에 항복을 요구했다. 하지만 막부는 사신을 참수해 버렸고, 분노한 쿠빌라이 칸은 1281년 다시 일본을 침공한다. 이때는 남송 멸망 후여서 몽골군 및 한인 군대 3만 명, 고려 군대 1만 명, 수군 1만 5,000명 이외에 강남

쿠빌라이 칸 yahoo.jp/yL3uO3

지역에서 무려 10만 명을 동원했다. 그리하여 도합 15만의 군대가 4,400여 척의 배를 타고 일본으로 향했다. 원군은 방루로 상륙하지 않고 육지와 연결된 섬인 시가섬을 점령하여 하카타로 진출하려고 했으나 일본군의 강력한 방어로 상륙도 하지 못한 채 해안을 오가다 다시 태풍을 만나 궤멸되었다. 일본에서는 이 두 차례의 태풍을 '가미카제神風'라 부른다.

몽골의 침입 yahoo.jp/aFqjH4

3) 가미카제 신화의 탄생과 가마쿠라막부의 몰락

일본인들은 몽고의 습격으로부터 자신들을 지켜준 가미카제에 대해 1910년 초등학교 역사책에 처음 싣는다. 그러나 그 후 태평양전

쟁이 발발하기 전까지는 무사들의 용맹함으로 원군을 격퇴했다는 기사가 있을 뿐 가미카제에 대한 언급은 없었다. 그 후 제2차 세계 대전이 발발하고 일본의 전세가 악화되던 1943년부터 국정교과서에 일본 국민들의 국방의식을 높이기 위해 가미카제에 대한 기술이 처음으로 등장하게 된다. 그 이후 교과서에는 무사들의 활약은 자취를 감추고 가마카제에 대한 기술만 기록되게 된다. 결국 이 기술로 인해 일본은 전쟁 중에 가미카제 특공대를 만들기에 이른다.

히라키다의 7인묘 yahoo.jp/AaC5a6

몽고 침입 이후 가마쿠라막부는 방루 건설 등 외침을 막기 위해 하카타만의 방어를 강화했다. 그러나 전쟁으로 일본이 실질적으로 얻은 것은 아무 것도 없었기 때문에 전쟁 후의 논공행상에 대한 무사들의 불만이 쌓였다. 두 번의 침입으로 막부는 막대한 전쟁 비용을 지불하였고 귀족들의 빚은 계속 늘어났다. 또한 경제의 침투와 백성 계층의 분화로 상인들이 무사들에게 융자를 주저하게 되어 무사들은 더욱 궁핍한 생활을 하게 되었다. 이로 인해 이들 중에는 막부를 불신하는 사람들이 차츰 등장하기 시작하여 결국 가마쿠라막부 몰락 원인의 하나가 되게 된다.

몽고 침입 이래 일본에서는 몽고와 고구려는 무서운 것의 대명사처럼 사용되어 아이들이 말을 듣지 않거나 잠을 자지 않을 때는 "무쿠리(몽고) 고쿠리(고구려) 귀신이 온다"고 겁을 주는 풍습이 있었다. 일본의 몽고와 고구려에 대한 두려움은 꽤 오래 지속되었던 것으로 보인다.

146

그 외에도 후쿠오카 앞 바다의 다카시마鷹島에는 몽고 내습 당시 원군이 상륙하여 섬사람들을 학살했다. 이 중 히라키다開田에 살던 일가 여덟 명은 원군을 피해 숨어 있었는데, 갑자기 닭이 우는 바람에 잡혀서 잿더미 속에 숨어 있던 노파 한 사람을 제외한 나머지 식구 일곱 명이 모두 학살당했다는 전승이 내려온다. 그 이후 히라키다에서는 닭을 키우지 않는다고 전해진다.

제 7 장

상인의 도시 후쿠오카

❶ 일본 최초의 자유 무역도시 하카타

1) 하카타와 후쿠오카, 텐진

후쿠오카는 하카타라는 명칭과 함께 쓰이는데, 여기에는 복잡한 역사가 있다. 보통 도시명에는 후쿠오카를 쓰고, 역이나 음식명에는 하카타를 쓰고 있다.

후쿠오카와 하카타는 원래 다른 도시였다. 나카강邪珂川을 경계로 하여 후쿠오카는 후쿠오카번 구로다씨黑田氏의 무사들이 사는 거리, 하카타는 예부터 상인들의 거리로 번성했었다. 이후 에도시대부터 메이지 초기까지 후쿠오카와 하카타가 공존했는데, 1876년 후쿠오카와 하카타가 '후쿠하쿠福博'가 되면서 그 후 후쿠오카로 개칭되었다. 오늘날에는 성곽 주변으로 발달한 도시였던 텐진天神이 대두되면서 후쿠오카가 상업 지역, 하카타가 비즈니스 지역이 되었다. 그 후 도시 제도를 정비할 때 도시명은 후쿠오카로, 역명은 하카타로

하기로 합의를 했다. 신칸선이 개통되면서 하카타는 규슈의 현관 역할을 톡톡히 하며 전국에 이름을 알리게 되었다. 하지만 그럼에도 불구하고 현재는 하카타보다는 후쿠오카라는 명칭으로 불리는 경우가 많아 하카타는 도시 일부 지역의 명칭에만 사용하게 되었다.

현재 중심부인 텐진이 번화가로 발전한 것은 태평양 전쟁 이후 하카타쪽에서 현재의 텐진 지역으로 옮겨온 하카타 상인들의 저력이 있었기 때문이다. 특히 메이지시대의 호상 와타나베 요하치로가 다른 도시에 비해 뒤처졌던 후쿠오카 발전을 위해 시내에 전차를 도입하고 자신이 보유하던 텐진 부근의 토지를 후쿠오카시에 기부하여 후쿠오카 발전에 노력한 공이 크다. 텐진 부근에 있는 와타나베 거리는 그의 공적을 치하하기 위해 부쳐진 이름이다.

근래 들어 후쿠오카와 하카타를 각각 무사들의 거리, 상인들의 거리로 구분하려는 경향은 점점 약해지고 있다. 이 두 지역이 어우러져 규슈 전체의 경제, 문화의 중심적 기능을 담당하는 역할이 한층 높아지고 있기 때문이다.

2) 연행사의 활약

무로마치시대(1338~1573) 하카타에는 연행사라 불리는 12명의 호상들의 회의가 있었다. 이들 연행사들의 회의를 통해 시정이 운영되어 하카타는 일본 역사상 최초의 자유무역도시가 되었다. 당시 가장 큰 상업도시였던 오사카 부근의 사카이시堺市는 36명의 회의체에 의해 시정이 운영되고 있었다. 하카타는 사카이와 더불어 무역도시로 번성했다. 하지만 하카타가 무역도시로 번성한 것이 오히려 전국시대戰国時代 무사들의 정쟁의 대상이 된다. 도요토미 히데요시와 시마즈 요시히사의 싸움으로 하카타는 시마즈군에 의해 도시가 불태워지고, 이후 도요토미는 시마즈군을 평정한 후 상인들과 더불어 후쿠오카를 재건한다. 이후 후쿠오카는 상업의 도시로 발전하게 된다.

3) 도요토미 히데요시와 하카타

전국시대15세기 중반~16세기 후반 하카타는 오우치씨, 모리씨, 시마즈씨 등의 무사들이 교대로 점령하면서 오랫동안 전쟁터가 되어 있었다. 전쟁을 통해 하카타를 평정한 도요토미 히데요시는 피폐해진 하카타를 부흥시키기 위해 '다이코 마치와리'를 시행한다. '다이코太閤'란 히데요시를 의미하는 것으로,[1] 히데요시는 하카타 상인들의 도움을 받아 끊임없는 전쟁으로 폐허가 된 하카타를 재건하기로 결정한다. 1578년 규슈 정벌로 시마즈씨를 항복시킨 히데요시는 히라도에서 그를 알현하기 위해 온 선교사가 타고 온 배를 타고 초토화된 하카타 거리를 바라보았다. 그리고는 하카타를 재건하기로 결심한다. 우선 습지와 벌을 매립하고 거리를 '나가레流(흐름)'라는 단위로 집약시킨 바둑판 모양의 거리로 정비한다.

---

1) 다이코太閤란 섭정(천황의 외척)이나 관백(신하의 최고 자리)의 직을 물러난 후 아들이 섭정이나 관백의 자리를 차지한 사람을 말한다. 그런데 다이코라고 하면 보통 도요토미 히데요시를 뜻하는 말이 되었는데 그 이유는 히데요시가 자신의 후계자인 히데쓰구에게 관백의 지위를 물려준 이후에도 다이코라 불렸기 때문이다. 이 때문에 히데요시 사후에도 다이코라고 하면 히데요시를 가리키는 경우가 많았다. 여기에서 "대사라는 말은 홍법弘法에게 빼앗기고, 다이코는 히데요시에게 뺏겼다."라는 속담이 나오기도 했다. 특히 히데요시를 가리킬때는 '호타이코豊太閤'라 부른다.

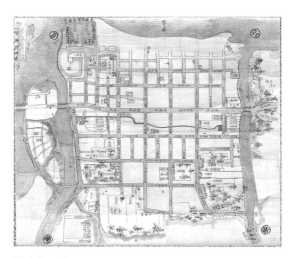

하카타 고지도 yahoo.jp/lBF3J2

거리의 부흥과 함께 히데요시는 9개 조의 '사다메定(규칙)'을 발표한다. 도매상이나 '자座(상인들의 동업조직)'[2]를 금지하고 , 토지나 가옥의 과세나 무사들에게 노역하는 것을 면제해 주었다. 또한 하카타에 무사들의 집을 소유하는 것을 금지했고, 하카타에 오는 배를 전국적으로 보호하고 싸움도 양쪽 모두의 잘못으로 인정하는 등의 규범이다. 이를 '라쿠이치 라쿠자제도楽市楽座制度'라 한다. 이 제도를 통해 하카타에 무사가 들어오는 것을 금지하여 상인들이 자유롭게 장사할 수 있는 지역을 만들어 줌으로써 하카타는 급속한 부흥을 이뤄 다시 무역의 중심지로 발전한다. 히데요시가 다이코 마치와리를 할 수 있었던 배경에는 이를 전폭적으로 지원했던 유력 하카타상인들이 있었기 때문이다.

---

2) '자座'는 귀족이나 사원에 금전을 지불하는 대신 영업이나 판매의 독점권이라는 특권을 인정받는 집단

하지만 히데요시가 다이코 마치와리나 라쿠자 라쿠이치제도를 실시한 이유가 순수하게 하카타의 부흥을 위한 것은 아니었다. 그는 하카타를 규슈 통치의 근거지로 삼음과 동시에 장래 조선 출병을 위한 정치, 군사적 도시로 하카타를 이용하려는 계획이 있었다. 이 해 5월과 6월에 걸쳐 히데요시가 주변 인물들에게 보낸 편지에 의하면 그는 하카타에 성을 건설하여 규슈의 거점으로 하고자 했다. 또한 중국, 조선, 남방 지역과의 무역을 하카타항 한 곳으로 한정하는 대신 하카타 중심지로부터 사원이나 신사를 교외로 이전시키고, 시내에는 예수회의 교회를 건설하려는 구상이 있었다. 시내에 교회를 건설하는 조건으로 오무라씨가 예수회에 기증한 나가사키를 돌려줄 것과 상선을 하카타로 회항하도록 요구했는데, 예수회측에서 이를 거절했다. 이에 히데요시는 선교사 추방령을 내리게 된다. 이로써 하카타에 성을 건설하고자 한 계획과 사원과 신사를 배척하려고 한 구상은 중지되고, 하카타를 상업도시로 하고자 하는 계획만 추진되게 되었다. 결국 상업의 발전을 최우선으로 생각한 히데요시의 정책에 의해 후쿠오카는 현재와 같은 일본 유수의 상업도시로 발전할 수 있었다.

4) 후쿠오카의 초대 번주 구로다 나가마사

후쿠오카의 초대 번주는 도쿠가와 이에야스의 측근인 구로다 나가마사黑田長政였다. 구로다 나가마사는 도요토미 히데요시 사후 패권을 둘러싸고 히데요시의 아들 히데요리쪽을 지지하는 서군과 도쿠가와 이에야스를 지지하는 동군으로 나뉘어 싸웠던 세키가하라전투에서 도쿠가와 이에야스의 동군 쪽에 가담하여 선봉에서 싸운 일

등 공신이었다. 그는 1601년 자신의 아버지 죠스이如水와 함께 하카타의 나카강 부근의 후쿠자키福崎에 후쿠오카성을 건설하기 시작해 성하마을을 정비하고, 성 북쪽의 가라쓰 가도를 따라 자신의 이전 영지였던 나카쓰에서부터 따라온 상인들을 거주시켰다. 후쿠오카라는 지명은 후쿠자키라는 곳에 성을 세웠던 것과 구로다 가문의 옛 영지가 지금의 오카야마현 후쿠오카였기 때문에 이 이름을 따온 것이다.

나가마사가 후쿠오카로 오기로 한 것은 아시아로 향하는 교역권을 염두에 둔 것이다. 하카타항은 아시아를 향한 무역항이었기 때문이다. 그는 하카타의 자치를 폭넓게 인정했기 때문에 하카타는 상업 도시로 성장할 수 있었다. 1600년 구로다 부자는 시내 중심부의 나카강 동쪽을 하카타, 서쪽을 후쿠오카라 명명했다. 이때부터 상인들의 거리 하카타와 성하마을 후쿠오카의 두 도시가 탄생한 것이다.

5) 하카타냐 후쿠오카냐

메이지 유신 직후인 1871년 단행된 폐번치현3)으로 후쿠오카번은 후쿠오카현이 된다. 이듬해 후쿠오카는 32구로 나뉘게 되어 성하마을인 후쿠오카가 제1구, 상인 마을인 하카타가 제2구가 된다. 그 후 1876년에는 후쿠오카와 하카타를 통합하여 제1대구가 되었다. 그리고 1878년 편제법 시행으로 후쿠하쿠福博는 후쿠오카구가 되었다.

1889년 '시市 · 정町 · 촌村제' 공포로 하카타와 후쿠오카에서 시제市制를 시행하려고 하자, 시명을 하카타시로 할지 후쿠오카시로 할

---

3) 폐번치현廢藩置県이란 번을 없애고 현을 두는 행정개혁을 말함

지를 두고 일대 논쟁이 벌어졌다. 그 당시 인구는 하카타가 25,677명, 후쿠오카가 20,410명이었다. 하카타와 후쿠오카를 분리시키자는 극단론도 있었으나 이듬해 현령에 의해 하카타와 후쿠오카를 하나의 시로 발족시키기로 하고, 시명은 후쿠오카로 하기로 했다.

시명을 후쿠오카로 정하면서 현에서는 중재안으로 그해 개통될 예정이었던 규슈 철도의 역명을 '하카타역'으로 하는 것으로 논의를 끝내고자 했다. 그러나 역명을 조건으로 명칭을 내주는 데 반대한 하카타쪽 의원들이 시명을 하카타시로 하자는 안을 내놓았다. 의원 수는 하카타쪽이 17명, 후쿠오카쪽이 13명이었다. 그러나 의원을 감금하는 등의 방해 공작 때문에 투표 결과는 13대13의 동수가 되었다. 이에 의장까지 투표에 참가했지만 다시 13대13이 되었기 때문에 시명을 변경하지 않기로 결의되어 후쿠오카시라는 명칭은 오늘날까지 변경 없이 사용되고 있다.

근대 초기 후쿠오카는 오늘날과 같은 규슈지역 제1의 도시는 아니었다. 당시 규슈지방의 최대 도시는 나가사키와 가고시마였다. 또한 규슈지역을 총괄하는 중앙 정부의 기관을 둔 곳은 구마모토였고 후쿠오카의 중요성은 그다지 높지 않았다. 하지만 1899년 하카타항이 개항하고 1911년 현재의 규슈대학인 규슈제국대학이 생기면서 후쿠오카가 발전하기 시작했고, 그 후 서서히 규슈지역의 중추로서의 위치를 차지하게 된다. 1910년에는 구마모토시의 인구를 넘어서 규슈지역 최대 도시가 되고, 1920년 인구 통계로는 구마모토현 인구의 두 배가 넘게 된다. 이때부터 규슈를 총괄하는 중앙기관이 후쿠오카시로 옮겨오게 된다. 그 후 1963년에 여섯 도시가 합병하여 기타큐슈시가 발족하자 후쿠오카는 기타규슈에 규슈지역 최대 도시의 자리를 내어주게 되어 후쿠오카시는 현청 소재지임에도 불구하고 후쿠오카현 최대 도시가 아니라는 모순이 생기게 되지만, 그 후 기타큐슈시의 탄광이 차례로 문을 닫고 제3차 산업이 급속도로 발전하고 신칸선이 후쿠오카까지 연장되게 되면서 후쿠오카는 다시 규슈 제1의 도시로서의 명성을 되찾게 된다.

② 두 명의 호상과 히데요시

1) 하카타 강수綱首

11세기 말 하카타에는 '다이토가大唐街'라 불리는 당나라 사람들의 거리가 형성되었다. 하카타에는 이국풍의 건물이 늘어서고 많은 외국인 상인들이 오가는 대도시가 되었다. 이 시기 하카타에는 중국 대륙으로부터 선단을 꾸려 빈번하게 상인들이 오갔다. 일송무역日松貿易으로 부를 축적한 중국 상인들은 하카타에 거주하며 활발한 상업활동을 하면서 하카타의 사원과 긴밀한 관계를 유지하고 있었는데, 이들의 힘은 중앙에까지 미쳐 이들을 특히 '하카타 강수'라 불렀다.4)

이 시기 하카타는 문화 수입의 창구이기도 했다. 1195년 에사이榮西스님이 하카타에 일본 최초의 선사禪寺인 쇼후쿠지聖福寺를 설립했다. 이때 그는 하카타 강수들로부터 물심양면의 원조를 받았다. 에사이는 남송에서 차를 가져와 차 마시는 습관을 일본에 전수한 인물이다. 차 이외에도 이 시기에 만두나 우동 같은 일본인들에게 친숙한 물건들이 일본에 들어오게 된 것도 하카타를 통해서였다.

상인이라는 존재는 늘 역사의 그늘에 위치하는 존재이다. 정권 다

---

4) 강수綱首란 선장의 존칭

툼에서 이름을 남기고 죽는 무장들은 많지만 역사상에 이름을 남기는 상인은 많지 않다. 일본 유일의 국제 상업도시로 번성한 하카타에서도 이는 예외가 아니다. 하카타상인이 역사에 겨우 등장하기 시작하는 것은 오다 노부나가, 도요토미 히데요시의 시대가 되면서부터이다.

2) 시마이 소시쓰嶋井宗室

전국시대 하카타를 대표하는 상인은 두 사람이 있다. 시마이 소시쓰嶋井宗室(1539~1615)와 가미야 소탄神谷宗湛(1553~1635)이다. 두 사람 모두 히데요시와 친밀한 관계로 기록되어 있는데, 시마이 소시쓰쪽이 역사에 먼저 등장한다. 소시쓰는 오다 노부나가와 대면하기 위해 1582년 6월 2일 교토의 혼노지本能寺에 체류하고 있었다. 그런데 그 다음 날 노부나가가 측근인 아케치 미쓰히데明智光秀의 반역으로 죽게 되는 '혼노지의 변'이 일어난다. 혼노지에 머물던 소시쓰는 뜻하지 않게 이 정변에 휘말리게 되었

시마이 소시쓰 yahoo.jp/2ulinP

다. 그런데 그는 불타오르는 혼노지에서 그 절에 걸려 있던 홍법대사의 친필로 알려진 족자를 빼내 간신히 빠져나왔다고 전해진다. 그가 불타오르는 혼노지에서 가지고 나온 '일체경 천자문'은 후쿠오카의 도쵸지東長寺에 기증되었다. 도쵸지는 홍법대사 구카이空海가 중국에서 귀국하여 일본 최초로 진언종 본사로 지은 절이다.

소시쓰가 일체경5)을 불타는 혼노지에서 들고 나왔다는 이 이야기의 진위는 명확하지 않으나, 소시쓰가 당시 혼노지에 있었던 것만큼은 사실인 것으로 보인다. 결국 소시쓰는 권력자 노부나가에게 접근하려고 했으나 그의 죽음으로 친교를 맺을 수 없게 되었다. 어쨌든 소시쓰와 관련된 이 이야기는 하카타 상인의 대범함과 배포를 보여주는 일화로 유명하게 되었다. 첫 번째로, 지방상인의 신분으로 혼노지의 변이라고 하는 일본 역사의 대사건의 한 가운데 있었다고 하는 실력과 지위, 두 번째로는 순간적으로 족자가 불탈 것을 우려해 들고 나오려고 한 기민함, 세 번째로는 목숨을 걸고 족자를 들고 나오려고 한 대담함, 이 세 가지 점이 난세를 살아가는 전국 상인의 모습을 선명하게 보여주고 있다.

일체경一切經 천자문 yahoo.jp/50ZTFE

시마이 소시쓰는 그 후 사카이堺의 상인과 친교를 맺어 센노리큐

---

5) 일체경一切經이란 대장경을 의미한다. 대장경에 수록되는 불전이란 경전만을 의미하지는 않는다. 붓다가 직접 설한 것으로 알려진 경經과 율律은 물론이고, 그것들에 대한 일차적인 주석인 논과 이 논에 대한 주석인 소疏를 비롯하여 전통적으로 권위를 인정받는 여러 종류의 불교 관계문헌들을 포함한다. 이 불전들이 대장경, 또는 일체경이란 이름으로 불린다.

千利久를 통해 토요토미와 접촉하는 데 성공한다. 또한 히데요시의 신뢰를 얻어 정상政商(정치가와 결탁한 어용상인)으로서의 지위와 부를 얻게 된다. 하지만 그는 히데요시의 조선 정벌을 반대했다고 한다. 큐슈정벌에서 돌아온 히데요시가 하카타 하고자키箱崎의 다회에서 소시쓰에게 다음과 같이 묻는다.

히데요시 : 소시쓰는 무사와 상인 중 어느 것을 원하는가?
소시쓰 :   무사보다는 상인이 좋사옵니다.
히데요시 : 그러면 원하는 것이 없느냐?
소시쓰 :   (하카타만 전체를 가리키며) 여기 보이는 이 바다를 모두 받고 싶습니다.
히데요시 : (기가 막혀서) 참, 네, 별걸 다 소망하네. 그럼 무사가 되겠느냐?
소시쓰 :   무사는 싫습니다.
히데요시 : 그렇다면 그대의 소망이 이루어지는 때가 오겠지. 기대해 보라. 하지만 이번에는 어렵겠구나.

이 이야기는 소시쓰가 당시 하카타 상인의 전형으로 불릴 만큼, 권력에도 주눅 들지 않는 솔직한 기개와 배포를 가지고 있었기 때문이다.

소시쓰에 대한 일화 중 특기할 만한 것은 그가 임진왜란 당시 쓰시마의 소 요시토시宋義智, 고니시 유키나가小西行長와 함께 무모한 전쟁을 적극 중지시키려 노력했다는 점이다. 때로는 히데요시와 독대하면서 출병을 반대하는 의견을 피력하기도 했는데, 그 이유는 조선은 압록강을 경계로 몽골과 연결되어 있는 요충지여서 일본과는 다르기 때문에 정벌을 단념해야 한다는 주장이었다. 결국 이 한 마디로 히데요시에게 미움을 받아 점차 그의 주변에서 멀어지게 되었다.

3) 가미야 소탄神谷宗湛

히데요시와 멀어진 소시쓰를 대신하여 그 자리를 차지한 것은 가미야 소탄이다. 소시쓰가 양조업과 금융업을 한 데 비해 가미야 가문은 무역으로 막대한 부를 축적한 호상이었다. 소탄은 히데요시가 규슈 정벌에 나설 때 식량과 병참을 확보하는 데 활약하고 히데요시의 명령으로 하카타를 부흥시켜 나가는 데 협력하면서 확고한 위치를 확립해 간다.

가미야 소탄상과 소탄 저택을 방문하는 히데요시 yahoo.jp/w7v90T

1587년 1월 3일에 도요토미 히데요시는 오사카성에서 대다회大茶會를 연다. 인시寅時(오전 3시에서 5시 경)에 소탄은 오사카성으로 향했다. 소탄은 문 밖에서 기다리고 있었는데, 히데요시의 측근인 이시다 미쓰나리가 직접 소탄을 데리고 들어가면서 다회에 사용하는 도구들을 보여주기도 했다. 그 후 다시 대청으로 돌아와 히데요시에게 바칠 선물을 진상했다. 그러자 대단한 다이묘들이 배석한 가운데 히데요시가 갑자기 큰 소리로, "치쿠시의6) 도련님은 어디에 있느냐?"하고 소리를 쳤다. 그러자 안내역을 맡은 소큐가 바로 "여기에 있습니다!"하고 소탄을 대신하여 대답을 했다. 히데요시는 재차 "다른 사람들은 다 내 보내고 치쿠시의 도련님에게만 자세히 보여 주거라"고 하자, 사카이 사람들이 모두 나가고 소탄 혼자만 장식품들을 볼 수 있었다. 그 후 소탄은 다시 마루로 나가 다기들을 감상했다. 이어서 식사가 나오기 시작했고, 사카이 사람들이 옆의 큰 방에서 기다리자 히데요시는 다시금 "치쿠시의 도련님, 밥 드시게"하고 말을 걸었고, 소탄은 히데요시 앞에서 많은 사람들과 함께 식사를 했다. 한 번이 아니라 두 번 세 번씩 많은 사람들 앞에서 소탄을 '치쿠시의 도련님'이란 애칭으로 부르고, 장식품들도 혼자서 여유롭게 볼 수 있도록 배려했을 뿐 아니라 쟁쟁한 사람들과 함께 히데요시 앞에서 식사를 하도록 한 것은 특별대우라 하겠다. 이 일을 맡은 것은 히데요시의 심복 이시다 미쓰나리石田三成였다. 당시 최고의 대접은 주인이 스스로 손님상을 들고 오는 것이었다. 이 일을 히데요시의 가장 심복이었던 미쓰나리가 했다는 것은 최대의 환대를 했다는 것을 의미한다. 이때 함께 식사를 했던 사람들 중 다이묘나 무사가 아니었던 것은 사카이의 호상이었던 이마이 소큐와 소탄, 두 사람뿐이었다. 히데요시의 다회에 불려간 것도 더할 나위 없이 영광스러운 일이었다. 실은 이 다회는 히데요시가 하카타의 상인인 소탄을 자신의 산하에 확실하게 들여놓기 위한 모임이었고, 소탄도 자신을 특별대우하는 히데요시의 태도에 감읍했다.

결국 소탄은 히데요시가 임진왜란을 일으키자 하카타에서 물자의 집하와 수송, 곡물류의 저장을 돕는 등 맹활약을 했다. 또한 히데요

6) 치쿠시筑紫는 지금의 규슈를 말함

시와 함께 후쿠오카의 도시 계획인 다이코 마치와리에도 착수한다. 그 공으로 그는 히데요시에게서 넓은 택지를 하사받는다. 이외에도 히데요시의 신임을 얻어 방대한 택지와 세금을 면제 받는 특권을 누리기도 했다. 소탄은 그 은공에 보답하고자 자신의 집에 히데요시를 기리는 사당을 만들었다. 그리고 1886년에는 하카타 부흥 300년을 기념하여 가미야 소탄이 집에 있던 사당을 중심으로 지금의 호코쿠 신사를 만들어졌다. 안내판에는 이곳이 가미야 소탄의 저택 터라는 것과, 1592년 10월 말일에 히데요시가 이곳을 방문했다는 내용이 적혀 있다.

히데요시 사후에는 시마이 소시쓰와 가미야 소탄, 두 사람 모두 점차 세력이 약화되기에 이른다.

도요토미 히데요시를 모신 호코쿠신사
y-ta.net/toyokuni-jinjya/

가미야 소탄 저택터
y-ta.net/toyokuni-jinjya/

3 조선 정벌의 전초 기지 나고야성

1) 나고야성名護屋城

나고야성은 사가현 가라쓰唐津시에 있다. 아이치현에 있는 같은 이름의 나고야성名古屋城과 구분하기 위해 '히젠 나고야성肥前名護屋城'이라 불린다. 이 성은 도요토미 히데요시가 대륙 진출을 위한 침략전쟁을 위해 축성한 것이다. 임진왜란 출병을 위해 일본 전국의 무사들 10만 명이 이 히젠 나고야성에 모였었다.

1587년 규슈의 시마즈씨를 복속시켜 규슈를 장악한 히데요시는 1590년 다테 마사무네를 복속시키고 도쿠가와 이에야스를 관동으로 보낸 후 천하통일을 이루었다. 그 후 조선에 복종할 것과 명 정복에 협조할 것을 요구하나 조선은 이를 거절했다. 그러자 대마도 영주 등을 시켜 조선과 중재하도록 하지만 결국 교섭이 결렬되고, 이를 들은 히데요시는 1591년 8월 이듬 해 봄에 명나라를 친다는 교지를 전국에 내리고 히젠 나고야를 최전선기지로 삼아 이곳에 성을 쌓도록 규슈의 다이묘들에게 명한다. 히데요시는 자신의 고향인 나고야와 발음이 같은 지명이라는 점에 운명적인 것을 느꼈다. 또한 성을 쌓으려는 산이 가쓰오산勝男山(이기는 남자 산)이라는 것도 마음에 들어 이곳에 성을 쌓기로 결정했다. 이 지역의 영주였던 하타 치카시波多親는 이 계획에 반대하여 히데요시의 미움을 샀다. 하지만 전국의 다이묘들은 나고야성에 와서 성을 쌓는 데 도움을 주었다. 『마쓰우라 고지키松浦古事記』라는 역사서에 의하면 나고야성에 모인 군사는 10만 2,415명에 이르렀다고 한다. 구로다 나가마사, 가토 기요마사, 고니시 유키나가 등이 축성을 담당했고, 8개월 간의 공사 끝에 성은 1592년 3월 완공되었다.

나고야성은 총 면적 50만 평, 성 둘레 6km로, 규모면에서 당시 성곽으로는 오사카성을 잇는 두 번째로 큰 성이었다고 한다. 선교사 루이스 프로이스가 "사람의 손이 일체 가지 않은 황무지"라 평했던 나고야는 전국에서 몰려든 병사들로 인해 "산이나 들이나 빈 곳이 없다"(히라즈카 타키토시)고 표현할 만큼 일본의 정치 경제의 중심지로 부상했다.

　혼마루와 니노마루, 산노마루가 배치되고 혼마루 서쪽에 망루형 5층 천수각을 세웠다. 이 성은 전쟁을 위해 만든 성이지만 히데요시의 취향에 맞춰 호화롭게 지었다고 한다. 성터에서는 금박을 입힌 기와가 출토되었는데 천수각 지붕에 덮었던 것으로 추정된다. 성곽 주변에는 130여 개의 진영 터가 발견되었고, 이곳에는 각 다이묘들의 숙소가 배치되었다. 당시 이 부근의 요부코呼子항은 작은 어촌이었으나, 히데요시의 나고야성 축성 계획으로 갑자기 인구가 10만에 이르게 되었다.

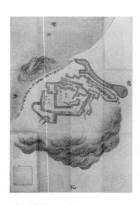

나고야성 고지도
yahoo.jp/uqW9Qd

나고야성 복원 모형
yahoo.jp/f8XPDd

이곳에 모인 총 15만 8,000명의 병사들은 9개의 군대로 편성되어, 4월 1일에 고니시 유키나가가 이끄는 제1진이 조선으로 출병했다. 5월에 이곳에 온 히데요시는 여기에서 직접 전쟁을 지휘했다. 임진왜란 당시 총 20만 명 이상의 군대가 나고야에서 조선으로 향했다. 그러자 많은 인원이 모이는 까닭에 물이 부족하여 병사들끼리의 싸움이 끊이지 않았다고 한다.

다이묘大名들의 진영 yahoo.jp/gu-5Ym

전쟁이 교착상태에 빠져 1593년 4월에 강화 교섭이 시작되지만, 이 교섭이 결렬되자 히데요시는 1597년 14만의 군대를 조선에 다시 파견한다. 이때도 나고야성은 보급과 연락을 위한 중계지 역할을 한다. 그러다가 1598년 히데요시가 죽자 나고야성도 그 역할을 다하게 되었다.

임진왜란이 끝난 후 데라사와 히로다카는 가라쓰성을 축성하기 시작한다. 이때 나고야성을 해체해서 거기에서 나온 자재로 가라쓰

성을 쌓았다. 이후 두 번 다시 성으로 이용되는 일이 없도록 돌담으로 된 네 귀퉁이를 부수는 식의 작업이 행해졌는데 그 이유는 분명하지는 않다. 기시다 가문의 문서에 의하면 시마바라의 난 이후 발발하기 시작한 잇키(농민봉기)로 인해 성이 이들에게 이용당하는 일이 없도록 하기 위해 파기했다는 기록이 있다. 이 외에도 나고야성을 파괴함으로써 막부가 명이나 조선과의 관계를 개선하기 위한 의사표시를 한 것이라는 견해도 있다. 오테문大手門은 다테 마사무네에게 전달되어 센다이성으로 옮겨졌다고 한다.

이후 1956년에 나고야성 천수각 복원계획이 수립되었으나, 일본 정부는 이 계획을 각하시켰다. 당시 조선 침략의 거점이 되었던 곳을 복원하는 계획이 이웃나라에 대한 예의가 아니라는 고려가 있었던 것으로 추정하고 있다.

나고야성 혼마루 터 yahoo.jp/xvTyRN

메이지 시대 이후에 이곳은 일본 국가 지정 사적으로 되었다.(1926) 이곳은 또한 1985년에 개봉된 구로사와 아키라 감독의 영화《란》의 촬영지 중 하나로 선정되기도 했다.7) 현재 나고야성터 앞

166

에는 나고야성 박물관이 있다. 이곳의 주제는 '불행한 역사의 증인'으로 되어 있고, 이곳에서는 임진왜란, 정유재란을 침략전쟁으로 규정하고 있다. 또 그 반성으로 〈일본열도와 조선반도와의 교류사〉를 테마로 하여 한국과의 교류, 우호를 추진하는 데 목표를 두고 있다. 2001년 한일교류센터 설립하여 나고야초등학교와 한국의 만덕초등학교와의 교류를 시작해 격년으로 상호 방문, 홈스테이 실시하거나 나고야초등학교에서 각 학년별 5~9시간 한국어와 한국문화에 관련된 수업을 하고 있다. 또 매주 토요일 한국어강좌를 개최하고, 2019년까지는 매해 가을마다 한국어 스피치 콘테스트를 열기도 했다. 그외에도 한국의 치마저고리를 종이로 접는 워크샵을 열기도 하는 등 한국과의 우호증진을 위해 노력하는 모습을 볼 수 있다.

한국어 스피치 콘테스트 in 나고야 yahoo.jp/Wm2TY9

---

7) 영화 〈란乱〉은 거장 구로사와 아키라 감독이 셰익스피어의 리어왕을 일본 전국시대의 다이묘 모리 모토쓰구를 통해 일본식으로 재해석한 영화이다.

제 8 장

멋과 풍류의 도시 대구

① 의로운 기생과 문화의 중심 다방

1) 통 큰 교육기부가, 김울산(1858~1944)

예로부터 대구에는 유명한 기생들이 많았다. 특히 식민지 시기 민족운동을 주도한 이들이 많다. 김울산은 권번 출신의 기생으로 어린 나이에 부모와 남편을 떠나보내고 본인은 관기가 될 수밖에 없었으나, 암울한 시절 학생들에게 배움의 기회를 주고 교육을 통한 독립의 염원을 담아 '복명復明학교'를 설립하였다.

김울산 news.imaeil.com

복명학교는 1925년 김울산이 명신여학교의 경영권을 인수하여 복명復明 여자 보통 학교로 개명한 것으로, 1927년 교사를 신축하여 재단법인을 설립한 학교이다. 이때 기부한 돈이 8만 원 상당인데, 현

복명학교 encykorea.aks.ac.kr

재의 가치로는 200~250억에 이른다고 한다. 그 뒤 뜻을 같이하는
사람들과 보통 학교인 희도학교(현 종로초교)를 세우는 데 1천 원을
기부하기도 했으며, 대남학교 부속 유치원을 비롯한 여러 사회단체
에도 기부하였다. 홍수가 났을 때는 사재로 둑을 쌓고 이재민을 구
제하였으며, 흉년이 들었을 때는 쌀 2천 석을 내놓는 등 평생을 교
육과 사회사업에 헌신한 기생이었다. 1930년에 대중잡지 '별건곤'에
서는 "아미산이라면 성 밖이다. (중략) 그 언덕에 기와로 힘차게 앉
은 것이 '사립 복명 보통 학교'와 '복명유치원'이다. (중략) 교주 김울
산은 노인이다. 검소하기 짝이 없다. 누가 보든지 남의 심부름하는

사람에 지나지 않는
의복을 입고 다니는
부인이다. 10만 원의
사재 전부를 아낌없이
내놓고 육영사업에 한
없는 재미를 붙여 이
따금 학교에 나와서

1999년 수성구 범물동으로 이전 개교 blog.daum.net

손자 나이의 학생들이 장난하는 것을 보고 저녁이면 기쁜 마음으로
돌아간다."라는 기사를 싣고 있다.

그러나 김울산의 행적에는 친일도 발견된다. 1914년 제1차 세계
대전에서 일본과 독일이 교전할 때 군자금으로 300원 헌납[1]하였고,
일제로부터 교육공로자 표창 받았다. 대구부 학무계를 찾아 조선호
비행기 건조용으로 100원 헌납하기도 하였으며, 1938년에는 미나미
지로 조선총독부 총독 앞에서 '미나미 총독 만세'를 외친 행적도 찾
아볼 수 있다.[2]

2) 국채보상운동에 최고액의 의연금을 낸 염농산(1859~1946)

구한말 경상감영의 행수 기행 출신인
농산은 기명 앵무鸚鵡로 활동하였는데,
춤과 시조, 판소리를 잘했던 으뜸 기생이
었다. 이태백의 시에 등장하는 앵무와 농
산으로 이름을 삼은 것은 그가 단순한 기
생이 아니라 인문학적 소양을 갖춘 사람
임을 짐작할 수 있다. 1917년 국채보상운
동이 시작되었을 때, 그녀는 기생이지만
돈은 좇을 게 아니라 만신창이가 된 나라
를 먼저 돌아볼 줄 알아야 한다는 평소
그녀의 신념을 몸소 실천하며 네 번째로

염농산 yeongnam.com

---

1) 『매일신보』, 1916.2.26.
2) 『매일신보』, 1938.11.13.

최고액 100원의 기금을 내면서부
터 주목받기 시작했다. "금번 의금
을 힘에 따라 내는 것이 국민의 의
무이거늘 여자로서 감히 남자보다
한 푼이라도 더 낼 수가 없으니 누
구든지 1천 원, 1만 원을 내면 죽
기를 무릅쓰고 따라 한다."라는 이
기사는 1907년 황성신문과 대한매
일신보에 난 염농산의 국채보상운
동 기부행위에 대한 것이다.

염농산에 대한 기사 yeongnam.com

　이에 감복을 받은 서상돈, 김병순, 정재학 등도 각기 만 원씩 출연
하기로 결의하고, 그녀의 영향으로 대구의 권번 14명도 50전~10월
까지 집단으로 의연금을 내게 된다.

　염농산에 대한 기록은 직접 남은 것이 거의 없으나, 고향인 성주군
용암면에 「염농산제언공덕비」가 있다. 이 기념비는 고향마을이 해마
다 물난리를 당해 마을이 피폐하게 되자 1918년 염농산이 사재를 털
어 두리방천을 쌓았는데, 이를 기려 공덕비가 세워졌다고 한다.

염농산제언공덕비
blog.naver.com

　　그녀는 원래 조선말 경상감영 교방의
관기였는데, 경상감사 이헌영이 그녀의
한문 실력에 감탄하여 두터운 정분을 쌓
게 되었다고 한다. 그런데 일제의 식민지
배 야욕이 시작되자 조선의 오랜 관습과
전통이 무너지게 되었고, 관기 제도도 폐
지되자 한때 '정·종 3품급'으로 예우 받
던 일패一牌 기생들은 한순간에 자리를

잃게 되었다. 이러한 배경으로 탄생한 것이 기생조합인데, 대구의 기생조합은 관기 정염에 의해 1910년 설립된 것이다. 1914년 일제에 의해 일본식 명칭인 권번으로 이름이 바뀌었는데, 염농산은 대구기생조합 소속으로 활동하다가 대동 권번 소속의 예기가 되었다고 한다. 그 뒤에 서울의 한남 권번으로 진출하여 장안에 이름을 널리 알렸고, 후에 석재 서병오의 애첩이 되었다고 하는데, 이에 사람들은 석재 서병오, 달성 토성, 염농산을 '대구 삼절'이라 부르게 되었다.

3) 사회주의 사상을 기반으로 한 여성 운동가 정칠성(1897~1958)

정칠성 kbmaeil.com

정칠성은 대한제국의 기녀 출신으로, 일제 식민지시기 항일 독립운동가이자 메피니스트, 언론인, 정치인으로 활동한 인물이다. 1897년에 태어나 7세에 기생 학교에 들어가며 기생으로서의 삶을 시작하였다. 당시에는 보통 12~13세에 기생 학교에 들어가는데 집안이 몹시 가난해 더욱 어린 나이에 기생 생활을 시작한 것으로 짐작된다. 18세에 서울로 올라와 인기 있는 기생이 되었는데, 22세가 되던 해 3.1운동을 목격하였고, 당시 뜨거운 눈물을 흘리며 시위에 참여한 후 긴 머리를 자르고 기생을 그만두었다고 한다.

1922년 일본 동경의 영어 강습소에서 수학하였는데, 짧은 기간의 일본 유학 생활 중에 그녀는 사회주의 사상에 많이 경도된다. 귀국 후 대구로 돌아온 1923년 물산장려운동에 참여하며 민족주의자로서의 행보를 시작하였는데, 1923년 10월 이춘수 등과 대구 명신여학교

강당에서 '대구 여자청년회'를 결성하고 집행위원이 되었다. 1924년 에는 우리나라 최초의 사회주의 여성단체인 '조선여성동우회'를 창 립하는데, 이 단체는 전국적인 여성운동 단체로 기존의 계몽적 여성 교육론을 비판하고, 사회주의 이념을 통한 여성 인권의 신장과 사회 주의 여성해방론을 주장하는 활동을 하는 곳이었다.

이후 동경으로 건너가 동경 여자 기예 학교에 입학하고, 사회주의 여자 유학생단체 '삼월회'를 조직해 사회주의 사상에 기반해 여성의 계급의식을 북돋우고 여성 운동 세력을 결집하였으며, 삼월회 간부 를 역임할 때 조선일보에 '신여성이란 무엇?'이라는 글을 발표. "진 정한 신여성은 불합리한 환경을 모두 거부하고 강렬한 계급의식을 지닌 무산 여성"이라고 하며 남존여비의 봉건사상과 여성의 불평등 한 지위에 대해 비판의 목소리를 내기도 하였다.

30세가 된 정칠성은 최초의 항일 여성운동 단체 〈근우회〉를 결성 하였는데, 이 이름은 '무궁화 자매 모임'이라는 뜻이었다. 〈근우회〉 는 여성의 단결과 지위 향상을 중점으로 두고 야간작업 금지, 시간

근우회 kbmaeil.com

174

외 작업 금지, 탁아 제도 도입 등의 활동을 하며, 여성의 계급의식을 고취하는 데 목적을 두었다. 정칠성은 이러한 활동으로 일본 경찰의 탄압을 받고 여러 차례 체포되기도 하였다. 1931년 신간회가 해소된 후에는 대외 활동을 중단하고 조그마한 수예점을 운영하며 여성들에게 수예, 편물 강습회 등의 활동을 하였고, 1945년 광복 이후에는 조선공산당 경북도당 부녀부장, 조선 부녀 총동맹 중앙위원 등으로 활동하였다. 이후 남한에서의 합법적인 활동이 불가능해지며 1947년 월북, 1958년 김일성의 장기집권에 반대하다가 숙청되었다고 알려졌으나 자세한 내용은 알려지지 않는다. 이처럼 정칠성은 일제하에서 최초의 여성운동 단체를 세우고 여성의 인권 신장과 민족의 독립을 위해 헌신한 인물이었다.

4) 독립운동에 헌신한 현계옥(1897~ ?)

대구 출신의 현계옥은 최초의 여성 의열단원으로 알려진 인물로 유명하다. 일찍 부모를 여읜 현계옥은 17세에 대구 기생 조합에 들어가 기생이 된 후 출중한 미모와 가무 실력으로 이름을 떨쳤다.

현계옥 blog.daum.net

현정건 blog.naver.com

의열단에서 활동 중인
현계옥 blog.daum.net/
dolt0914/767

　　기생집에서 독립운동가 현정건을 만나 연인
관계가 된 후 19세의 나이로 현정건을 따라
서울로 갔지만, 현정건은 독립운동을 위해 상
하이로 떠나면서 헤어지게 된다. 그 후 독립자
금을 모으기 위해 현정건이 서울로 잠입했을
때 현계옥은 "나를 애인으로 혹은 한 여자로
만 보지 말고 같은 동지로 생각해 달라"고 말
하면서 자신을 상하이로 데려가기를 간청하였
다고 한다. 21세이던 1919년 3.1운동 이후 현
정건을 따라 상하이로 건너가 의열단에 가입
하게 된다.

　　의열단장 김원봉에게 폭탄 제조법과 육혈포
놓는 법 등을 배우고 만주와 상하이를 오가며 비밀 공작 활동을 수
행하는데, 영어, 중국어 등 외국어에 능통해 폭탄 운반이나 비밀문
서 전달 등의 중요 임무를 담당하게 된다. 1928년 현정건이 고문의
후유증으로 상하이에서 사망하자 현계옥은 슬픔을 안고 시베리아로

영화 〈밀정〉의 장면과 현계옥 shanghaibang.com

망명하였고, 모스크바에서 공산 대학을 졸업했다고 하나 이후 현계옥의 생애에 대해 알려진 바가 없다. 현계옥은 영화 〈밀정〉에서 '연계순'으로 조명되었는데 배우 한지민이 연기하였다.

5) 최초의 자유연애 실천자 강명화(1900~1923)

강명화 paxnet.co.kr

1900년 평양에서 조금 떨어진 산골에서 태어난 강명화는 열한 살 때 어머니 윤 씨가 기적에 올리고, 열일곱 살 때 서울로 올라와 당시 평양기생들이 많이 모여 있었던 대정권번에서 명화라는 이름을 올리게 된다.

빼어난 미모와 가무 솜씨로 장안의 화재를 몰고 다닌 이름난 기생이 되었는데, 몸은 비록 기적에 두었으나 사랑하는 한 사람을 만나기 전에는 절개를 지키기로 맹세하기도 하고 누구에게도 몸과 마음을 허락하지 않았다. 그러던 중 장병천이라는 청년을 만나게 되는데, 그는 대구 부호 장길상의 외아들로 이미 혼인한 아내가 있었지만, 서로 사랑하게 된 둘은 보문사를 찾아 부처님 앞에서 혼인을 약조한다. 그리고 그녀는 사랑하는 자신의 진심을 보이기 위해 머리를 잘라버리는 기개를 보이기도 했다. 하지만 집안의 극심한 반대에 부딪혀 장길상은 아들을 집안에 감금시키기도 하였는데, 이에 장병천은 강명화와 함께 일본으로 건너간다. 그곳에서 장병천은 게이오대학 예비과, 강명화는 우에노 음악학교 입학을 위해 영어를 배우게 된다. 하지만 그들은 기생과 부유한 유부남이라는 이유로 조선인 유학생들의 질타를 받게 되었고, 급기야 유학생들이 장병찬과 강명화에게 폭행을 가하려고 덤벼드는 사건이 생겼다. 이때 강명화는 칼을 들어 자신의 손가락을 잘라 보이며, 자신은 떳떳한 장병찬의 사람이며, 여러 고생을 하면서도 학문에 정진하려는 굳건한 의지를 표현하게 된다. 이에 유학생들은 물러나게 되지만, 그들은 결국 유학생들의 끈질긴 위협에 서울로 돌아가고, 집안의 허락을 받지 못한 채 가난한 날을 보내게 된다.

강명화가 지닌 패물을 팔아 근근이 삶을 이어나갔지만 매 끼니가 걱정될 만큼 고달픈 삶을 살아가게 되자 가혹한 현실 앞에서 강명화는 장병천의 앞날을 위해 자결을 결심하게 된다. 자신이 병천의 옆에 계속 있는 한, 장병천은 부모와 영원히 의절하고 사회적으로도 매장될 것을 알았기에 그는 자신이 장병천을 떠나기로 마음먹었던 것이다. 강명화는 장병천에게 몸이 아프니 요양하러 온양온천에 가자고 하고, 새 신발과 구두를 신고 떠난 여행에서 독약을 마시고 자살하였다. 서울로 시신을 옮겨와 장례를 치른 장병천은 강명화가 떠난 슬픔을 참지 못하고 얼마 뒤 장병천 또한 자결하게 된다.

이들의 정사情死는 당시 엄청난 사회적 반향을 일으키며, 「강명화 실기」, 「강명화전」, 「절세미인 강명화전」, 「강명화의 죽음」과 같은 딱지본 소설들이 나오게 되었고, 현진건은 그들의 이야기를 「적도」라는 소설에 표현하였다. 이후 1924년 일본에서 하야가와 감독에 의해 '비련의 곡'이

강명화실기와 강명화전 *shindonga.donga.com*

라는 영화 제작되기도 하였고, 1967년 강대진 감독이 조흔파 원작의
「강명화」를 윤정희, 신성일 주연으로 영화를 제작하기도 하였다.

현진건의 「적도」 soriaudio.com

6) 동편제의 거목이 된 박녹주

1905년 경상북도 선산(현재의 구미)에서
태어나 12세 때 당시 가신歌神(노래의 신)으
로 불리던 박기홍朴基洪의 문하에 들어가
입문 두 달 만에 '춘향가' 전바탕과 심청가
일부를 익힌 신동이었다. 14세 때에는, 제
자 양성에 관심이 없던 김창환金昌煥을 끈
질기게 찾아가 '흥보가' 중 '제비노정기'를
배우기도 하였는데, 이후 아버지한테 이끌

박녹주 fishpoint.tistory.com

려 달성공원 앞에 있던 달성 권번에 들어가 기생수업을 받게 되었
다. 행수기생 앵모의 양딸이 되어 가무와 시조창 등에서 두각을 드
러내며 대구에서 김초향 다음가는 소녀 명창으로 이름을 날리기 시
작하였다.

박녹주가 창을 하는 모습 dreamnet21.tistory.com

　18세 되던 1922년 서울로 올라온 박녹주는 송만갑과 그의 수제자인 김정문에게 '흥보가', '박타령' 등을 배웠고, 1928년과 1930년에는 여러 판소리를 음반 취입하여 전국적으로 명성을 떨치기 시작했다. 1933년에는 조선성악연구회朝鮮聲樂硏究會 결성에 참여하였고, 1936년에는 동양극장에서 공연된 창극 '춘향전'의 춘향역을 맡게 된다. 1940년대 후반에는 남창 위주로 운영되는 국악계의 판도에서 김소희, 박귀희 등과 여성 국악 동호회를 창립하고, 송만갑·이동백李東伯·오태석吳太石 등과 창극좌唱劇座에 입단하여 창극 운동에 가담하기도 했으나, 1960년대에 이르러서는 판소리에 전념하게 된다.

　1960년 '흥보가' 전바탕을 취입하였고, 1965년 중요무형문화재 제5호인 판소리 예능 보유자로 지정되었다. 전라도 지역의 서편제에 대응하는 경상도 사투리를 고집하고 동편제의 전통을 잇는 박녹주가 남긴 음반은 지금껏 귀중한 문화자산으로 꼽히고 있다. 박녹주는 5명창(송만갑, 김창환, 이동백, 정정렬, 김창룡)이 타계한 후 여류 국창으로 군림했으며, 남자 명창들의 맥이 거의 끊어져 버린 시대에 김여란과 함께 쇠퇴하는 소리판을 굳게 지킨 것으로 평가받고 있다.

② 전통시장 투어와 대구의 맛

1) 서문시장과 교동시장

서문시장은 조선 중기에 현재의 북성로에서 태평로를 통하는 미창골목 언저리로 추정되는 대구읍성 북문 밖에 시장이 형성되면서 발달하기 시작한 장으로, 전주·평양의 시장과 더불어 조선 시대 3대 향시鄕市로 꼽힐 만큼 번창한 시장이었다. 달서문 밖에 형성된 시장이라는 의미에서 '서문시장'이지만, 흔히 '큰 장' 또는 '대구 큰 장'으로 불렸다. 광복 전까지 대구의 시장은 서문, 방천, 칠성, 남문, 중앙, 염매 시장이 전부였다.

서문시장 입구 agotoday.tistory.com

큰장별곡 kbmaeil.com

서문시장 옛터 blog.naver.com

　지금의 서문시장 자리는 1920년 천왕당지를 매립하여 만든 곳으로, 서문 밖인 지금의 동산동과 시장북로 일대에 흩어져 있던 것을 옮긴 것이다. 이렇게 옮기게 된 이유는 겉으로는 도심에 주거지와 신작고 상권을 확장하려는 명분이 있었지만, 실상은 '큰 장'이 기미년 대구 '3.8 만세운동'의 집결지였기에, 당시 정치·경제의 중심이었던 대구부청에서 멀리 떨어진 곳에 배치하려는 일제의 의도가 깔려 있

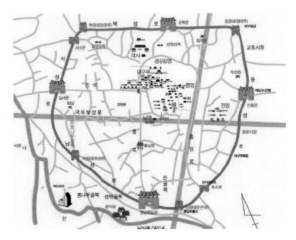

대구읍성과 사대문 kyongbuk.co.kr

었다. 당시 대구의 부윤이었던 마쓰이가 천왕당지의 소유자 박기돈으로부터 일대의 토지를 매입하고, 비산동·내당동 일대의 고분군의 봉토를 파서 저수지를 매립하였다. 일제가 문화재까지 파괴해가며 부지를 만들었는데, 이곳으로 1928년경에 완전히 이전하게 된다.

이후 서문시장은 1950년에 들어 시장이 상설화가 되었는데, 6·25 전쟁 이후 피란민으로 인구가 급증하고, 전통적인 섬유도시의 이점을 배경으로 전국 최대 규모의 의류, 포목 도매시장으로 성장하게 된다. 1960년대 말까지만 해도 경상도·충청도·전라도의 상권을 움직이는 중심이었고, 서문시장을 중심으로 한 섬유 거래량은 전국의 절반을 차지하였다. 서문시장의 주요 먹거리로는 수제비와 칼국수, 칼제비, 잔치국수 보리밥, 납작만두 등이 있고, 야시장도 개장하고 있다.

(좌)서문시장 내부 (우)서문시장 야시장 blog.naver.com

옛날 향교가 있었던 동네를 교동이라 부르는데, 지금의 대구 교동시장은 6·25전쟁 후 교동과 동문동 일대에 피란민 임시수용소가 많아지면서 생계 수단으로 교동지역에 상권이 생긴 것에서 시작되었다. 당시 주변 건물과 도로변에서 미군 부대 PX에서 흘러나온 물건을 팔기 시작하였고, 이후 '양키시장'으로 불리기도 하였다. 또한 단속이 있으면 문을 닫고 피해 달아났다 하여, '도깨비시장'이라고도 불렸다.

1956년 '교동시장'으로 정식 허가받았는데, 보따리 무역, 탈세 수입품, 미군 부대 물품 등을 취급하며 수입품 시장으로 성장하였고, 이후 전자, 전기, 의류, 음식, 귀금속 등 상권이 넓게 형성되었다. 하지만 수입자유화 여파로 쇠락하기 시작하였고, 그 주변으로는 귀금속 거리가 새로 생겨 '주얼리 거리'가 형성되었다. 근처에는 대구 빵공장의 전설, '수형당'과 '공주당'이 있었고, 60여 년 역사를 가진 '강산면옥'이 있다.

옛 교동시장의 모습 blog.daum.net　　교동시장 netongs.com

2) 염매시장과 번개시장

염매시장은 조선 시대 남문 밖에 자리 잡고 있던 시장인데, 반월당 앞에 흐르던 대구 천의 범람으로 수해를 당하면 지금의 대구백화점 주변으로 옮겨 시장을 열기도 하였다. 당시에는 '신시新市', '신장新場'이라 불렸는데, 근처 약령시와 함께 3백여 년 전통을 이어온 재래시장이다.

1917년 일부가 동문 밖으로 이전하여 동문시장이 되었는데, 허가된 명칭은 '덕산시장'이었지만, 좋은 물건을 염가로 판다는 의미의 '염매시장'으로 불렸다. 처음에는 비상설시장이었다가, 이후 상설시장으로 자리 잡게 되었는데, 상설 떡 가게, 잔치 음식, 돼지 수육 등이 유명하다.

염매시장 blog.naver.com

옛 대구역의 모습 namu.wiki

번개시장 biz.newdaily.co.kr

번개시장은 대구역 동쪽에 새벽(오전 5시부터 8시까지)에만 번개같이 열리던 시장을 말한다. 대구 근교의 왜관, 신동, 경산, 하양, 영천 등지에서 보따리를 지고 경부선과 대구선 완행열차를 이용하여 대구역에 내려 새벽 장을 형성하였다. 완행열차가 사라진 2000년부터 상설시장이 되었는데, 경부선 선로를 경계로 뒤편은 칠성시장, 맞은편은 교동시장, 시장 옆은 롯데백화점이 있다.

이른 아침에 물건을 내다 팔고, 다시 일터로 돌아가려는 시골 사람들의 인심이 좋아서, 늘 사람들이 북적였고 채소, 과일, 생선, 약재 같은 식자재를 싼값에 살 수 있다. 돼지국밥이 이른 아침부터 대구로 올라온 상인들의 허기를 달래 주었던 것으로 유명하다.

3) 방천시장과 칠성시장

방천시장은 제방 옆에 자리 잡았다고 해서 '방천시장'이라 불린 곳이다. '방천'은 '제방'의 경상도 사투리이다. 광복 이후 일본과 만주 등지에서 돌아와 먹고 살기 위해 장사를 시작한 것이 시초가 되었다.

(좌)방천시장 (우)방천시장의 쇠락 traveli.co.kr

당시 대구 신천의 물이 맑고 버드나무가 많아서 목욕이나 낚시를 하기에 좋았고, 시장 남쪽에는 삼덕동에 있던 대구교도소 수감자들의 노역장인 채소밭과 벽돌 공장이 있었던 곳이다. 방천시장은 30여 년 전에 시장 허가를 받았던 곳으로 칠성동까지 이어지는 큰 시장이었다는데, 싸전과 떡전이 명성을 얻으면서 1,000여 개의 상가를 이루기도 하였다. 하지만 주변에 주택지가 형성되면서 시장이 쇠락하였는데 최근에는 '김광석 거리'로 조성되어 전국적으로 많은 관광객이 찾고 있는 곳이다.

김광석 거리 news.zum.com

한편, 6·25전쟁 당시 서울이 점령당하자 대부분의 신문사가 폐쇄되었으나 대구와 부산에서는 신문을 발행하였는데, 영남일보가 바로 그것이었다. 영남일보는 아침에 속보, 오후에는 석간을 발행하여 많은 소년이 방천시장을 누비며 영남일보를 판매하였다. 전 대우그룹 김우중 회장도 열네 살 나이에 그 소년 중의 한 명이었던 일화가 유명하다.

시장의 대표적인 먹거리로는 족발 거리, 돼지국밥이 있다.

칠성시장은 광복 전에는 난전으로 있었지만, 1950년 6·25전쟁 시

칠성시장 biz.newdaily.co.kr

기에 자연 발생적으로 농산물 시장이 형성되기 시작하였다. 팔공산
인근의 무태, 조야, 검단, 동촌 같은 지역의 농민들이 재배한 채소
및 과일을 가져와 팔기 시작한 것인데, 이후 전국의 농민들이 농·
수산물을 가져와 위탁 또는 경매 방식으로 판매하기 시작하면서 시
장의 규모가 확장되었다.

1974년 재개발사업을 추진하여 상가를 정비. 칠성시장, 대구청과
시장, 삼성시장, 북문시장, 칠성 꽃시장, 대성시장 등 여러 개의 시장
으로 이뤄져 있는데, 족발 골목, 장어 골목, 과자 골목, 문구 골목 등
이 유명하다.

③ 골목을 누리는 즐거움

1) 종로와 진골목

예전에 '종루'가 있던 거리를 종로라고 부르는데, 대구 달구벌의
종루는 경상감영의 남문인 영남제일관 부근에 있었다. 대구 읍성 시
대의 종로는 영남제일관에서 홍살문(지금의 만경관 앞 네거리)을 지나

영남제일관 news.imaeil.com

포정문에 이르는 거리를 말하는데, 새벽 다섯 시에 성문을 열고, 저녁 여덟 시가 되면 성문이 닫히면서 통행금지가 시작되었다.

1900년대 대구 지도에는 지금의 종로는 물론 경상감영에서 달서문(아미고 호텔 뒤쪽)에 이르는 거리까지 종로라고 표기되어 있음을 볼 수 있다.

그런데 일제 강점기가 시작되자 경상감영과 대구부에 예속되어 있던 관기들이 설 자리를 잃자 일대의 요릿집이 그들의 활동무대가 되어, 종로는 '요정과 기생의 거리'가 되었다.

요정과 기생의 거리였던 종로 news.zum.com

한편, 구한말부터 종로에는 화교들이 자리 잡았는데, 계산성당 등을 짓기 위해 1901년 대구에 도착한 중국인 건축기술자 19명이 처음이었다. 이들은 남산초등학교 부근에 벽돌공장을 두고 벽돌을 직접 만들어 사용

대구 화교 협회 news.zum.com

하였고, 1920년에는 쌍흥호라는 건축회사를 만들기도 하였다.

　1930년에 이르러 대구·경북의 화교 인구는 1,384명이나 되었는데, 1920년 화교 강의관이 지역 최초의 청요릿집 군방각을 열기도 하였다. 이곳은 1960년대 후반까지 결혼식, 회갑연 같은 모임 장소로 인기가 있었으며, 이처럼 종로가 화교들의 본거지가 되었다. 당시 화교협회, 호교 소학교, 중학교 화교 교회가 들어섰는데, 1970년대 이후에는 급격해 쇠퇴하였다. 종로 근처의 대구의 명물 국일따로 국밥과 중국인이 운영하는 영생덕, 복해반점 등이 아직도 유명하다.

　진골목은 경상감영으로 이어지는 조선 시대부터 있었던 골목으로 긴 골목이라는 뜻이다. 종로가 개설되지 않았던 시절 진골목은 중요한 통행로였다. 근대 초기에는 달성 서씨들의 집성촌으로 자리 잡아 대구 최고의 부자였던 서병국을 비롯하여 그의 형제들이 모여 살았었다. 근대에 들어서는 약재 거래로 큰 부자가 된 김성달, 코오롱 창업자 이원만과 이동찬, 정치인이자 체육인이었던 신도환, 금복주 창업자 김홍식, 평화 클러치 창업자 김상영과 같은 부자들이 살던 곳이기도 하였다. 그래서 이곳에는 100년이 넘는 전통 한옥들이 많은

진골목 blog.daum.net

미도다방 blog.daum.net

데, 지금의 종로숯불갈비, 진골목식당, 보리밥 식당, 미도다방 자리
는 서병국의 친척인 서병원의 저택이었다.

유명했던 정소아과 의원 건물은
1937년에 지어진 벽돌조 2층 건축
물로, 당시 건축양식과 주거문화의
소중한 자료이다. 옛 제일극장 자리
에 석재 서병오의 옛집은 대원군으
로부터 호를 받은 곳으로, '돌로 만
든 집'이라는 뜻으로 '석재'라는 호
를 받았다.

석재 서병오의 옛집 blog.daum.net

근처의 미도다방은 1950년대 후반 공평동에 있었던 대구지방법원
맞은편에 문을 연 백제다방이 그 뿌리인데, 1990년대 초 진골목으로
이전해 나이 든 사람들의 사랑방 구실을 하다가 2013년 12월에는
종로2가 자리로 옮겼다.

골목의 대표 맛집은 육개장으로 유명한 진골목식당, 삼십 년 전통
의 보리밥 식당, 요정 백록, 종로초밥, 미성 회초밥 등이 있다.

2) 약전골목(남성로), 북성로, 서성로

대구의 약재상들이 즐비하게 늘어선 거리, 대구의 약전골목은 중구 남성로의 약재상이 즐비하게 늘어선 거리로 350여 년의 전통 대구의 약령시가 열리던 곳이다. 약령시는 처음에 경상감영 안 객사 마당에서 열렸는데, 그 뒤 객사가 헐리자 지금의 위치로 옮겨진 곳이다. '영슈 바람 쐰다'라는 말은 전국의 약령시를 한 바퀴 돌아보는 것을 뜻하는 말인데, 대구 바람을 안 쐬면 약효가 없다는 말이 있었을 만큼 대구의 약령시는 전국적으로 유명하였다.

이 골목에는 약재상들이 밀린 약재값을 제때 받지 못하거나 약재 사기를 당했다고 호소하면 해결해주는 건달들이 있었는데, '용진당패', '백팔걸패'가 유명하였다. 이들은 영세 상인들의 부탁에는 사례

약령문 dgbedding.com

약령시 dgbedding.com

비도 받지 않는 의리도 있었다. 오늘날 약전골목 남쪽으로 이어진 성 밖 골목은 한양으로 가는 '영남대로'로, 예전의 한양으로 과거를 보러 가는 '과거 길'이었다. 현재 약전골목에는 약령시 한의학박물관, 약령시 전시관이 있다.

북성로는 대구읍성의 북쪽 성벽을 헐고 낸 신작로로, 대구 읍성이 있었던 때에는 공북문拱北門이 있었다. 그 문은 북쪽에 계시는 임금을 향해 손을 모아 공경의 뜻을 표한다는 의미를 가진 문이다. 성벽을 허물고 낸 북성로는 상업의 중심지가 되었는데, 이곳에 1905년 일본계 상업은행인 제일은행 출장소가 대안동에 문을 열었다. 1906년에

북성로 byconcept.tistory.com

는 북성로에 대구 농공은행 설립되었다. 제일은행 출장소는 1910년 중앙은행인 조선은행으로 귀속되었고, 대구 농공은행은 1918년 조선식산은행 대구지점으로 흡수되었다. 이처럼 일제강점기의 북성로는 대구 최고의 번화가였다.

북성로의 옛 모습 news.imaeil.com

대구 최고의 백화점이었던 미나까이 오복점을 비롯하여 일본인들이 운영하였던 대구곡물회사와 목재회사, 조경회사, 장신구 가게가 늘어섰었는데, 미나까이 백화점은 5층 건물로 당시 최초의 엘리베이터가 설치되었던 곳으로 유명하였다.

대안동의 골목 시장과 북문 앞에는 매일 어채魚採 시장이 매일 열렸고, 근처의 향촌동은 요릿집, 영화관, 여관이 즐비하였다. 1950년대 이후는 산업공구점이 몰리면서 전성기를 맞았다. 미군 부대에서

백조다방 bizhankook.com

흘러나오는 군수물자와 공구, 철물들을 판매하는 상인들이 몰려 북성로 공구 골목을 형성하게 된 것이다. 이곳은 당시 번화가였던 만큼 이름난 다방이 많았는데, 모나미, 백조, 꽃자리, 청포도, 백록, 호수다방 등이 유명하였다.

서성로는 대구읍성의 서쪽 성벽을 헐고 낸 신작로로, 약전골목의 끝인 약령서문에서 대구은행 북성로 지점이 있는 네거리까지의 거리이다. 서성로 북쪽에는 순종 황제가 내린 하사금으로 지은 공공집회장 건물인 은사관恩賜館이 있었다.

또한 1905년 설립된 우현서루가 있었는데, 이곳은 근대 초기 민족 지사를 양성하던 곳으로, 지금은 대구은행 서성로 지점이 들어서 있다. 우현서루는 교남학교(현 대륜고등학교)의 전신으로 이상화의 큰아버지 이일우가 운영하던 민족학교로 '시일야방성대곡'의 장지연, 임시정부 대통령 박은식, 임시정부 국무총리 이동휘, 저항시인 이상화 등 민족 지사 150여 명이 이 학교를 졸업하였는데, 1911년에 일제에

서성로의 옛 모습 blog.daum.net

의해 강제 폐쇄되었다.

　1년 뒤 개교한 달서 여학교가 우현서루 뒤편 주차장 자리에 위치했었는데, 달서 여학교는 이상화의 어머니 김신자 여사가 이끈 '부인교육회'에서 출자하여 교사를 넓히기도 했다.

　이 서성로에는 부자들이 많이 살았는데, 이상화 부친 이시우, 백부 이일우, 시인 이장희의 부친 이병학의 옛집 등이 있었다. 경상감영의 옥 터가 있던 자리에는 서문로 교회가 들어서 있다.

우현서루 옛터 blog.daum.net

대륜학교 현판식 blog.daum.net

6) 동성로와 중앙로

대구의 도심 최대 번화가인 동성로
는 대구 최초 근대백화점인 이비시아
백화점(지금의 LG패션 자리)이 있던 곳
이다. 대구의 번화가는 처음에 교동
시장 쪽에만 상권이 형성되었고, 대
구백화점 부근은 한적한 주택가였다.
그런데 광복 후 6·25 전쟁의 피란
시절 다방, 빵집, 음식점, 영화관들이
많이 들어서게 되었다. 교동과 화전
동 일대에는 교동시장이 형성되었는
데, 그곳에는 여러 중급백화점이 자
리 잡고 있었다.

이비시아 백화점 blog.naver.com

1960년대 중반에는 동성로에 한일
극장이 영화상영관으로 개관하면서
'야시골목', '통신 골목', '로데오거리'
가 형성되어 젊은이들의 발길이 끊이

최근 동성로의 모습 dgy.co.kr

동성로 대구백화점 앞의 옛 모습 blog.naver.com 1960년대 중반, 한일극장 blog.naver.com

196

지 않게 되었다. 이곳에는 태산만두, 상주식당 같은 오래된 식당들이 있고, 런던제과, 뉴욕제과, 뉴델제과, 풍차 베이커리 같은 유명한 제과점들도 즐비하였다.

중앙로는 일제강점기에 닦은 신작로로 북성로에서 남일동, 동성로 3가, 덕산동까지 관통하면서 반월당까지 이어지는 거리를 말한다. 대구역에서 경상감영 입구 네거리까지는 1913년에 개설되었고, 그곳 네거리에서 반월당까지는 1917년에 개설된 거리로 이곳에는 일제 강점기에는 일본 사람들이 운영하는 금융기관 영화관, 양복점, 양장점, 잡화점, 주점들이 즐비하게 늘어서 있었다. 이곳은 여러 사건이 있었던 거리로 2·28 때에는 학생들의 시위가 있었던 곳이고, 5·16 군사 정변 이후에는 지역의 조직 폭력배들의 속죄 행진을 했던 거리로 유명하다.

중앙로의 옛 모습 knupr.knu.ac.kr

한편, 유명한 명소들도 많은데, 대우빌딩의 남쪽에 미국공보원이 있었는데, 이곳은 지역의 문화·예술공간으로 기여한 곳으로 대구 최초의 예술단체인 '예육회'의 음악 감상회와 화가 이중섭의 개인전이 열린 곳이기도 하다. 한편 근처의 경복여관은 일본식 고급

향촌문화관에 재현된 미국공보원 ruliweb.com

여관으로, 한때 화가 이중섭과 소설가 최태응이 머물렀던 곳이기도 하다.

경복여관 blog.daum.net

향촌동에는 일제강점기 선남은행이 있었는데, 이곳은 오구라가 중심이 되어 설립한 대구 최초의 일본인 은행이었다. 오구라는 대구 증권회사 사장, 대구상공회의소 회장 경북도 평의원을 지낸 부자로 우리 문화재에 대한 광적인 집착으로 수천 점을 일본으로 빼돌린 인물로 유명하다.

중앙로 네거리, 포정동에는 한국은행 대구지점이 있었는데, 일제강점기 조선은행 대구지점으로 사용된 곳이다. 이 건물은 1920년 일제가 건립한 르네상스풍의 벽돌조 2층 건축물인데, 1927년 장진홍 의사가 선물로 위장한 폭탄이 터졌던 건물로 유명하다.

한편, 중앙로는 대구의 '시내'라는 말의 상징으로 한때는 피난 문인들의 단골 술집들로 유명한 동성로 3가의 '석류나무집', 향교 건너편의 '말대가리집', 영남일보사 맞은편의 '감나무집' 등이 있었다.

한국은행 대구지점 blog.naver.com

제 **9** 장

인재의 요람과 산업화의 보고, 대구

① 문화예술인의 고향과 피난지 문화

1) 시인 이상화(1901~1943)

이상화

이상화는 1901년 대구에서 출생하였다. 어릴 적에 아버지를 여의고 편모슬하에서 자랐는데 개화 지식인인 백부의 도움으로 경성중앙중학교(현 중동고등학교)를 졸업하였다. 1917년에는 대구에서 백기만, 현진건, 동생 이상백 등과 동인지 『거화炬火』를 만들어 활동하기 시작하였는데, 1919년에는 3·1운동에 백기만과 대구 시위를 주도하다가 사전에 발각되어 실패하기도 하였다.

1922년에는 『백조』 창간호에 「말세의 희탄」과 「단조」를 발표하며 문단에 등단하고, '백조파'의 한 사람으로 활동하기 시작한다. 이후 일본으로 건너가 유학을 준비하던 중 관동 대지진으로 귀국하게 된다.

『백조』3호에「나의 침실로」,
「이중의 사망」,「마음의 꽃」등을
발표하였고, 1924년에는『개벽』
에「허무교도의 찬송가」,『조선문
단』에「별리」를 발표하고 1925년
부터 김기진·박영희 등과 가까이
지내며 파스큘라·카프 진영에
가담하게 된다. 그 이후로「구루
마꾼」·「엿장사」·「거러지」등의
제목이 말해주듯 사회 극빈층의
생활을 다루고 경향주의 색채를
띤 작품을 잇달아 발표한다.

이상화 시를 새긴 비석 gimhaenews.co.kr

　1926년 6월『개벽』에 삶의 터전인 땅을 빼앗긴 식민지 현실을 담
아낸「빼앗긴 들에도 봄은 오는가」를 발표하여 문단의 주목을 받게
되는데, 일제에 의해 삭제당하였다. 1920년대 말 계속되는 일본 경
찰의 감시와 원고 압수, 가산 탕진 등으로 낙담하여 술에 젖어 살았

이상화 동상 seoul.co.kr

는데 1935년에는 상하이에서 독립운
동을 하던 형 이상정 장군을 만나고 1
년 동안 중국을 방랑한다. 1937년부터
는 대구에서 무보수 교사로 일하기도
하였고, 1943년 4월 25일 집에서 숨을
거둔다. 그는 50여 편의 시와 10여 편
의 산문을 남겼고 훗날 문우 백기만이
이상화와 이장희의 시를 한데 묶어서
유고집『상화와 고월』을 펴내었다.

2) 화가 이인성(1912~1950)

1912년 8월 29일 대구 남성로에서 태어난 그는 어린 시절부터 그림에 뛰어난 재능을 보였지만, 집안 형편이 어려워 11세가 되어서야 보통 학교에 들어가게 된다. 3학년 때 담임선생님의 권유로 도쿄에서 열린 세계아동 작품전에 출품해 특선을 수상한다. 6학년 때는 동아일보사가 후원한 세계아동예술전람회에서 〈촌락의 풍경〉으로 개인 부문 특선을 수상할 정도로 뛰어난 재능을 보였다.

화가 이인성 snunews.com

보통 학교 졸업 후 집안 형편으로 상급 학교 진학을 하지 못했으나, 이인성을 눈여겨본 서양화가 서동진이 자신이 운영하던 대구 미술사에 기숙하게 하며 그림을 배우게 한다. 18세 때인 1929년 제8회 조선 미술 전람회(선전)에서 수채화 〈그늘〉로 입선, 1931년 제10회 선전에서는 수채화 〈세모가경〉으로 특선을 받게 된다.

이러한 이인성의 재능을 아낀 대구 지역 유지들의 도움으로 1932년 도쿄의 다이헤이요太平洋 미술학교에 들어가는데, 1935년까지 재학하며 전람회에 작품을 출품하여 1932년 선전에서 〈카이유〉로 특선, 일본 제국 미술 전람회(제전)에서 〈여름 어느 날〉로 입선을 한다.

일본 〈요미우리신문〉에 '조선의 천재 소년 이인성 군'이라고 소개되기도 하는데, 1935년 대구로 돌아와 대구 남산병원 원장 김재명의 딸인 김옥순과 결혼하면서 작품 활동에 매진하였다. 1936년에는 '이인성의 양화 연구소'를 세우고 후진을 양성하고 1937년에는 26세의 젊은 나이로 선전의 추천 작가가 되었다. 1944년 마지막 선전이 개최될 때까지 단 한 차례도 거르지 않고 작품을 출품하여 입선과 특선, 최고상인 창덕궁상을 받았으며 일본 문부성 미술 전람회와 제전, 광풍회전 등에서도 여러 차례 입선과 특선을 수상하며 '조선 화단의 귀재'로 불렸다.

일본 〈요미우리신문〉에 소개된 이인성
hani.co.kr

그는 수채화로 그림을 시작해 유화로 매체를 바꾼 지 2~3년 만에 후기 인상주의 기법에 향토성이 묻어나는 색을 사용하여 조선의 토속성을 살리는 화풍을 형성하였고, 조선 화단에 풍경과 인물을 결합한 구상화를 최초로 도입하였는데 〈가을의 어느 날〉은 한국 최초의 구상풍경화로 평가되는 작품이다.

1942년 부인과 사별하며 힘든 나날을 보내며 기존의 강렬한 색상 대신 담담한 색채로 인물들의 심리를 묘사하는 데 주력하였고, 1940년대 중후반에는 작품 활동보다 후진을 양성하고 화단의 발전을 위

〈가을의 어느 날〉, 이인성 snunews.com

해 활발하게 활동하였다. 1950년 11월 4일 한국전쟁의 와중에서 술에 취해 집으로 돌아가다 검문을 받던 중 총기 오발 사고로 사망하였는데, 사후에 일제의 아카데미즘을 바탕으로 성장한 화가라는 이유로 친일 논쟁에 휩싸이기도 했다.

1974년 〈한국 근대 미술 60년 전展〉과 함께 회고전이 열리고 재평가가 이루어졌는데 조선의 향토성을 가장 잘 구현한 선구적 작가로 인정받았으며, 조선의 향토적인 미를 구현하여 일제 강점기 한국인의 비애와 서정성이 배어나는 작품을 남겨 '조선의 고갱'이라고 불린다.

이인성의 그림 (좌)news.joins.com (우)snunews.com

3) 소설가 현진건(1900~1943)

현진건은 1900년 대구 우정국장이던 현경운의 막내아들로 태어났다. 독립운동을 하던 형 현정건이 있던 중국 상하이의 후장扈江대학 독일어 전문부에서 공부하다가 마치지 못하고 1919년 귀국하는데, 1920년 조선일보사에 입사해 같은 해 11월 『개벽』 5호에 「희생화犧

현진건 somgle.tistory.com

牲花」를 발표하게 된다. 하지만 황석우로부터 혹평을 받았고, 다시 1921년 1월『개벽』에「빈처貧妻」를 발표하며 사실주의 작가라는 칭호를 얻고 1920년대를 대표하는 소설가로 발돋움하게 되었다. 그의 작품「빈처」는 작가의 자전적 체험을 반영한 작품으로 궁핍한 가운데 예술과 물질 사이에서 번민하는 지식인의 심리를 예리하게 해부한 작품으로 평가되며, 또 다른 대표작「술 권하는 사회」는 식민지 지식인의 고뇌와 사회적 소외에 초점을 맞춘 작품으로 한 가정을 축도로 식민지 조선의 현실을 은유적으로 표현한 당대의 문제작으로 평가된다.

단편소설 작가로 입지를 굳이 현진건은 1922년 동명사에 입사하였고, 1925년에는 동아일보사로 옮겼다. 1924년『개벽』에 발표한「운수 좋은 날」은 지식인이 아니라 인력거꾼을 내세워 삶이 비애와 아이러니를 표현하였다. 이 작품은 이후 현진건의 대표작으로 손꼽힌다.

운수 좋은 날 blog.naver.com

이후 1936년 베를린 올림픽 마라톤에서 우승한 손기정 선수의 사진을 신문에 실으며 가슴 쪽에 있던 일장기를 지운 사건으로 구속되어 1년 남짓 감옥살이를 하게 되는데, 감옥에서 나온 후 1938년『동아일보』에「무영탑」, 1941년『춘추』에「선화 공주」를 연재하였다. 빈궁 속에서도 친일문학에 가담하지 않았던 현진건은 술을 매우 좋아하는 사람이었지만 창작할 때는 전혀 술을 마시지 않았다고 한다. 문장을 쓸 때 어휘 연구를 위해 문세영의『조선어 대사전』을 꼼꼼히 읽고 고어와 신어를 비교할 만큼 낱말 선택에 심사숙고하였다고 한다.

무영탑 blog.naver.com　　현진건 문학비 daegucity.net

1937년에는 동아일보를 사직하고 소설 창작에만 전념하였는데, 그 사이 만성 과음으로 폐결핵이 악화되었다. 이는 독립운동을 하다 일경에 체포돼 옥사한 형 정건의 죽음과「흑치상지」의 연재 중단에 따른 화병 등이 원인이 되었다고 한다. 결국 그는 1943년 4월 25일 장결핵으로 사망하였는데, 대구 두류공원 한쪽에 한국 사실주의 문학의 개척자 현진건을 기리는 문학비가 세워져 있다.

4) 피난지에서 싹튼 전후문학과 다방

한국전쟁 시기, 대구에는 국방부 정훈국 계열의 작가로 몰려 있었다. 육군, 해군, 공군에 속한 종군작가들은 군에 의지하여 풍전등화 같은 삶을 이어나가고 있었는데, 당시의 많은 작가가 종군작가에 소속되어 있었다.

육군 종군작가에는 박인환, 박영준, 김진수, 조영암, 정비석, 최독견, 장덕조, 구상, 최태응, 김팔봉, 김동진, 김영수, 박귀송, 장만영 등이 있었고, 해군에 속한 종군작가는 염상섭, 윤백남, 이무영, 안수길, 박계주. 공군에 속한 종군작가는 황순원, 김동리, 전희숙, 방기환, 유주현, 박두진, 박목월, 최정희, 조지훈, 마해송 등이 있었다.

박인환 blog.daum.net

염상섭 encykorea.aks.ac.kr

황순원 kid.chosun.com

창공구락부 daum.net

문총구국대 news.zum.com

　이들은 조지훈의 주도로 김송, 이한직, 구상, 김윤성, 김광섭, 이헌
구 등이 참여하여 '문총구국대'를 결성하였는데, 이 구국대의 주요
역할 진중 문예활동과 선무공작이었다.

　군가를 작사, 대민방송 원고, 위문 공연
과 시국 강연, 포스트와 전단표어 작성하였
는데, 구상과 함께 일선에 나갔던 서정주는
전쟁의 참상을 겪은 후유증으로 정신이상
을 일으키기도 하였다. 이후 전장의 참상을
목격하고 비극의 아픔을 작품으로 엮었는
데, 그것이 바로 '전선시첩'이었다. 여기에

서정주 encykorea.aks.ac.kr

는 황순원의 '메리 크리스마스', 이봉구의 '사슴처럼' 등의 작품도
실려 있는데, 이 작품들에는 대구역과 아담다방의 배경을 통해 삶의
공간을 잃어버린 피란민 가족과 문인들의 비애가 담겨 있다.

　한편, 종군작가에는 가담하지 않았지만, 대구에서 피난민 생활을
했던 작가들도 여럿 있었다. 전쟁통에 김동환과 생이별하고 남산동
셋방살이를 했던 여류작가 최정희와 부인과 함께 손수레를 끌며 굴
비 장사를 나섰던 양주동이 대표적이다.

전쟁 후 대구에 남은 문인들은 구상, 이설주, 이효상, 박훈산, 백기만, 이윤수, 신동집 등 대부분 대구 출신 작가들이었는데, 구상은 영남일보 편집국장을 하고 있었기에 서울로 가지 않고 대구에 남아 있게 된다. 이후 이중섭도 구상이 있는 대구로 돌아오는데, 그의 병이 심각해지자 구상이 대구성모병원에 입원시켰다고 한다. 그가 입원한 병실은 서정주가 입원했던 방이기도 하였다. 병이 더 심각해진 이중섭은 김이석의 힘에 이끌려 서울행 열차를 타고 올라갔지만, 이후 3개월 후 단식을 한 채 죽음을 맞이하였다고 한다.

대구의 첫 다방은 1936년 화가 이인성이 오픈한 아루스다방이었다. 한국전쟁 발발 후 대구로 피난을 온 문인과 예술가들이 이 다방에 모여 교류하며 시름을 달래었다고 한다. 향촌동과 북성로 일대 다방에 오상순, 조지훈 등의 문인, 권태호, 김동진 등의 작곡가, 이중섭 화가 등이 모였는데, 다들 차 한 잔을 시켜놓고 온종일 진을 치고 앉아 원고를 쓰고 작곡을 하고 그림을 그렸다.

대구에 머물렀던 종군작가들의 대표적인 아지트는 묵향 다방이었다. 1951년 향촌동 골목 안에 문을 연 클래식 음악감상실 '르네상스'는 피난 문인들의 문화 살롱이었다. 이곳은 외신기자들이 '폐허에서 바흐의 음악이 들린다.'라며 기적의 공간이라고 표현하였던 곳이다. 향촌

음악감상실 '르네상스' blog.daum.net

동의 '모나미 다방'에는 다양한 문인들이 모여들어 1950년대 문학예술 교류의 장을 형성하였고, 그랜드 피아노가 있었던 백조다방은 음악인들의 아지트로서 사교장, 연습실 역할을 하였다. 여류작가 전숙

희가 1952년 문을 연 향수다방에서는 조지훈의 첫 시집 '풀잎 단장'
과 김소운의 수필집 '목근 통신' 출판기념회가 열리기도 하였고, 백
록다방에 종종 나타난 이중섭은 담뱃값 은박지에 못으로 그림을 그
렸고, 신동집은 여기서 클래식에 심취하였다고 한다.

② 별표 국수와 삼성상회

1) 이병철과 삼성상회, 별표 국수

삼성그룹의 창업자 호암 이병철은 일
본 와세다대 유학 시절 각기병에 걸린
후 학업보다는 큰 사업가가 되겠다고
결심하고 귀국하였다. 26세 때 마산에
서 정미소 사업과 부동산업으로 성공하
여, 27세 때는 대구, 부산, 김해 등지에
200여만 평의 토지를 소유할 만큼 부를
축적하였다. 하지만 중일전쟁 때 자금

이병철 newsis.com

동원령에 따른 은행 대출 동결로 그간 벌어들인 재산을 모두 날리게
되는데, 두 달여의 중국 여행을 떠나 상품의 유통과정을 유심히 살
피고 만주 지역으로 한국의 과일과 건어물을 수출하겠다고 계획한
다. 이후 이병철은 1938년 대구시 인교동 61-1번지 서문시장 근처에
서 지상 4층, 지하 2층의 목조건물에 '삼성상회'라는 간판을 걸고 새
로운 사업을 시작하는데, 이것이 삼성이란 브랜드가 처음 등장한 것
으로 현재 삼성그룹의 모체가 되었다.

삼성상회는 대구 근처에서 사과 등 청과물과 포항의 건어물을 사

들여 만주와 북경에 내다 파는 무역업을 하였는데, 무역업 외 제분기와 제면기를 들여와 3개의 별이 새겨진 '삼성 별표 국수'를 만들어 팔기 시작하였다. 3개의 별을 의미하는 '三星(삼성)'이란 한자로 쓴 로고는 '크고 강력하고 영원함'을 의미하는 것으로 1950년대까지 널리 사용되었다. 당시 대구에는 국수 공장이 다섯 개가 있어 경쟁이 치열해 처음에는 기대만큼 장사가 잘되지 않았다고 한다. 하지만, 이병철은 동향(경남 의령) 사람 박윤갑의 사람 됨됨이를 간파하고 그에게 국수 사업을 맡기게 되었고, 그가 사업을 번창시켰다. 별표 국수가 다른 국수보다 비싸지만, 맛과 품질이 좋다는 평가를 받았기에 대성공을 이뤘다고 한다.

삼성 별표국수 blog.naver.com

삼성상회 blog.naver.com

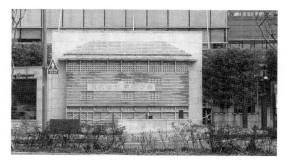
삼성상회 옛터 blogs.chosun.com

이후, 이병철은 와세다 대학 때 절친이었던 이순근을 삼성상회 지배인으로 데려오며 일종의 전문경영인 시스템의 기초를 닦았는데, 여기에서 이병철은 '안 미더운 사람은 아예 쓰지 말고, 쓰거든 믿고 맡긴다'라는 경영방침을 세우게 됨을 보여준다.

삼성상회가 안정적으로 성장하자, 이병철은 새로운 사업으로 주류업을 시작한다. 일본인 무네이가 경영하던, 연간 7,000섬의 생산 능력을 가진 대형 양조장인 '조선양조'가 매물로 나와 이를 12만 원에 사들이는데, 이병철은 훗날 자신의 오른팔이 되는 이창업을 영입해 조선양조장 사업을 맡기게 된다. 이후 이병철은 서울로 올라가 나라에 부족하고 꼭 필요한 물자만 찾아 공급한다는 전략으로 1948년 삼성물산공사를 설립해 비약적인 성장을 이루게 된다. 비록 한국전쟁이 발발하며 서울의 사업이 망했으나, 대구의 국수 사업과 주류 사업이 탄탄하게 뒷받침해주어 재기할 수 있게 도움을 준다. 그래서 1952년 부산에서 다시 삼성물산 주식회사를 세워 무역업으로 성장 가도를 달리게 되는데, 주변의 만류에도 불구하고 생산 공장 건설을 추진해 1953년 제일제당을 세우고, 1956년에는 제일모직을 세워 성공하면서 국내 대기업 반열에 오른다.

제일모직 yeongnam.com

2) '글로벌 삼성'과 반도체

이병철은 끊임없는 도전 정
신으로 1983년 모두가 무모하
다고 말한 반도체 사업에 진출
하게 된다. 미래의 산업을 내다
보는 선견지명을 가졌다. 이후
삼성전자는 1983년 11월 놀랍
게도 미국과 일본에 이어 세계
에서 셋째로 64K D램 개발 소

1985년 반도체 생산라인을 점검하는 이병철
biz.newdaily.co.kr

식을 전하는데 이것은 당시 세계 최고 반도체 기술을 가지고 있던
일본이 6년 만에 64K D램 개발에 성공한 것과 비교해 전무후무한
사건이 된다. 결과적으로 모두가 만류했던 반도체 사업은 오늘날 삼
성의 실적을 견인하는 일등 공신으로 자리매김한다.

눈앞의 성공에 안주하지 않고 어려움 속에서도 미래를 준비했던
호암 이병철의 창업가 정신은 2018년 기준 62개 계열사 자산이 총
418조 2,170억 원으로 성장하였고, 창업 당시 40명에 불과했던 임직
원 수는 현재 약 50만여 명이 되었다고 한다. 대구에서 시작한 삼성
상회나 국수 사업, 주류사업에서 믿을 만한 인물들을 채용하고 그들
을 신뢰하며 사업을 성공적으로 이끌었던 이병철은 "내 생애의 80%
는 사람을 뽑고 관리하는 데 보냈다"라고 말할 정도로 인재 선발과
관리를 매우 중요하게 여겼고, 이는 현재까지 삼성의 중요한 정신으
로 이어져 오고 있다.

현재 대구에는 호암 이병철의 인재 제일주의 원칙을 이어 북구 침
산동에 삼성 창조캠퍼스를 조성하였다. 이곳은 과거 제일모직 공장
이 있던 터로, 삼성 기념관의 성격인 창조캠퍼스가 조성된 것이다. 9

만 m² 용지에는 벤처창업존·문화벤처융합존·주민생활편익존·삼성존 등 4개 구역으로 구성되어 있는데, 삼성의 모태가 된 공간이 다시 시민과 창업자들의 꿈을 실현하는 공간으로 거듭나고 있는 것을 보여주는 곳이다.

삼성창조캠퍼스 blog.naver.com

③ 교육의 도시, 대구와 학생운동의 역사

1) 교육의 출발, 서원

대구는 현재도 교육의 도시라 불릴 만큼 많은 대학이 산재해 있다. 이런 대구의 모습은 이전 서원에서 출발하였다고 할 수 있다. 향교가 정부에서 세운 공립학교라면, 서원은 유림에서 세운 사립학교라 할 수 있는데 이 향교와 서원은 조선 시대 교육기관으로 중요한 역할을 한 곳이다.

'구암서원'은 '구암사'라는 이름으로 건립된 곳으로, 고려 중엽 달성을 관아부지로 조건 없이 내놓은 구계 서침 선생의 덕을 기리기 위해 건립한 서원이다. 동산동 옛터에 대문을 비롯한 강당과 사당이 쓰러질 듯한 모습으로 아직 남아 있다.

구암서원 smart80.kr

달성군 구지면 도동리 35번지에 있는 도동서원은 조선 선조 2년 (1568년), 현풍면 비슬산 기슭에 쌍계 서원을 세웠던 곳으로, 임진왜란 때 불에 타 없어지자 선조 37년 지금의 자리에 사당을 지어 위패를 봉안하였다. 그리고 이듬해 지방 유림에서 한훤당 김굉필 선생의 학문과 덕행을 추모하기 위해 세웠는데, 처음에는 '보로동 서원'이라 하였으나, 선조 40년에 '도동'으로 사액을 받게 되었다. 이곳은 서원의 전형적인 배치와 강당과 사당의 건축양식이 돋보이며 특히 담장이 운치가 있는데, 사액 기념 나무인 400년 넘은 은행나무가 아직도 건재하다. 1868년 대원군의 서원 철폐령을 내렸을 때도 존속한 서원이다.

도동서원 news.khan.co.kr   사액 기념나무 tcatmon.com

녹동서원은 달성군 가창면 우록리 585번지에 있는 것으로 이곳은 대구 남쪽으로 삼성산과 백암산 산기슭에 자리 잡은 우록동友鹿洞으로, 1602년 귀화한 왜장 모하당 김충선이 터를 잡으면서 이룬 마을이다. 우록 마을의 지명은 옛날 신선들이 이곳에 내려와 사슴과 함께 놀았다는 전설을 바탕으로 자신도 사슴을 벗하며 살아가려의 뜻이 담겨 있는 것으로 400여 년 간 이어져 온 집성촌이다. 김충선은 본명이 사야가인 일본인인데, 조선으로 귀화하면서 선조로부터

성명을 하사받았고, 호를 모하당이라 한다. 그는 임진왜란에 참전한 일본인 장수였지만, 조선의 예의풍습을 그리워하였고, 자손을 예의나라에 두고 싶었기 때문에 귀화하였다고 한다. 그는 경상도 의병과 제휴하여, 동래, 양산, 기장에서 일본군과 대전을 벌이기도 하였고, 조총과 철포를 제조하거나 화약의 제조법을 전수하였다. 곽재우 부대와 합세하여 일본군을 물리치는 공훈을 세우기도 했는데, 임진왜란이 끝난 뒤 1600년 30세의 나이로 진주목사 장춘점의 딸과 혼인하여 5남 1녀를 두고 지금의 우록동을 임금으로부터 하사받아 정착하게 되었다. 1642년 72세로 삶을 마감할 때, 조정에서는 정2품 정헌대부를 훈공으로 내렸고, 이후 녹동서원이 세워지게 되었다.

녹동서원 kyongbuk.co.kr　　　　　　　김충선 namu.wiki

2) 대구 학생운동의 역사

대구 근대교육의 효시는 1899년 6월 민영환이 세운 사립 흥화학교의 대구지교라 한다. 두 번째는 1899년 7월 일본이 히자스기가 설립한 달성향교이고, 이후 1900년 기독교 선교사들이 제일교회 자리에 대남소학교를 세웠다고 한다. 1905년 10월에는 일본 거류민회가

수창학교 kbmaeil.com

설립한 대구소학교(옛 중앙초등학교)가 북문 밖 가교사에서 수업 시작하였고, 1906년 12월 대구 공립보통학교(지금의 대구초등학교)가 개교했다. 1907년 7월에는 개교 이래 지금까지 학교 이름을 바꾸지 않고 있는 오래된 사립학교 수창학교가 개교하였다.

2007년에는 100주년을 맞이하기도 하였다. 1909년 경부선 개통을 축하하는 순종 황제의 순행 때는 속임수로 일본으로 모시고 간다는 소문이 돌아 이 학교의 학생들이 경부선 철로 위에 드러누워서 길을 막기도 하였는데, 화가 이인성·이쾌대, 시인 이설주, 정치인 박준규·이만섭, 철학자 박종홍 등이 수창학교 출신이다.

한편, 1923년에는 대봉동에 개교. 초등학교 교원을 양성하는 것이 목적으로 대구 사범학교가 세워진다. 1928년 관립 대구사범학교로 개편되어 특과·강습과·심상과가 있었으며, 박정희 대통령이 심상과를 졸업하였다고 한다. 식민지시기 대구사범학교는 항일 운동의

대구 사범학교 ko.wikipedia.org

중심에 있었는데, 대구고보(경북고교), 대구 공립상업학교(상원고교), 대구 공립농력학교(대구자연과학고교), 교남학교(대륜고교)와 함께 비밀결사 단체를 만들어 항일운동을 벌이다 일본에 발각되어 105명이 검거되기도 하였다. 그 뒤에서 여러 형태의 비밀결사대 조직하여 여러 운동을 하는데, 이 중 '반딧불 사건'으로 학생, 교사, 학부모 300여 명이 검거되어 혹독한 고문과 실형을 받기도 하였다. 이 학교의 본관 건물은 1925년에 건립한 것으로 국가 등록문화재로 지정되어 있다.

경북고등학교 모자 namu.wiki

1916년 관립 대구고등보통학교로 설립된 경북고등학교는 세 줄의 흰 테를 두른 검은 모자가 상징이었다. 서울의 경기고보(1900년 설립), 평양의 평양고보(1909년 설립), 세 번째가 대구고보였다. 처음에는 대구향교의 부속건물을 교사로 사용하다가 이듬해 대봉동 지금의 청운맨션 자리로 이전하였고, 1946년 학제를 6년제로 변경하였다. 1950년에는 중·고등학교로 분리. 명칭도 대구고등학교로 변경하였다가, 이후 경북고등학교로 변경하게 된다. 황금동으로 이전 후, 대봉동의 학교 본관 건물은 대봉 시립도서관으로 활용하고 있다.

이 학교는 1960년 이후 근대화와 경제성장을 위해 앞장선 여러 인물을 배출하였다. 이때, TK 출신이라는 말이 있었는데, 이는 대구 경부고등학교 출신을 두고 부르는 것이었다. 여러 역사적 사건에도 많은 학생이 참여하였는데, 일제 강점기 때는 1919년 대구 만세운동에서 재학생 239명 가운데 200여 명 참여하였고, 학생 50%가 퇴학을 당하기도 했는데 이는 항일 운동을 하느라 동맹휴학을 수시로 감행했기 때문이었다. 6·25 전쟁 때도 많은 학생이 학도 의용병으로 입대하여 53명의 가장 많은 희생자를 내기도 하였다.

1960년 2·28운동에도 적극적으로 참여하였는데, 이 운동은 1960 년 3·15, 4·19혁명의 도화선이 되었다. 1964년 한·일 굴욕외교 반대하는 운동과 1970년 민주화 운동에도 앞장섰으며, 1980년 이후 운동권 핵심 인물을 산출한 인재의 산실이 바로 대구 경북고등학교였다.

2·28 운동에 참여하는 경북고등학교 학생 news.imaeil.com

1906년 미국 북장로교파 선교사 아담스 목사가 설립한 계성학교는 남성로 제일교회 옆 작은 기와집에서 시작하였다. 3·1 운동 주도자였던 이문주, 이만집, 백남채, 김영서, 김태련과 같은 교사들에 의해 민족 지도자가 양성되었고, 문화·예술계에 인재를 많이 배출하였다. 박목월, 김동리, 김성도, 박태원, 박태준, 현제명, 홍해성, 이규환, 이덕생이 대표적인 인물인데, 박목월은 모교에 교사로 재직하기도 하였다. 1908년에 지은 아담스관은 교장이 직접 설계한 건물로, 대구읍성을 헐고 나온 성 돌로 기초작업을 하였고 지금은 기념관으로 사용되고 있다. 1937년에 조성된 '50계단'은 계성학교의 상징으로 계교 30주년 기념사업으로 졸업생의 성금으로 조성된 것이다.

계성학교 encykorea.aks.ac.kr   신명학교 donga.com

　대구 최초의 여학교도 미국 북장로교 선교사 브루엔의 부인 마르
타가 남상동 소재의 사택을 교사로 삼아 1907년에 개교한 학교이다.
이 학교는 우리나라 최초의 민간 여자 비행사였던 박경원이 다녔던
곳으로, 1913년 지금의 자리에 2층 벽돌조로 본관 건물을 세웠다.
이 학교 학생들도 1919년 3월 8일 대구 만세운동에 전교생이 참여
한 것으로 유명하다. 1937년 헬렌 켈러가 방문하여 여학생들에게 많
은 귀감을 주는 일도 있었고, 1944년에는 일제의 강요에 의해 교명
을 대구 남산 여학교로 변경하였다가, 광복 후 신명 고등여학교로
복원하였다. 1972년에는 개교 65주년 기념사업으로 '신명 3·1운동
기념탑'을 건립하였는데, 그때 기미만세운동 민족대표 33인 가운데

1937년 헬렌켈러의 방문 blog.daum.net

유일한 생존자였던 이갑성(대구출생)이 참여하여 교정에 향나무 한 그루 식수하기도 하였다.

1919년 만세운동에 참여한 신명학교 학생들
news.imaeil.com

신명3·1운동 기념탑
blog.daum.net

대구상업학교는 1923년 실업인을 양성하기 위해 설립 인가를 받은 학교로, 대구중학교의 건물 일부를 빌려 개교하였다가 이후 대봉동으로 옮겼다. 1946년 6년제의 대구 공립 상업중학교로 바뀌었다가, 1951년 대구상업고등학교로 변경된다.

1984년 달서구 상인동으로 이전하였고, 2004년에는 일반계열인 대구 상원고등학교로 전환한다. 이 학교의 학생들도 식민지 시기 항

1926년 대구 상업학교 yeongnam.com

일운동에 적극적으로 참여하
였는데, 1942년에는 비밀결
사조직 '태극단'을 만들어 학
생 독립운동을 이끌었다. '조
선 민족의 이상적인 단결과
능률로서 조선의 독립을 위
해 투쟁하며, 나아가 세계 인
류의 영원한 평화·자유·평

태극단 학생독립운동 기념탑 news.imaell.com

등을 찾는다'라는 큰 뜻을 강령으로 삼으며, '우리 청소년들은 일본
군대에 입대하지 말고, 그들의 전쟁 수행에 협조하지 않음으로써 독
립 투쟁에 참여하자'는 유인물을 돌렸는데, 단원의 배신과 밀고로
비밀이 탄로 났고, 1943년 단장 이상호가 체포되는 등 단원 26명이
모두 체포되어 고초를 겪었다. 1973년 4월 개교 50주년을 맞아 대봉
동 옛 교정에 기념비를 건립하고, '태극단 학생 독립운동 기념탑'을
세웠다.

제10장

쑤저우의 세계문화유산 원림

① 쑤저우의 이름난 원림園林

원림園林은 정원을 말한다. 쑤저우라는 도시를 특정 짓는 두 단어를 꼽자면 물과 정원이다. 그래서 쑤저우를 '동방의 베니스'이자 '원림의 도시'라고 부른다.

쑤저우 정원문화의 발달은 일찍부터 농경문화가 싹튼 강남江南의 지리적 환경과 밀접한 관계가 있다. 농업이 발달하면서 경제적으로 풍요해진 귀족들이 자신의 재력을 자랑하고 자연과 쉽게 접하려는 욕망이 정원문화로 나타나게 된 것이다. 요컨대, 탑, 정자, 대청, 저택 등 독립된 건축양식이 정원이라는 복합건축문화로 확장된 것이다.

쑤저우의 정원은 송나라 이후에 더욱 발전하여 명나라와 청나라에 이르러서는 중국의 대표적인 건축양식으로 자리 잡았다. 쑤저우에 이처럼 정원문화가 발전한 몇 가지 배경이 있다. 우선 쑤저우는 수로가 잘 갖추어져 물을 쉽게 끌어올 수 있었고, 전국시대부터 발달한 건축기술이 있었다. 아울러 태호석太湖石(쑤저우 근처 태호에서 나는 기암괴석)이라는 정원의 장식에 안성맞춤인 재료와 정원을 장식할 나무가 잘 자라는 온화한 기후도 있었다. 이러한 여러 요소들이 쑤저우의 정원문화를 꽃피우게 한 것이다. 쑤저우는 또한 문화의 중심지로서, 역사적으로 전란의 피해를 많이 입지 않았던 도시였다. 설사 전란으로 도시의 지배자가 교체되었다 하더

태호석 baidubaike

라도 쑤저우의 원림은 도저히 파괴하지 못할 정도로 아름답기도 했다. 그래서 쑤저우의 원림은 대부분 지금까지 잘 보존되어 있다.

따라서 많은 중국 사람들은 "강남江南의 정원이 천하제일인데, 그 가운데서도 쑤저우의 정원이 최고"라고 말하고 있다. 쑤저우의 정원은 명대明代 것이 272개, 청대淸代 것이 130개가 있었으나 현존하는 정원은 69개이다. 이 가운데 1997년과 2000년 사이에 졸정원拙政園, 유원留園, 망사원網師園, 환수산장環秀山莊, 창랑정滄浪亭, 사자림獅子林, 우원耦園, 예포藝圃, 퇴사원退思園 등 아홉 곳의 원림이 세계문화유산으로 등록되었다.

정원 양식은 모두 유사하며, 가산假山과 연못을 중심으로 주변에 정자나 누각 등을 세워 자연과의 조화를 추구한다. 가산에는 태호석을 배치하는데, 기괴하면서도, 자연스러운 분위기를 추구한다.

이상 아홉 곳 가운데, 관광객이 가장 많이 찾는 졸정원, 유원, 사자림을 차례로 소개한다.

1) 졸정원拙政園

졸정원 baidubaike

졸정원拙政園은 둥베이제東北街에 위치한 정원으로, 면적이 5만 평방미터에 달하는 대형 정원이다. 원래 이곳은 대굉사大宏寺라는 절이었는데, 명明 정덕正德 연간(1506~1521)에 어사 왕헌신王獻臣이 절터를 점유해 개인 정원으로 만들면서 관료의 별장이 됐다. 왕헌신은 말년에 벼슬길이 여의치 않자 은퇴를 하고 이곳에 머무르기 위해 이 원림을 지은 것이다. 왕헌신은 서진西晉의 반악潘岳을 빌어 이 정원을 만든 뜻을 설명했다. 다음은 왕헌신이 자신의 뜻을 대변한 것으로 삼은 반악潘岳의 「한거부閑居賦」이다.

부귀를 뜬구름처럼 여기는 공자의 뜻을 따라, 집을 짓고 나무를 심어 소요하며 자득한다. 연못은 고기 잡고 낚시질할 수 있고, 방아 찧어 받은 세리稅利는 경작을 대신할 수 있다. 전원에 물을 대고 푸성귀를 팔아 아침저녁 반찬거리를 공급하고, 양을 길러 젖을 짜서 삼복三伏과 납일臘日의 비용을 낼 수 있다. 부모에게 효도하고 형제와 우애하니, 이 또한 졸렬한 자拙者의 정사 행함이다. 庶浮雲之志, 築室種樹, 逍遙自得, 池沼足以漁釣, 春稅足以代耕, 灌園鬻蔬, 以供朝夕之膳, 牧羊酤酪, 以竣伏臘之費, 孝乎惟孝, 友于兄弟, 比亦拙者之爲政也.

졸정원의 이름은 바로 이 글의 '拙者之爲政'에서 빈 것이다. 그러나 정작 왕헌신은 은퇴 후 이곳에 머무르면서 지주계급으로서 누릴 것은 다 누렸다는 점에서 후일 역사가들의 비웃음을 사기도 했다.

졸정원은 1997년에 유네스코 세계문화유산에 등재되었으며, 다음에 언급할 쑤저우의 유원留園, 베이징의 이화원頤和園, 청더承德의 피서산장避暑山莊과 함께 중국 4대 정원의 하나이다.

졸정원에는 왕헌신과 관련된 전설이 전해온다. 왕헌신에게는 망나니 외아들이 있었다. 이 아들은 공부는 하지 않고 주색잡기를 밥 먹듯 했다. 어느 날 왕헌신이 현묘관玄妙觀(도교 사찰로 현재 쑤저우 중심가에 위치) 앞에서 점을 보았는데, 산통에서 왕헌신이 뽑은 것이 바로 '졸拙'자였다. 그 점쟁이는 '이 글자는 손手을 흔들면 모두 빠져나가게出 된다'는 뜻이라고 해석해 주었다. 왕헌신이 병 때문에 점을 보러 온 것이라고 지레짐작한 점쟁이가 '손을 흔들면 병이 낫게 된다'고 풀이해 준 것이다. 원래 왕헌신이 점을 보러 간 이유는 자신이 지은 졸정원이 자신이 죽은 뒤에도 자손 대대로 유지될 수 있을지 궁금했기 때문이었다. 그런데 점쟁이가 '손을 흔들면 (재산이) 빠져나간다'라고 해석을 했으니, 기대와는 반대의 이야기를 들었던 것이다. 생각하는 대로 된다고 했던가. 이 점괘는 현실이 되었다. 얼마 지나지 않아 왕헌신이 죽자 망나니 외아들이 졸정원을 이어받았고, 그때부터 문제가 생기기 시작했다. 그나마 훈계하던 아버지가 없어진 외아들은 제 세상을 만난 듯이 매일 도박과 음주를 일삼았다. 어느 날 졸정원을 보고 있던 외아들은 졸정원이 너무 작아서 답답하다고 느꼈다. 그래서 많은 돈을 들여 정원 밖 서편의 대지를 사들여 추가로 확장공사를 했고, 새로 확장한 정원 호수 위에 대청大廳까지 짓는 등 사치를 부렸다. 그 후에도 도박을 일삼다가 어느 날 호화

도박판에서 하룻밤에 졸정원을 날리고 알거지가 되고 만다. 그렇게 해서 점쟁이의 엉뚱한 해석은 현실이 되었던 것이다.

2) 유원留园

유원 baidubaike

유원留园은 쑤저우 서북쪽 류위안로留园路에 위치한 명대 정원이다. 졸정원, 사자림, 창랑정과 함께 쑤저우 4대 명원名園으로 불릴 뿐 아니라 졸정원과 함께 중국 4대 정원에 꼽히기도 한다. 1525년 명나라 가정嘉靖 연간에 건립을 시작하여 1593년에 완공되었다. 이 정원은 명나라 관리 서태시徐泰時의 개인 정원으로 만들어졌으며, 동원東園으로도 불렀다. 그 후 청나라 관리 유소劉恕가 이어받아 한벽산장寒碧山莊으로 부르기도 했다.

유원은 건축미가 뛰어나며, 누각이나 회랑을 정교하게 배치한 것이 특징이다. 화창花窓이라 불리는 창문 너머로 보이는 풍경이 일품이다. 유원은 중부, 동부, 서부, 북부의 네 구역으로 나뉘며 구역마다

다른 분위기를 풍긴다. 모두 건물의 직선과 곡선, 밝음과 어둠, 높음
과 낮음을 절묘하게 조화시켰다. 특히 동부 정원인 동원에 있는 관
운봉冠雲峰이라는 태호석太湖石은 한 덩어리의 돌이라고 믿기 힘들
정도로 거대하다. 관운봉은 높이가 6.5m, 무게는 5톤에 달한다. 이
것은 쑤저우 고전 원림 중에서 가장 큰 태호석이다.

이 외 녹나무로 만들어진 오봉선관五峰仙館은 청대를 대표하는
건축물로서, 700미터 길이의 장랑長廊이 유명하다. 장랑의 벽면에
있는 다양한 모습의 화창花窓이 있는데, 각각 모양이 다른 화창을
통해 바라보는 경관 역시 빼놓을 수 없는 볼거리이다.

3) 사자림狮子林

사자림 baidubaike

사자림은 졸정원, 유원, 창랑정과 함께 쑤저우 4대 명원으로 꼽힌
다. 쑤저우 시내 동북쪽에 있는 위안린로园林路에 자리해 있다. 중국
강남의 대표 정원 가운데 하나이며, 원元 말엽인 1342년 건립되었
다. 이곳은 원래 원나라 말의 고승인 천여선사天如禅師가 스승을 기
리기 위해 건립한 사찰이었다. 스승이 예전에 살았던 저장성浙江省

천목산天目山의 사자암獅子巖과 비슷하게 만들기 위해 정원에 수많
은 사자 모양의 태호석을 배치하였다. 규모는 큰 편이 아니지만 이
러한 태호석이 만들어 내는 동굴과 미로 때문에 많은 관광객이 찾는
다. 후에 정원으로 바꾸었는데, 사자림獅子林이라는 이름도 이러한
태호석 때문에 붙었다.

기암괴석의 모습이 매우 힘차고 정교하며, 웅장한 자태를 뽐내고
있다. 사자림에는 9개의 코스, 21개의 크고 작은 동굴이 있다. 연못
주변은 대부분 태호석을 쌓아 만든 축산築山으로, 축산 내에는 태호
석이 얼기설기 미로처럼 연결되어 있다. 이 정원의 회랑도 큰 볼거
리이다. 이곳에는 송宋나라 황정견黃庭堅, 소식蘇軾 등 명사의 글을
새긴 60여 점의 비석이 있다. 청나라 건륭황제의 휘호가 있는 진취
정眞趣亭이라는 정자도 눈에 띄는 건축물이다. 이 외에도 입설당立
雪堂, 와운실臥雲室, 지백헌指柏軒, 문매각問梅閣 등의 다채로운 건
축물이 있다.

고금의 수많은 문인과 학자들이 이곳을 배경으로 시를 짓고 그림
을 그렸다. 시화집 『사자림기승집獅子林纪勝集』과 주덕윤朱得潤의

사자림

「사자림도獅子林圖」가 유명하다. 천여선사 사후 사자림은 쇠락하였으나, 명나라 만력 17년(1589) 장안의 명성화상明姓和尙이 사자림을 재건하였다. 그 후 몇 차례 몰락과 개축을 거듭하다가 1917년 상하이의 거부 패윤생貝潤生이 사자림을 매입하였다. 1954년 패윤생의 손자가 대중에 공개하였고, 2000년 세계문화유산으로 지정되었다.

② 은자의 정원 창랑정滄浪亭과 소순흠蘇舜欽

창랑정은 쑤저우시 남쪽 삼원방三元坊 내에 있는 쑤저우 4대 명원名園 가운데에서 가장 오래된 원림이다. 원래는 오대五代 오월吳越 광릉왕廣陵王의 화원이었으나 북송 때(1041~1048) 시인 소순흠蘇舜欽이 정자를 세운 후 '창랑정'이라 불렀다.

남송시대(1127~1279)에는 금金나라에 항전한 명장 한세충韓世忠의 저택이었고, 명대에는 원림을 폐하고 사원으로 바꿨는데, 청대 강희연간(1696)에 다시 원림으로 바꿨다. 이때 창랑정을 가산위에 옮겨 재건하였다. 면적은 약 1ha(10km²)로 규모는 작지만 세련된 배치와

창랑정 baidubaike

구조에 산경과 수경이 잘 조화되어있다.

이곳은 원래 높은 들녘이어서 주로 산의 형상을 중심으로 들녘의 체취가 강하다. 원림 안은 산이 중심이고 산위에는 고목들이 울창하다. 내부에는 인공으로 조성한 기암괴석의 가산假山이 있고, 정자들과 오백명현사五百名賢祠와 명도당明道堂을 중심으로 배치된 매화·오동·배나무 등이 느러서 있어 어느 원림보다 심산유곡의 선경을 거니는 듯하다.

유명한 창랑정은 산꼭대기 정상에 숨어있고, 그밖에 취영롱翠玲瓏, 청향관淸香館, 명도당 등 작은 누각들이 주변을 둘러싸고 있다. 남쪽의 명도당은 원내 가장 큰 건축물이고 명대에 학문을 강의하던 곳이며, 벽에 송평강도宋平江圖(쑤저우성시도) 등이 걸려 있다. 500명 현사벽五百名賢祠壁에는 쑤저우 역사와 관련된 500여명 인물조각상이 새겨져 있다.

이곳의 회랑에는 나무, 꽃 등을 조각해 넣은 기하학적 형태의 연속된 화창花窓이 독특한 아름다움을 자랑한다. 원림 서남쪽에 위치한 인심석옥印心石屋이라는 가산과 동굴 또한 아름답다. 산위의 간산루看山樓에 오르면 쑤저우의 풍경이 한눈에 안겨온다. 차경의 수법을 곳곳에 사용해서, 누각의 창은 강물 방향뿐만 아니라 뒤쪽의 숲과 좌우의 정원을 조망할 수 있도록 배치됐다.

1) 세상을 비유하는 '창랑滄浪'

푸른 물결을 뜻하는 창랑은 창랑정 입구의 작은 호수다. 북쪽에 있는 수면은 해자처럼 원림 앞을 동서로 지나고, 여기에 걸린 석교를 지나면 원림의 정문을 들어서게 된다. 좁게 서 있는 흰 회벽 가운

창랑정 baidubaike

데에 뚫린 문에는 창랑정 글자가 음각된 편액이 있다. 동쪽(왼쪽)으로 가면 바깥 하천을 따라 두 겹으로 된 회랑複廊이 길게 원림 속으로 인도된다. 복랑複廊이 끝나는 지점에 삼면이 물에 면한 정자가 있는데, 물고기를 구경하는 관어대觀魚臺이다.

창랑정의 '滄浪'은 굴원屈原의 초사楚辭 「어부사漁父辭」에서 유래했다. 굴원은 전국시대戰國時代 초楚나라의 정치가이자 시인으로, 초楚나라 회왕懷王 때에 삼려대부三閭大夫 등을 역임했다. 경양왕頃襄王 때에 반대파의 모함을 받아 쫓겨났는데, 「어부사漁父詞」는 이 때 지었다.

굴원 baidubaike

굴원이 간신의 모함으로 벼슬에서 쫓겨나와 강가를 거닐며 초췌한 모습으로 시를 읊고 있는데 고기잡이 영감이 배를 저어 지나다가 그가 굴원인 것을 알고, 어찌하여 이 꼴이 되었느냐면서 안타까워 하며 까닭을 물었다. 굴원은 "온 세상이 흐린데 나만이 홀로 맑고, 뭇사람이 다 취해 있는데 나만이 홀로 깨어 있다. 그래서 쫓겨난 것이다 衆人皆濁我獨淸, 衆人皆醉我獨醒. 是以見放"라고 대답했다. 어부는 굴원의 처신에 대해 오히려 꾸중을 했다.

굴원은 또 "새로 머리를 감은 사람은 반드시 갓을 털고 새로 몸을 씻은 사람은 반드시 옷을 턴다新沐者必彈冠, 新浴者必振衣"면서 차라리 강에 빠져 물고기 배 속에 장사를 지내는 한이 있더라도 어떻게 깨끗한 몸으로 세상의 먼지를 쓸 수 있느냐고 했다. 어부가 노래를 불러 화답하길, "창랑의 물이 맑거든 내 갓끈을 씻고滄浪之水淸兮, 可以濯吾纓, 창랑의 물이 흐리거든 내 발을 씻으리라滄浪之水濁兮, 可以濯吾足"라고 했다. 세상이 맑으면 맑은 대로 흐리면 흐린 대로 맞추어 살라는 이른바 '청탁자적淸濁自適'의 생활을 권한 것이다.

2) 안분지족의 삶을 지향한 '관어처觀魚處'

흐르는 물을 굽이도는 다리로 건너면 하얀 벽 사이로 문이 나타나며 멀리 왼쪽으로 관어처觀魚處가 보인다. 관어처는 관어대觀魚臺라고도 하며, 장자莊子와 혜자惠子가 다리 위에서 물고기를 바라보며 나누었다는 『장자莊子·추수秋水』편에 있는 우화에 근거하고 있다.

장자와 혜자는 사이가 별로 좋지 않았다. 사물을 보는 시각이 완전히 달라 사사건건 시비를 벌였다. 대표적 논쟁이 '물고기의 즐거움知魚之樂'이다. 장자와 혜자가 호수 위 다리를 거닐면서 물속을 헤엄치는 물고기를 보았다.

장자가 "물고기가 놀고 있군. 저게 물고기의 즐거움이지魚之樂"라고 말했다. 그냥 넘어가면 혜자가 아니다. 장자에게 늘 면박만 당하던 혜자가 즉각 말꼬리를 잡고 반격에 나섰다.

창랑정 관어대baidubaike

"그대는 물고기가 아닌데 어찌 물고기의 즐거움을 알 수 있는가
知魚知樂?"

장자가 다시 반격했다 "그대는 내가 아닌데 어찌 물고기의 즐거
움을 모른다 하는가?"

이러한 '물고기의 즐거움'은 안분지족의 미라 할 수 있는데, 은자
의 입장에서 물고기를 바라보며(관어) 그 달관의 경지에서 도를 즐기
고 평안을 누릴 수 있기를 소망했을 것이다.

이러한 관어처는 이곳이 은자의 공간임을 상징한 것이다.

3) 창랑정의 주인 소순흠蘇舜欽

창랑정은 원래 오대五代 오월吳越 광릉왕의 정원이었으나 북송 때
시인 소순흠이 정원 내에 정자를 세워 창랑정滄浪亭으로 바뀌었다.

소순흠蘇舜欽(1008~1048)은 자주梓州 동산銅山사람으로, 개봉開封
에서 출생했다. 27세에 진사가 되어 현령, 대리평사代理評事, 집현전
교리集賢殿校理 등 하급 벼슬을 하였다. 범중엄范仲淹을 우두머리로

하는 정치 개혁에 참가하였다가 보수파
의 모함으로 관직을 박탈당하고 난 뒤
쑤저우에 은거하였다. 1048년 관적을 되
찾아 호주장사湖州長史에 임명되었지만
부임하기 전에 병으로 죽었다. 그는 북
송 시문혁신운동의 참가자로서 매요신梅
堯臣과 함께 '소매蘇梅'라고도 불렸다.

소순흠 baidubaike

　그는 창랑정을 짓고 쑤저우에 은거하
며 〈창랑정滄浪亭〉이라는 시를 지어 다
음과 같이 노래하였다.

一逕抱幽山	지름길 하나가 고요한 산을 안고 가다가,
居然城市間	갑자기 도시가 나온다.
高軒面曲水	높은 추녀는 굽이치는 물을 마주하고,
脩竹慰愁顔	긴 대나무는 근심스런 얼굴을 위로하누나.
迹與豺狼遠	발길은 승냥이 이리떼를 멀리하니,
心隨魚鳥閑	마음은 고기와 새를 따라 한가롭구나.
吾甘老此境	나 기꺼이 이 세계에서 늙을지니,
無暇事機關	권모술수를 일삼을 겨를이 없겠노라.

　이 시에서 창랑정의 정경을 통해 위로받는 작자의 심정을 표현하
면서, 이곳에서 권모술수 없이 즐겁게 늙어가겠노라고 다짐하고 있
다. 하지만 옛날의 친구가 그리운 것은 어쩔 수 없었다. 그는 또 〈창
랑정회관지滄浪亭懷貫之〉에서 다음과 같이 노래하고 있다.

滄浪獨步亦無悰,	창랑을 홀로 거니노니 그대 자취 없고,
聊上危臺四望中.	무료하여 높은 누대에 올라 사방을 둘러본다.
秋色入林紅黯淡,	가을빛이 숲 속에 짙어 붉고,
日光穿竹翠玲瓏.	햇빛은 대숲에 비쳐 들어 영롱하게 푸르네.
酒徒飄落風前燕,	술친구들은 가을 제비처럼 뿔뿔이 흩어지고,
詩社凋零想後桐.	시모임도 서리 내린 뒤에 오동나무처럼 쓸쓸하네.
君又暫來還徑往	그대 잠시 왔다가 또 길 떠나가니,
醉吟誰復伴衰翁	취해 뉘와 시를 읊으며 짝지어 늙어 가리.

소순흠은 쑤저우에 은거할 당시 수석水石을 사들여 창랑정滄浪亭을 짓고, 매일 책을 읽으며 하루를 시작 하였다. 이 시는 그 창랑정에 올라 옛 친구를 생각하며 지은 시이다. 청향관 남쪽에 있는 취영롱翠玲瓏은 "日光穿竹翠玲瓏"라는 시구에서 이름을 빌려온 작은 건물이다. 말 그대로 이곳엔 대나무가 그윽한 정취를 만들고 있으며, 취영롱에 있는 수많은 풍창들로 인해 더욱 신비로운 분위기를 자아낸다.

4) 창랑정과 화가 심주沈周

창랑정은 명나라 시대 미술계의 최고봉으로 꼽히는 심주沈周(1427~1509)가 이곳에 자주 들러 시문을 교유했다는 기록이 있어 회화사와도 인연이 깊다.

심주는 당시 장주長洲(지금의 苏州) 상성리相城里 사람으로. 심씨 집안은 상성리의 명문가로 서화 수집품도 많았으나 역대로 관직에는 나가지 않았다. 조부 징澄, 백부

심주 baidubaike

236

정貞, 아버지 항恒을 비롯하여 심주의 형제들도 모두 서화에 뛰어났다. 심주는 명대明代 중기 문인화文人畵 오문화파吳門派畵의 창시자로서, 문징명文徵明, 당인唐寅, 구영仇英과 함께 '명사가明四家'로 꼽힌다.

③ 망사원網師園에 깃든 쑤저우의 예술

망사원網師園은 본래 송宋나라 사정지史正志가 고소姑蘇지방에서 노년을 보내기 위해 지은 정원이다. 그는 만권당萬卷堂을 짓고, 정원을 만들어 '어은漁隱'이라 이름 지었다. 그러던 것이 청淸 건륭乾隆 중엽에 송종원宋宗元(호 망사網師)에게 넘어가 이 정원의 원래 의미를 빌어 스스로를 '어인漁人'이라 비유하면서 '망사網師'라 개칭했다. 그 후 여러 차례의 중수를 거쳐 오늘에 이르렀다. 면적 5,400평방미터의 정원으로 창랑정에서 두 블록 동쪽에 있다.

망사원은 3월 중순부터 11월 중순까지 야간 개장을 한다. 저녁 7시 30분부터 10시까지 여는데, 이 시간 동안에는 중국의 음악과 무용, 예술을 감상할 수 있는 프로그램이 제공된다. 전각·당·헌 등의

망사원 baidubaike

망사원

건물별로 무대화하여 연주가 진행되며 입장객 수에 따라 2~3회 정도 반복 공연한다. 각 공연장에는 도우미가 있어 중국어로 설명해주며, 각 연주장으로 안내하는 청사초롱을 든 도우미도 인상적이다.

청대 시인 홍양길洪亮吉은 「망사원이수網師園二首」를 지어 다음과 같이 노래했다.

太湖三千六千頃　　태호, 삼만 육천 이랑의 물결.
與我此君同枕波　　내 그대와 더불어 그 물결을 베고 누우리라 하고,
欲羨水西灣子里　　호수 서쪽, 물 굽이진 마을을 부러워하였더니,
輸君先已挂漁蓑　　그대 먼저 옮겨 가 벌써 어부의 도롱이를 걸어 놓았군.

城南那復有閑塵　　성남에 이처럼 한적하게 머물 데가 또 있을까
生翠叢中築數椽　　푸른 물이 흐를 듯한 숲 속에 두어 칸 집을 지었다.
他日買魚雙艇子　　훗날 뱃사공에게 고기를 사려거든,
定應先詣網師園　　마땅히 먼저 망사원으로 찾아오시기를.

홍양길(1746~1809)은 청나라 때의 시인으로, 강소江蘇성 상주常州 사람이다. 망사원은 청나라 때 송종원宋宗元이 세워 어은漁隱의 뜻

238

을 붙여 '망사원'이라 했는데, 나중에 구원촌瞿遠村에게 넘어가 구원瞿園이라고 했다. 이 시의 '그대'는 구원촌을 가리킨다.

1) 화가 장다첸張大千의 작업실, 망사원網師園의 전춘이殿春簃

망사원은 장다첸(1899~1983)이 1932년 이곳에 있는 전춘이殿春簃를 그의 화실로 사용해 더욱 유명하다. 장다첸은 쓰촨성四川省 네이장현內江縣 사람으로, 일본에서 염직을 배우기도 했으며, 돈황敦煌 천불동千佛洞에서 고대 벽화를 연구해 '발묵산수화潑墨山水畵'라는 독특한 화풍을 세운 중국의 근대 화가다.

장다첸 baidubaike

그런 장다첸이 1930~1940년대에 왕성한 창작 활동을 한 곳이 바로 이곳 망사원 전춘이殿春簃이다. 전춘이는 독립된 정원을 갖고 있는 공간으로서, 중국 원림 특유의 창경窓景이 아름다운 곳이다.

망사원 전춘이 baidubaike

망사원의 밤 야화원 夜花園

2) 곤곡崑曲과 평탄評彈

망사원의 야화원夜花園은 늘 쑤저우의 전통공연예술인 곤곡崑曲과 민간문예 평탄評彈 공연이 열려 운치 있는 망사원의 야경 속에서 낭만적인 쑤저우 공연예술을 감상할 수 있다.

바이셴융의 곤곡 모란정 포스터
baidubaike

곤곡은 경극京劇보다 앞서 발달한 중국의 전통극으로, 명明나라 중기 장쑤성江蘇省 쿤산현崑山縣에서 위량보魏良輔가 여러 지역 음악의 장점을 취하여 만든 곡조이자 그것에 의하여 만들어진 희곡을 말한다. 청초까지 가장 대표적인 전통극으로 성했지만 청淸 중엽 이후 경극이 곤극의 자리를 대신하면서 마침내 쇠퇴하기 시작하였다.

중국의 개혁개방 이후에는 서구문화의 유입으로 거의 설자리를 잃어버렸지만 쑤저우시에서 전통을 복원하기 위한 각종 노력을 기울인 끝에 마침내 2001년 유네스코 세계문화유산으로 등재되는 쾌거를 이루었다. 이로 인해 곤곡은 다시 부흥하게 되어 지금은 경극과 함께 중국을 대표하는 전통공연예술로 다시 소생하였다.

특히 대만의 저명작가 바이셴융白先勇이 명대 탕현조湯顯祖의 『모란정牡丹亭』을 청춘판青春版 『모란정』으로 개편하면서 중국 젊은이들에게서도 열렬한 환호를 받았다. 이러한 유례없는 곤곡의 부흥과 성황에 대해 중국문예계에서는 '곤곡현상崑曲現象'이라고 부르며 경이로운 시선을 보내고 있다. 청춘판 『모란정』은 '청춘판'이라는 이름에 걸맞게 과감하게 젊은 배우들을 선발하여 주인공으로 기용했으며, 종전에는 볼 수 없었던 다채로운 무대로 곤극의 면모를 일신시켰다. 청춘판 『모란정』은 2007년에 이미 100회 공연을 달성했으며, 현재에도 꾸준히 공연되며 인기를 누리고 있다.

평탄은 쑤저우평탄苏州評彈, 설서說書 혹은 남사南詞라고도 하는데, 오랜 전통을 가진 설창說唱 예술이다. 평탄은 쑤저우에서 출현하여 오늘까지도 주로 장강 삼각주 지역에서 유행하고 있다. 4백여 년 전 명대에 쑤저우 지역에는 벌써 설서가 존재했다는 여러 기록이 있다.

쑤저우평탄 baidubaike

평탄은 비파 반주에 쑤저우 방언으로 이야기를 노래로 들려주는 형식으로, 우리나라의 판소리와 유사하다. 공연형식은 설說, 걱噱, 탄彈, 창唱, 연演 등 다섯 부분으로 나눌 수 있다. '설'은 광대가 말로써 이야기를 들려주며 분위기를 조성하고 인물을 부각하는 부분을 가리킨다. 판소리의 아니리에 해당되는 부분이다. '걱'은 이야기 중에 청중의 흥미를 돋우기 위해 풀어내는 웃음거리를 말한다. '탄'은 반주악기가 다르지만 판소리의 고수 장단에 해당한다고 할 수 있고, '창'은 판소리의 창과 비슷하다. '연'은 판소리의 발림 혹은 너름새에 해당되는데, 주로 '수면手面'과 '기각색起角色' 두 부분으로 나뉜다. '수면'이란 손의 움직임과 얼굴표정을 말하고, '기각색'은 인물의 목소리와 모습, 동작을 모방해 보여줌으로써 청중으로 하여금 이야기 속 인물을 구체적으로 상상할 수 있도록 고안된 행위이다.

곤곡과 평탄은 쑤저의 대표적인 전통공연예술로서, 쑤저우 거리를 걷다보면 이들의 공연을 쉽게 접할 수 있다.

제11장

쑤저우의 명물: 비단과 차, 그리고 요리

① 쑤저우 비단과 자수

　명나라 때의 쑤저우는 동양의 파리라고 할 만큼 패션의 도시로 명성을 떨친 곳이다. 특히 실크가 유명해 소단苏緞이라는 이름이 붙을 정도였다. 중국이 공급하는 실크는 세계시장의 80~85%를 차지한다. 한국과 일본 등 일부 지역에서 생산되는 실크를 빼면 세계시장에 나도는 실크는 모두 '중국산'이다. 양쯔揚子강을 끼고 있는 장쑤江苏성의 쑤저우苏州는 저장浙江성의 항저우杭州와 함께 중국 최대의 실크 생산지다. '쑤돤苏緞'이라는 이름으로 팔리는 쑤저우 실크는 중국에서도 알아주는 제품이다.

　쑤저우 실크가 유명한 만큼 쑤저우 근교 농촌에는 가는 곳마다 뽕나무가 심어져 있다. 쑤저우 농가에서는 집집마다 실크와 관련된 일을 한다. 한국 실크산업도 대거 이곳으로 이주해 경쟁하고 있다.

1) 쑤저우 실크박물관苏州丝绸博物馆

쑤저우 실크박물관의 누조 동상 baidubaike

쑤저우시 런민루人民路 2001호에 위치한 박물관이다. 1991년 개관한 쑤저우 실크박물관苏州丝绸博物馆은 오랫동안 중국의 주요 수출품이었던 비단의 주산지 쑤저우에 있는 실크박물관이다. 박물관의 건물도 중국의 실크 디자인 전문가가 설계했다고 알려졌다. 중국 비단 산업의 역사와 현재, 실크 제작과 활용을 보여주는 다양한 전시가 있다.

쑤저우 실크박물관 입구에는 누에 사육을 처음 시작하여 사람들에게 양잠을 전파했다고 하는 전설의 인물 누조嫘祖의 동상이 있다.[1] 쑤저우의 비단을 싣고 실크로드를 따라 서역으로 가는 상인들,

----

1) 황제黄帝에게는 네 명의 부인과 10명의 후궁이 있었으며 정비正妃의 성은 서릉씨西陵氏, 이름은 누조嫘祖로 백성들이 누에를 키워 비단을 짜서 의상을 만들도록 하여 선잠先蠶이라는 칭호를 얻었다. 전설 속 황제의 왕비이자 누에치기의 창시자다. 사마천의 『사기史記』 「오제본기五帝本紀」에 따르면, 그녀는 서릉족西陵族의 딸로 황제의 정실이 되어 현효玄囂와 창의昌意라는 두 아들을 낳았다고 되어 있다. 황제가 구려족九黎族을 물리친 다음 이를 축하하는 자리

낙타 무리의 동상 역시 눈길을 끈다.

쑤저우 실크박물관은 크게 세 부분으로 나뉜다. 은나라부터 원나라에 이르는 고대관, 명청대 이후 비단 역사를 정리해 놓은 근대관, 그리고 비단 생산과정을 만나볼 수 있는 직조방이다. 시대별 직조 기술은 물론 비단의 문양과 디자인을 살펴볼 수 있다. 귀족들이 입었던 비단옷과 옷감들, 장신구, 자수 작품, 그림 등을 전시해 놓았다. 누에고치 실 뽑기 시연 등 갖가지 체험 프로그램 역시 준비되어 있다.

규모는 비교적 작은 편이나 알차게 꾸며져 있다. 패션뿐 아니라 실크로드 역사에 관심이 많은 여행자에게도 추천할만하다. 박물관 안의 상점에서는 정품 쑤저우 비단을 판매한다. 상당히 비싸지만, 그 명성만큼 좋은 품질을 자랑한다.

2) 중국 쑤저우 자수 박물관中国苏绣博物馆

1986년에 건립된 이 박물관은 본래 쑤저우의 저명한 원림园林인 환슈산좡环秀山庄 내에 있었는데, 1988년 말에 쑤저우苏州 징더루景德路의 왕아오츠王鏊祠 안으로 이전하였다.

쑤저우는 옷감에 색실로 무늬를 놓는 자수刺繡가 발달한 곳으로도 유명하다. 2000년의 역사를 가진 쑤저우의 자수는 중국 4대 자수로 불릴 정도로 명품으로 인정을 받고 있다. 박물관의 주력 전시물

에서 누에의 신인 잠신蠶神이 눈이 부실 정도로 빛나는 황색과 백색의 두 실을 바쳤다. 누조는 이것에서 계시를 얻어 몸소 뽕잎을 따서 누에를 기르고 고치에서 실을 뽑은 다음 아름다운 옷감을 짰다. 그 후 그녀는 잠신이란 뜻의 선잠先蠶으로 받들어졌다. 민간에서는 '잠화낭자蠶花娘子'라 부르기도 한다. 누에치기와 비단의 여신으로서 누조는 오늘날 중국 비단 박물관은 물론 비단 공장에서도 환대를 받고 있다.

쑤저우 자수박물관 baidubaike

은 쑤저우 지역의 자수에 관한 자료들이다. 전시 공간은 쑤저우 자수의 역사가 시작된 춘추전국시대 자수를 주로 전시하는 고대 자수 전시실과 쑤저우 자수가 꽃 피운 시기인 명청明清시대 작품을 주로 전시하는 명청 자수 전시실, 근대 이후의 작품을 주로 전시하는 근대 자수 전시실 등으로 나뉘어 있다. 시대별 자수 제품의 특징과 제작 방법 등을 설명하는 자료가 함께 전시돼 있다.

② 수향水鄕 저우좡周庄과 재신財神이 된 갑부 심만삼沈萬三

경항대운하가 지나는 곳에 명청明清 시기 100여 채의 고택으로 이뤄진 수향水鄕이 바로 저우좡周庄 마을이다. 쑤저우에서 남동쪽으로 38km 떨어진 저우좡은 바다 같은 거대한 타이후太湖와도 연결된 운하마을이다. 쑤저우 관할시인 쿤산昆山시의 최남단에 위치하고 있으며, 면적이 24헥타르이다. '동양의 베니스'라고 부르는 저우좡 마을의 집들은 작은 수로와 다리로 연결되어 있다. 저우좡의 고택들은 집집마다 안에까지 배를 타고 들어 갈 수 있는 수로를 만들었으며, 아울러 육로로도 통행할 수 있도록 23개의 아치형의 돌다리를 놓았다.

오늘날 마을에 거주하는 사람들은 모두 3천여 명이다. 마을의 4면은 물로 둘러싸였고, 마을 내부에는 사이사이 물길이 이어져 있다. 거리에는 상점들이 밀집해 있고, 관광객들도 끊이지 않는다. 석판이 깔린 마을길을 한가로이 거닐며 옛 사람들이 남긴 역사의 종적을 찾고, 고졸한 돌다리 위에 잠시 멈추어 온화하고도 아름다운 수향의 경치에 도취하게 된다. 눈만 돌리면 보이는 것이 역사의 흔적들이다. 이 마을은 송대宋代부터 세워지기 시작했고, 명조 초기 강남의 부상富商인 심만삼沈萬三이 이곳으로 이주한 뒤, 번성하게 되어 점차 진鎭으로 형성되었다.

이곳에는 수많은 명사들이 활동했던 흔적들이 여전히 남아있다. 당나라 시인 육구몽陸龜蒙이 낚시를 드리우던 곳, 중국의 혁명시인이자 혁명적인 문학단체 남사南社를 만들었던 류아자柳亞子가 한때 빠져있던 기루妓樓, 장러핑張樂平의 만화 『싼마오유랑기三毛流浪記』로 유명한 만화속의 주인공 싼마오三毛가 찾았던 찻집 등도 모두 이곳의 풍경이다.

저우장 baidubaike

1) 심청沈廳과 기타 명소들

그러나 이곳을 대표하는 곳은 아무래도 심씨 가문의 고택 심청沈廳이라 할 것이다. 현재의 심청은 심만삼心萬三의 후예인 심본인沈本仁이 청대 건륭 13년(1742)에 건축한 것으로, 저우좡의 중심인 부안교 주변에 있다. 대지 2천 평에 7진5문루七進五門樓, 즉 7채의 집과 5개의 문루, 100여 개의 방으로 구성되어 있다. 수향의 주택은 도로나 운하로부터 한 번에 보이지 않는 특성이 있다. 특히 관료나 지주의 주택은 매우 폐쇄적인 모습을 지니고 있다. 외부에서 보이는 것과는 달리 출입문을 들어서면 몇 개의 중정을 지나면서 화려하게 장식된 문루를 만날 수 있다. 전체적인 주택의 형상은 전면 폭이 다른 지역 주택에 비하여 2분의 1 정도인 10여 미터에 불과한데, 그 깊이는 7~8배인 80여 미터에 이르고 있다. 이것은 운하지역이어서 대지의 모양이 길쭉하기 때문이다.

심청을 구성하는 건축물은 이용하는 사람들과 주인의 관계에 따라 전체적으로 세 부분으로 나누어진다. 전면부는 운하에 면한 수장문水墙門으로, 이는 창고나 화물 적재장소로서 운하를 통한 대외적인 접촉의 장으로 이용된다. 중간부는 일반적인 출입문인 장문루墙

저우좡 심청 baidubaike

門樓와 다청茶廳, 정청正廳인 송무당松茂堂이 있는데, 손님 접대나 집안 대소사를 논하는 곳으로 활용된다. 그리고 후면부에 주 생활공간인 대당루大堂樓, 소당루小堂樓 및 후청後廳 등이 있다.

특히 주목할 만한 것은 각 원내에 설치된 문루이다. 이는 전국적으로 잘 알려진 안후이安徽성의 유명 장인을 초빙해, 양질의 푸른 기와青甎를 사용해 주청主廳에 버금가는 비용을 들여 완성한 것으로 알려져 있다. 이는 최고의 재료, 최고의 기술자를 통해, 부유한 상류층의 욕구를 표현하고 있는데, 수향 상인의 생활이 도시의 지배층 못지않은 부를 누렸음을 증명하고 있다.

장청張廳은 이보다 앞서 건축된 대저택이다. 원래 이름은 이순당怡順堂이며, 명대明代에 건축되었고, 청초清初에 장씨 집안의 소유가 되어 장청張廳으로 불렸다. 장청은 1,800평방미터 넓이이며, 앞뒤로 칠진七進에다 70여 칸의 방이 있다. 이 집의 특징은 이 집에 붙어 있는 대련對聯 "가마는 문 앞으로 들어오고, 배는 집 안으로 지나간다.轎從門前進, 船自家中過"처럼 육로는 문으로 이어지고 수로는 집안까지 연결되어 있다는 것이다.

저우좡 장청 baidubaike

이곳의 쌍교雙橋도 유명하다. 명대에 처음 만들어져서 3차례에 걸쳐 중건하였으며 원형과

저우좡 쌍교 baidubaike

사각의 다리모양이 'ㄱ'자형으로 배치되어 있다. 돌계단으로 연결된 두 다리는 세덕교世德桥와 영안교永安桥로, 한 다리는 원형으로 디자인하고, 다른 하나는 사각으로 모나게 만들어 물에 비친 원형 다리와 사각 다리를 '열쇠다리'라고 한다. 1984년 미국의 석유회사 사장 아놀드 하머는 이곳의 화가 천이페이陈逸飞의 〈고향의 추억故乡的回忆〉을 구입하여 덩샤오핑에게 선물하였다. 이 그림은 쌍교를 그린 것으로, 저우좡이 세계에 알려지는 계기가 되었다 한다. 이곳의 천이페이구쥐陈逸飞故居는 그가 살았던 집으로, 현재 전시관으로 꾸며져 개방되고 있다.

물 위에 건축되어 수중불국水中佛國으로 불리는 고찰 전복강사全福講寺도 볼 만하다. 대웅보전에는 손바닥에 사람 한 명이 앉을 수 있는 크기의 여래대불이 있다. 여래대불 좌우로는 석가모니의 제자였던 문수와 보현불상이 있고, 서로 모양이 다른 18나한상이 있다. 1950년대 곡식창고로 사용되면서 많은 유물들을 잃어버리긴 했지만 1995년 절의 10배 규모인 사찰정원 남호원南湖園을 건설하면서 지금과 같은 웅장한 위용을 갖추게 되었다.

이곳의 고희대古戲台도 규모가 크고 화려하다. 전체 2,500평방미

천이페이의 고향의 추억 baidubaike

전복강사 baidubaike

터에 달하는 전통 공연장으로서, 쑤저우의 전통공연예술 곤곡崑曲을
주로 공연하고 있다.

2) 심만삼고거沈萬三故居와 심만삼沈萬三

심만삼 고거 baidubaike

심만삼의 옛집은 저우좡 동쪽 언덕에 명대식 건축양식으로 복원
되어 있다. 심만삼의 옛집은 심만삼이 부를 쌓게 된 각종 전설을 비
롯하여 사업의 험난한 역사, 그가 겪은 진기한 체험, 가족과의 생활
등을 조각이나 그림 등 다양한 형태로 제작
하여 전시하고 있다.

심만삼의 수중 무덤 심만삼수총沈萬三水
冢도 마을 북쪽 인쯔방銀子浜 아래에 있다.
물풀이 우거진 작은 나루터인 이곳에는 가
뭄에도 마르지 않는 물줄기가 있고, 그 아래
에 견고하게 수장했다고 한다. 호수의 물이
일렁이면 마치 무수한 은 조각이 반짝이는
같아서 더욱 신비감을 자아낸다고 한다.

심만삼 baidubaike

심만삼(1330~1379)은 원元나라 말 명明나라 초기 강남 최고의 대부호였다. 중국 역사상 10대 거부로 꼽히며, 지금까지도 중국 부호들의 상징이다. 본명은 심부沈富이며, 자는 중영仲榮이다. 절강浙江 오흥吳興(지금의 후저우湖州시) 출신이다.

저우좡에는 심만삼沈萬三의 이름을 딴 것들이 많다. 저우좡의 명물 요리인 만삼제万三蹄도 심만삼의 유명세를 이용한 요리 가운데 하나이다. 또한, 저우좡에는 '십찰해十刹海'라는 곳이 있는데, 심만삼이 천만 냥의 은을 캐낸 곳이

만삼제 baidubaike

라고 한다. 저우좡의 수로水路 역시 심만삼沈萬三의 성씨를 따서 '심수로沈水路'라 불렸다.

심만삼沈萬三과 그의 자손들이 대대로 부귀영화를 누린 것만은 아니다. 그는 명나라 초기부터 부자의 대명사로 이름을 알렸는데 항간의 소문에 의하면 재산이 명나라 전체 예산보다도 많았다고 하니 명나라 대표 부자라고 해도 손색이 없었다.

심만삼은 원나라 말기 때 상하이와 난징에서 곡물, 비단, 도자기 등 각종 특산품을 거래하며 부를 쌓았다. 특히 쑤저우의 특산물인 비단은 그의 주요 거래품목이었다. 내란이 극심해지기 시작한 원나라 말, 심만삼은 당시 민중봉기 활동의 주역인 주원장朱元璋의 리더십과 카리스마를 알아보고 그를 적극적으로 지원했다.

『명사明史』에 따르면 심만삼은 서예 작품 수집을 좋아했는데, 글쟁이가 한 편의 문장을 써오면 은 20량을 주었다고 한다. 당시로선 꽤나 파격적인 가격이었다. 이 소문을 들은 글깨나 쓴다는 사람들이 모두 그의 집 앞에 모여 자신의 작품을 팔기 위해 진을 쳤다고 한다.

심만삼은 나랏일에도 재정 지원을 아끼지 않았다. 명태조明太祖 주원장이 난징성을 건축할 때 그는 선뜻 자신의 재산을 내어 홍무문洪武門에서 수서문水西門이르는 10km 이상의 성벽을 쌓는 공사를 완성시켰는데 기록에 따르면 전체 공사비 중 3분의 1에 가까운 금액을 부담했다.

심만삼이 재물의 신으로 등장하는 재신도 baidubake

명나라 문학가 전예형田藝蘅이 쓴 「류청일찰留青日札」에 따르면 주원장이 군의 사기를 진작시키고자 전군에 대한 포상을 고민하고 있을 때 심만삼이 금전적인 비용을 부담하겠다는 상소를 올렸다. 그러자 주원장은 "아무리 자네가 대부호라고 할지라도 짐의 군대가 백만인데 어떻게 다 감당할 수 있는가?"라며 심만삼에게 되물었다. 이에 심만삼은 "병사 한 명당 은 1량씩 하사 하신다면 큰 문제가 되지 않습니다"라며 호탕하게 대답했다고 한다.

심만삼이 강남지역에서 장사를 해 부를 축적한 건 사실이지만 어떤 계기로 그렇게 큰 부를 얻었는지에 대해선 아직도 명확한 기록이 없다. 한 기록에 따르면 그는 원나라 오강吳江 일대에 육덕원陸德源이라는 부자의 비서로 재산관리를 맡았다. 훗날 육덕원은 속세의 덧없음을 깨닫고 여행을 떠나면서 자신의 모든 재산을 심복인 심만삼에게 넘겨줬는데 이를 기반으로 하루아침에 강남 최고의 부자가 됐다는 얘기다.

이 같은 명나라 최고 부자의 최후는 쓸쓸했다. 그가 명나라 초기에 남경성을 건축한 공으로 두 아들이 황실의 고위관리로 임명되었다. 훗날 두 아들이 비리사건에 연루돼 심만삼은 윈난云南으로, 두 아들은 차오저우潮州로 귀양을 갔다. 물론 그의 재산은 모두 몰수됐다.

하지만 그에게 더 큰 불행이 엎친 데 덮친 격으로 찾아왔다. 심만삼의 증손과 사위가 반란사건(남옥사건)에 연루돼 일가 전체가 몰살을 당한 것이다. 그는 비록 죽음은 면했지만 다시 재기할 희망도 포기한 채 윈난에서 쓸쓸한 여생을 보내다 굶어 죽었다고 한다.

심만삼이란 이름은 중국에선 부자의 상징으로 통한다. 지금도 장쑤, 저장, 푸젠 등 지역에서는 보통 돈 많은 사람을 '심만삼'이라고 비유하는 습속이 여전히 남아있다.

심만삼沈萬三은 강남지역의 재신財神으로 추앙받고 있는데, 거기에는 신비한 전설이 붙어 있다. 심만삼이 청개구리를 구해 방생을 하다가 연못가에서 그릇을 하나 얻었다. 그의 아내가 우연히 동전 한 닢을 그 안에 놓았더니 갑자기 그릇에 가득하게 되었다. 금은으로 시험하였더니 모두 효험이 있어 이로부터 천하의 갑부가 되었으며 이 그릇을 취보분聚寶盆이라 하였다. 그래서 심만삼은 재신으로 받들어졌다. 심만삼은 원래 강남 지역의 거부였으므로 지금도 장쑤, 저장, 푸젠 등 지역에서는 재신으로 추앙하고 있다.

③ 타이후太湖의 미녀 서시西施, 그리고 삼백三白과 비뤄춘碧螺春

타이후 baidubaike

　타이후는 중국 장쑤성江苏省과 저장성浙江省 경계에 위치한다. 장강長江 삼각주의 담수호로, 남북 70km, 동서 59km, 둘레는 약 400km에 이르며 면적은 2,250km²이다. 수심은 평균 2m이다. 포양호鄱阳湖와 둥팅호洞庭湖에 이어 중국 내에서 세 번째로 큰 호수이며, 호수 내에는 90여 개의 섬이 있다. 대운하와 연결되어 있고, 쑤저우허苏州河나 황푸강黃浦江의 발원지이기도 하다. 석회암의 일종인 태호석太湖石의 산지로도 유명한데, 태호석은 쑤저우의 졸정원拙政園과 같은 중국 전통 정원을 장식하는데 사용되었다.

1) 효빈效顰과 침어沈魚의 미인 서시西施

　타이후는 오월吳越문화의 발원지이다. 지금의 행정구역으로 보면 장쑤성과 저장성을 나누는 경계이다. 과거 역사에서 오나라와 월나라의 경계와 같다 할 것이다. 따라서 타이후 주위에는 오월의 역사 유적지가 많다. 춘추시기 오왕 합려의 합려성闔閭城 유적지나 그의 아들 부차夫差가 월나라에서 미인계로 바친 서시西施와 함께 피서 여행을 즐겼던 서산西山 등이 있다.

그 외에도 수나라 때 개통된 대운하大運河 유적이나 당唐대 보대교寶帶橋 등의 여러 고적들이 있는데, 주요 명소로는 위안터우주黿頭渚, 메이위안梅園, 둥팅산洞庭山, 타이보묘泰伯庙 등이 있다.

위안터우주는 태호 북서쪽의 모래섬으로 거북이 머리黿头를 닮았기 때문에 위안터우저黿头渚라고 이름 붙여졌다. 수백 그루의 벚나무로 유명하다.

메이위안(또는 룽씨메이위안榮氏梅園)은 타이후의 식물원이다. 다양한 매화나무가 많아, 메이위안梅園으로 불린다. 1912년 우시无锡의 기업가 영덕생荣德生이 청대 진사 서전일徐殿一의 정원을 사들여 3,000 그루의 매화나무를 심어 식물원을 조성하였다.

메이위안 baidubaike

리위안 baidubaike

또 빼놓을 수 없는 곳 가운데 하나는 리위안鑫园이다. 리위안은 타이호에 의해 형성된 리후鑫湖(또는 우리호五里湖) 호반湖畔에 있는 정원이다. 1936년 사업가 왕우경王禹卿, 왕항원王亢元 부자가 조성했는데, 스지팅四季亭과 200미터가 넘는 장랑長廊으로 유명하다. 그런데 이 리위안이 있는 리후鑫湖라는 호수가 바로 월나라 대부 범려范鑫가 서시를 처음 발견한 곳이라고 한다. 그래서 범려范鑫의 이름을 따서 리후라고 한 것이다.

서시 baidubaike

서시는 중국 고대 사대미녀로 꼽힌다. 월왕 구천의 대부 범려가 오왕 부차의 경계심을 풀 목적으로 천하절색 서시를 발굴하여 오나라로 보낸 것이다. 서시西施의 본명은 서이광施夷光이지만 마을 서쪽에 살고 있는 미녀였기 때문에 이렇게 불렀다고 한다. 그녀는 원래 가슴앓이가 있어서 통증 때문에 가슴을 손을 얹고 눈을 살짝 찌푸리는 모습을 자주 보였는데, 그 몸짓이 더욱 고혹적이어서 뭇 남성들이 넋을 잃고 쳐다봤다고 한다. 이에 동쪽에 사는 추녀가 자신의 외모는 생각하지도 않고, 서시의 인기가 높은 것이 찡그림 때문인 것으로 알고 자신도 가슴에 손을 얹고 얼굴을 찡그렸다는 동시효빈東施效顰 또는 효빈效顰이라는 고사도 생겨났다.

서시의 미모에 관해서는 '낙안침어落雁沈漁'의 고사성어가 전해온다. 서시가 강가에서 빨래를 할 때, 물고기들이 그 미모에 넋을 잃어서 헤엄치는 것을 잊고 물에 빠졌다는 침어沈魚라는 말이 생겼다는 것이다. 왕소군王昭君 미모에 반해 바라보다가 날개 짓하는 것을 잊어버려 땅에 떨어졌다는 낙안落雁과 함께 훗날 미녀를 형용하는 '낙안침어'의 고사성어가 된다.

2) 둥팅산洞庭山의 명물 비뤄춘碧螺春

둥팅산 baidubaike

둥팅산은 타이후 동남부에 위치해 있다. 둥팅동산洞庭東山과 둥팅서산洞庭西山으로 이루어져 있으며, 보통 동산, 서산으로 부른다. 동산은 반도에 위치해 있으며, 서산은 타이호 내 섬에 위치해 있다. 동산과 서산 모두 물을 사이에 두고 마주보고 있다.

롱징차龍井茶와 더불어 중국 10대 명차의 반열에 올라있는 저장성浙江省 최고의 특산물 둥팅비뤄춘洞庭碧螺春은 제주도만한 호수 타이후太湖에 우뚝 솟은 둥팅산에서 생산되는 명품 녹차다. 이곳은 춘추전국시대 오吳나라 왕 부차夫差와 절세미인 서시西施가 함께 피서여행을 즐겼다는 전설이 서려있다. 이곳에서 나는 차가 바로 비뤄춘으로서, 100g을 만들려면 1만8천개가 넘는 어린찻잎이 소요되는 최고급 녹차이다. 청나라 제4대 황제 강희제康熙帝가 1699년 타이후 유람선상에서 이 차를 마셔보고 감탄하여 푸른 소라모양의 찻잎을 보고 그 자리에서 황실공차로 지정하며 비뤄춘이라는 이름을 하사했다 한다.

강희제 baidubaike

이 차는 특히 '향기'가 좋기로 유명하다. 강렬하고 매력 넘치는 향기 때문에 샤사런샹吓煞人香(사람을 놀라게 하는 향)이란 별칭이 있다. 비뤄춘은 우선 찻잎의 생김새가 여느 차와는 다르다. 어린 참새의 속 깃털처럼 조그맣고 부드럽게 생긴 차 이파리를 찻잔에 넣고 뜨거운 물을 부으면 흰 구름이 떠가고 눈꽃이 춤을 추며 날아가는 것 같다. 그 모습이 무척 귀엽다고 시선을 빼앗기다보면, 어느새 청신한 차 향기가 사람의 후각을 습격한다. 그래서 차를 즐길 줄 아는 어

비뤄춘 baidubaike

둥팅산 차밭

떤 예인은 비뤄춘을 마실 때에는 눈이나 혀보다 코를 제일 많이 활용하라고 훈수한다.

이 차를 따는 시기는 청명이 시작되어 곡우가 끝나기 전이며, 제일 끝머리의 연하고 뾰쪽한 가지의 잎을 딴다. 그 다음 차공의 손으로 반복적으로 비비고, 만지고, 닦아서 만드는데, 차 잎이 꼭 붙어 감겨서 마치 푸른 소라碧螺와 같을 때가 가장 좋은 것이라 한다. 차의 이름도 이런 모양 때문에 붙인 것이다.

비뤄춘에 '샤사런샹'의 별명이 붙은 것에는 또 다음과 같은 전설이 있다. 어느 옛날, 봄철이 되자 마을 처녀애들은 찻잎을 따러 둥팅산에 올라갔다. 그녀들은 광주리를 하나 가득 채우고도 남는 찻잎을 그냥 버리기 아까워서 남는 것을 윗옷 안에 넣어 품고 돌아왔다. 찻잎은 처녀애들의 젖가슴 사이에서 살 내음과 함께 이미 반쯤 발효된 상태였다. 뜨거운 물을 찻잔에 붓자 이제껏 맡아본 적이 없는 향기가 진동하였다. 사람들이 그 향에 화들짝 놀라 '샤사런샹'이라 불렀고, 그 때부터 이 차는 광주리가 아니라 여인의 젖가슴에 담아 왔다고 한다.

미녀와 용이 등장하는 또 다른 전설도 있다. 용과 사람이 어울려 살던 까마득한 옛날, 타이후에 청년어부 아상阿祥과 노래로 섬사람들의 피로를 달래주는 고아 소녀 벽라碧螺가 있었다. 아상은 고기도 잘 잡고 무예도 뛰어났지만 벽라에게 다가갈 용기가 없어서 그저 멀리서 벽라의 노래를 들으며 사랑을 키워갔다. 평화롭던 섬에 어느 날 흉악한 악룡惡龍이 나타나 마을사람들을 위협했다. 산위에 커다란 사당을 지어 매일 향을 피우고 어린 남녀를 몸종으로 바치라고 했다. 게다가 벽라를 아내로 삼겠다고 요구했다. 마을사람들은 벽라를 숨기고 악룡의 요구를 외면했다. 화가 난 악룡은 거대한 파도를 일으켜 조업하던 어선을 모두 전복시켰다. 밤에는 광풍을 몰고 와 농작물을 망치고 나무와 집을 파괴했다. 아상은 마을과 벽라를 구하러 분연히 나섰다. 아상은 달이 뜨지 않은 칠흑 같은 밤을 틈타 악룡의 등에 올라탔고, 사투 끝에 용의 급소인 역린逆鱗을 찔렀다. 악룡은 피를 뿜어내며 수면 아래로 가라앉아버렸다. 피투성이가 된 아상도 기절했다. 그리고 악룡에 의해 죽어버렸던 나무들도 아상의 피가 닿자 다시 살아나기 시작했다.

실신한 아상을 살리기 위해 벽라는 극진히 간호했다. 그래도 차도가 없자 벽라의 노래를 들으며 고기를 잡았다는 마을 사람의 말을 듣고 벽라는 아상을 위해 틈틈이 노래를 불러주었다. 귀에 익은 친근한 노래 소리에 마침내 아상은 의식을 회복하였다.

그러나 예전처럼 건강을 회복하지 못하자 벽라는 약초를 찾아 산을 헤매었다. 그러다가 악룡과 싸우다가 피를 흘린 산속에서 자그마한 어린 차나무를 발견했다. 추운 늦겨울인데도 잎을 틔우려는 새싹을 보호하기 위해 벽라는 매일 새벽 일찍 산에 올라 입김을 따뜻하게 불어줬다. 속삭이듯 노래를 해주며 냉해를 입지 말고 잘 자라기를 기원했다. 벽라의 기운을 받아 어린찻잎이 몇 개 발아했다. 벽라는 입술로 채취한 찻잎을 가져와 차를 끓였다. 차를 끓이는 향기만으로도 벌써 눈이 맑아진 아상은 차를 마시자 몸에 활기가 도는 것을 느끼며 혈색이 좋아졌다. 침상에서 몸을 일으키는 아상을 보고 벽라는 새벽마다 산에 올라가 찻잎을 입술로 물어와 차를 만들어 마시게 했다. 하루가 다르게 아상의 몸은 좋아졌다.

그러나 벽라는 나날이 수척해졌다. 아상이 기운을 완전히 회복하던 날, 벽라는 결국 숨을 거뒀다. 벽라가 키운 찻잎은 그녀의 원기가 농축된 것이었고, 마침내 그것이 다 소진되고 만 것이다. 아상과 마을 사람들은 차나무 옆에 벽라를 묻어줬다. 아상은 벽라의 무덤 아래 움막을 짓고 평생 동안 묘를 지키며 살았다.

수십 년 후 마을 사람들이 벽라의 산소를 찾았는데, 차나무가 무성한 산속에서 아상은 여전히 건강하게 살고 있었다. 마을 사람들은 세파에 시달려 노인이 되었는데, 아상은 젊은 청년의 모습 그대로였다. 불로장생차로 여긴 마을 사람들은 매년 봄 곡우 전에 산에 올라 차를 따서 마시기 시작했다.

이러한 비뤄춘에 얽힌 이야기는 문화와 관광산업을 위해 맞춤형 버전으로 재가공 되고 있다. 우수한 품질과 더불어 명차에 숨어있는 스토리는 모바일게임에도 주요테마로 활용되며 새로운 영역을 개척하고 있다. 이러한 전설은 차문화 교육용 애니메이션과 성인을 위한 판타지영화로 제작하여 큰 인기를 끌고 있다.

3) 타이후싼바이太湖三白와 별난 요리 '술 취한 새우醉虾'

타이후는 중국에서도 손꼽히는 담수어장이다. 이곳에는 이른바

'태호삼백太湖三白'이라고 하
는 세 종류의 특산물이 있다.
바로 바이위白鱼, 인위银鱼, 바
이샤白虾인데, 모두 흰색 생선
이기 때문에 '삼백'이라고 했
다. 이 '태호삼백'은 쑤저우를
비롯하여 타이후 주위의 창저
우常州, 우시无锡 등의 지역요

타이후싼바이 baidubaike

리로 유명한 '타이후촨차이太湖船菜'의 대표적인 식재료이다.

그 가운데 단연 외지 사람들의 눈길을 사로잡는 요리는 술 취한
새우 쭈이샤醉虾이다. 이 요리는 살아있는 신선한 흰 새우를 뚜껑
이 있는 유리 그릇 속에 넣고 바이주白酒를 부어 8-12분 정도 기절
시킨다. 그런 후에 생강, 파, 마늘 등의 양념간장을 첨가한다. 조미
를 한 후에도 새우는 술이 취했을 뿐 그대로 살아 있다. 그래서 젓
가락을 대면 갑자기 퍼덕여서 사람을 놀라게 하고 양념을 튀기기도
한다.

이 외에 쑤저우의 유명 요리로는 쏭수구이위松鼠桂鱼가 있다. 이
요리는 쏘가리를 주재료로 한 생선 튀김 요리이다. 생선을 튀겨낸

쭈이샤 baidubaike

쏭수구이위 badubaik

모양이 마치 다람쥐를 연상케 한다 하여 '쏭수구이위'라는 이름이 붙었으며 갓 튀겨낸 쏭수구이위 위에 뜨거운 탕수소스를 부을 때 나는 소리가 다람쥐 울음소리를 연상케 한다고 한다.

쑤저우 동북부의 양청후阳澄湖에서 나오는 민물 게 요리도 유명하다. 양청후다시에阳澄湖大蟹라고 부르는 이 게는 담백하게 쪄서 먹는다. 알이 차고 살이 오르는 가을철에는 이 게를 먹기 위해 쑤저우를 찾는 관광객들도 많다.

양청후다시에 baidubaike

제 12 장

물과 흙의 도시 후쿠오카

① 소데노 미나토와 캐널 시티

1) 당唐으로 가는 현관, 소데노 미나토

소데노 미나토는 1611년 다이라노 기요모리가 후쿠오카에 일본 최초로 만든 인공 항구이다.[1] 이것은 바다를 매립하여 부두를 만든 것이다. 원래 텐진과 하카타는 바다보다 낮은 지역이었고, 정비된 항만 연안에는 스미요시 신사住吉神社, 구시다신사櫛田神社가 항만 연안에 자리잡고 있었다. 그리고 이러한 신사들이 무역의 출자자들

---

[1] 다이라노 기요모리(平清盛)는 일본 무사정권의 기초를 닦은 인물이다. 무사 계층은 헤이안 시대 말기까지 지방의 호족 세력에 불과했다. 그러나 다이라노 기요모리를 비롯한 무사들이 호겐의 난과 헤이지의 난에 참여하면서 중앙 조정의 무력함과 무사 집단의 힘을 만천하에 드러내 보였다. 기요모리는 이후 태정대신에 오르고 황실과 혼인 관계를 맺으며 외척으로 성장해 무소불위의 권력을 누렸다. 그러나 일본 최초의 무가 정권은 라이벌인 미나모토 가문의 요리토모의 손으로 수립된다.

이어서 하카타 상인들의 스폰서 역할을 하고 있었다.

앞서도 이야기했듯이 11세기 말경부터 하카타에는 '다이토가大唐街'라는 당나라 사람들의 거리가 있었다. 이곳이 당으로 가는 현관 역할을 했는데, 이곳에서 외국 상인들은 일송무역을 통해 많은 부를 축적했다. 현재 후쿠오카의 가가미 텐만궁鏡天滿宮에는 '도당 입구渡唐口'라는 표식이 있다. 이 도당 입구에 대륙을 오가는 배가 접안하거나 견당사를 보내기도 했었다.

그런데 하카타항은 바다와 항구가 멀리 떨어져 있어 배를 대기가 어려웠다. 그래서 다이라노 기요모리는 배를 대기 쉽게 인공 항구를 조성하게 되었다.

도당渡唐 입구 자리 yokanavi.com/spot/27152/

하카타 리버레인 옆의 강가에 '가와바타의 대수도'라 쓰인 도랑이 있다. 고토부키 다리 밑에 있는 배수구는 이곳에 이전에 하카타 전역을 가로지르는 대수도大水道가 있었음을 알려주는 표식이다. 이 대수도는 '소데노 미나토袖の湊(소매의 항구)'의 흔적으로, 구로다 나가마사에 의해 매립되어 하수도가 된다. 1879년에 이곳에는 '고토부키교壽橋'라는 다리가 완성된다. 다리의 완성과 더불어 대

266

수로에 뚜껑을 덮는 공사가 추진되었는데, 이때부터 가게들이 생기기 시작하여 상점가로 발전해서 지금의 '고토부키 거리壽通'가 생기게 된 것이다. 대수도를 덮었던 돌은 현재 구시다신사에 보관되어 있다.

구시다신사에 보관되어 있는 하수도 덮개에
사용된 돌 yahoo.jp/9DZE1v

가와바타의 대수도 yahoo.jp/iowPuN   고토부키 다리 yahoo.jp/Y5C6RA

소데노 미나토袖の港란 '소매의 항구'라는 뜻으로, 일본의 고전문학 『이세이야기』에 나오는 문구이다. 이것은 항구에 부딪치는 파도소리가 마치 임을 잃은 울음소리와 같고, 그것이 소매에 떨어지는 눈물과 같다는 뜻이다. 고전에서 소매가 의미하는 바는 사랑하는 사

람을 잃은 슬픔을 의미한다. 상심한 마음에 흘리는 눈물이 소매를
적셔 소매에 고인 눈물이 강이 된다는 이미지이다. 여기에서는 그
슬픔의 크기, 즉 울음소리가 파도소리만큼 크다는 의미이다.

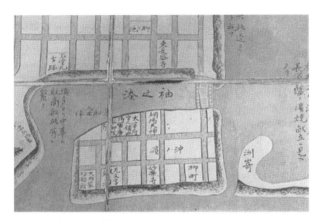

가마쿠라시대 고지도에 표시된 '소데노 미나토' yahoo.jp/-0BI_O2

소데노 미타토와 같은 대수도는 이 고토부키거리 이외에도 곳곳
에서 발견할 수 있는데, 이것으로 볼 때 당시 이 대수도를 통해 하카
타를 방어하기 위한 목적도 있었던 것으로 보인다.

2) 캐널 시티 하카타Canal City HAKATA

캐널 시티는 1996년 개업한 복합 상업시설이다. 구 후쿠오카 시티
은행(현 서일본 시티은행) 계열의 부동산 회사인 후쿠오카 지쇼福岡地
所가 가네보 풀이 있던 곳에 오픈했다. 처음에는 맨션을 구입할 예
정이었는데 도중에 방침을 바꿔 상업시설 '선 라이프 시티(가칭)'로
계획을 추진했다.

시설은 7개의 건물군으로 구성되어 있다. 중앙에 캐널 시티 오파 빌딩을 중심으로 영화관, 워싱턴호텔, 비즈니스센터 빌딩 등등이 부채꼴 모양으로 펼쳐져 있고, 지하에는 인공 운하를 만들었다. 이 건물이 생기고 캐널 시티 부근은 규슈 최대의 환락가가 되었다.

캐널 시티 이스트 빌딩은 2011년 제2의 캐널시티로 개업했다. 이 빌딩에는 총 12,000 m²에 달하는 상업 시설이 들어서 있다. 당초 계획은 10층 정도의 빌딩을 세울 예정이었으나 세계적인 불황으로 철회되었다. 이곳에는 스웨덴의 저가 의류 H&M, 일본 내 최대 규모인 ZARA, 인테리어 잡화인 Francfranc 등 16개의 점포가 입주해 있다.

캐널시티 하카타 yahoo.jp/NwIb-B

캐널시티 분수 쇼 yahoo.jp/q6MHIwp

이 건물은 '푸르름'과 '힐링'을 컨셉으로 설계된 벽면에 총 면적 3,000㎡에 달하는 푸른 식물로 된 벽면을 만들었다는 점에서 주목을 끌고 있다. 여기에 사용된 나무들은 배기가스를 흡착, 분해하는 능력이 뛰어난 상록수를 사용했다고 한다.

푸른 식물로 뒤덮힌 캐널 시티 이스트 빌딩 4travel.jp/travelogue/11419869

❷ 물의 도시 야나가와

1) 수로 재생사업

야나가와는 치쿠고지방筑後地方(후쿠오카현 남부지역)의 주요도시의 하나이다. 이곳은 시내를 종횡으로 흐르는 수로로 인해 '물의 도시'로 불린다. 치쿠고지역 남서부의 주요 상업도시인 야나가와 시내를 부채꼴 모양으로 치쿠고강筑後川, 야베강矢部川, 나카스강沖端川, 후타쓰강二ツ川, 시오즈카강塩塚川이 흐르고 있고, 이 강들이 아리아케해有明海로 흘러들어가는 구조로 되어 있다. 그리고 이들 각 하천의 지류가 시내를 종횡으로 흐르고 있다. 하천의 지류 중 가장 깊은 것이 야나가와이다.

야나가와는 옛날에는 마시는 물이었다. 이곳은 아리아케해有明海의 커다란 조석작용으로 확대된 저습지로, 원래 이 지역은 물이 귀한 곳이었는데 그러면서도 상습 침수지역이기도 했다.

1977년 오염으로 매립한 수로를 하수로로 하려는 계획이 세워졌다. 그러자 시의 계장이었던 히로마츠씨가 역으로 수로망 전체를 재생시키자고 시장에게 건의했다. 그는 자연을 살리는 이수, 치수의 의의를 역설하면서 조상의 유산인 옛 수로를 살리기 위해 시민 한 사람 한 사람을 설득하며 야나가와 수로재생사업을 추진시키고자 노력했다. 결국 이 수로재생사업은 일본 전국에 에너지를 낭비하는 현대의 시스템에 대한 반성과 환경보호라는 큰 교훈을 주게 되었다. 또한 야나가와의 수로를 따라 옛 경관을 그대로 살려 뱃놀이를 하는 관광자원은 후쿠오카를 찾는 많은 관광객들을 매료시키고 있다.

야나가와 뱃놀이 yahoo.jp/oDdTNkM

2) 번주藩主 다치바나씨立花氏

야나가와는 에도시대 다치바나씨의 성하 마을이었다. 관광객을 태운 나룻배가 오가는 이 수로는 원래 성곽 주변을 둘러싼 해자였다. 당시 번주와 가족들이 생활했던 곳이 지금은 '오하나御花'라는 요정 여관으로 영업하고 있다. 오하나에는 쇼토원松涛園이라는 정원이 있다.

야나가와라는 지명은 가마쿠라시대부터 사료에 보이는데, 전국시대 이 지역 리더였던 가마치蒲池씨가 여기에 성을 쌓았다. 이 성의 위치는 야나가와시 가마치 지구라 하는데 지금은 과거의 영화를 알 수 있는 사적으로 가마치씨의 보리사인 소규사崇久寺가 남아 있다. 야나가와성은 평성平城이었으나, 저습지라는 자연환경을 탁월하게 이용한 요새였다.

도요토미 히데요시가 큐슈를 평정한 후에 다치바나 무나시게立花宗茂가 후쿠오카 일대를 지배하는 다이묘로 임명되었다. 다이묘로 임명되자 그는 구마모토에서 발발한 농민 봉기를 진압하고 도요토미 히데요시의 다이묘로 교토, 오사카에 상경하여 도요토미의 장수들과 친교를 넓혀갔다. 특히 그의 나이 27세에 임진왜란에 참전하여 혁혁한 공을 세워 이름을 떨치기도 했다. 이렇게 전쟁에서 공을 세우는 한편, 그는 성곽 공사를 포함한 근세 도시 야나가와의 건설에 박차를 가했다. 그러나 1600년 세키가하라전투関が原合戰를 계기로 무나시게의 운명은 크게 바뀌게 된다.

세키가하라전투에서 후쿠오카쪽 다이묘들은 모두 서군에 가담한다. 무나시게는 시가현滋賀県의 오츠성大津城을 공략하고 있었기 때문에 세키가하라전투에는 참가하지 못했다. 그러나 패전 소식을 들은 무나시게는 야나가와로 돌아와 서군에 가담했다가 동군으로 변절한 사가의 나베지마씨, 오이타의 구로다 죠스이, 구마모토의 가토 기요마사 등과 국지전을 벌이게 된다. 하지만 대세는 이미 동군으로 기울어 무나시케는 죠스이, 기요마사의 군문에 들어가게 된다.

전쟁에서 패한 뒤 무나시케는 잠시 가토 기요마사의 영지에 머물렀으나 그 후 약간의 가신들을 데리고 교토로 향한다. 그는 도쿠가와 이에야스에게 용서를 구하기 위해 교토에서 5년간 낭인생활을 한다. 드디어 1606년 이에야스의 아들 히데타다를 알현하게 되어 후쿠오카 인근에 1만 석에 상응하는 땅을 하사받아 근근히 다이묘로 부활하게 된다.

한편 세키가하라 전투 후에 후쿠오카 일대는 다나카 요시마사田中吉政가 차지하게 된다. 요시마사는 오미(지금의 사가현) 출신으로 히데요시에게 발탁되어 야나가와성 주변을 정비하고 오층으로 된 천수각을 세우는 등 야나가와를 근세 도시로 만드는 데 크게 기여했다. 또한 아리아케 해안의 띄엄띄엄 존재하던 간척 제방을 서로 연결 보강하거나, 야나가와와 구루메久留米, 야메八女의 지성支城을 연결하는 도로망을 정비하는 등 번의 재정적 기반을 쌓기도 했다. 이와 같이 요시마사 시대에 야나가와성과 성하 마을의 본격적인 건설이 이루어졌다.

그러나 다나카 가문은 2대로 대가 끊어지고, 이에 무나시게가 다시 성주가 되게 되는 기적 같은 일이 일어나게 된다. 게다가 영지의 생산량은 10만 9천 석에 이르게 되고, 무나시게도 3만 석의 다이묘가 되어 재산이 3배로 늘어나게 되었다. 무나시게가 야나가와로 돌아와 재산이 늘어나게 된 데에는 에도 막부 2대 장군인 도쿠가와 히데타다의 깊은 신뢰와 호의가 뒷받침되고 있었기 때문이다. 이후 야나가와는 영주가 바뀌는 일 없이 다치바나 가문이 계속해서 지배하

쇼토원

게 되었고, 10만 9천 석의 성하 마을로 번영하게 된다.

1697년에는 번주의 별장인 '오하나御花'를 건설한다. 오하나는 7,000평에 달하는 부지에 거대한 정원 '쇼토원松涛園'이 있고, 주변은 해자가 둘러져 있다. 오하나의 서양관은 다치바나 집안의 영빈관으로 세워졌다. 정원은 메이지시대에 만들어졌는데 1978년 부지의 반을 쇼토원이라 명명하여 국가 명승지로 지정했다. 2011년에는 '다치바나씨 정원'이라고 이름을 바꾸었다. 이곳은 미야자키현 마쓰시마의 경관을 본떠 만든 것으로, 연못을 바다로 설정하여 그 주변에 무수한 돌들을 깔고 주변에 289 그루의 노송을 심어 놓았다. 연못의 물은 야나가와성 해자의 물을 순환시키도록 만들어 겨울에는 야생 오리가 찾아오기도 한다.

'오하나'의 서양관 yahoo.jp/-lLbBo

3) 장어찜 정식 세이로무시

야나가와의 뱃놀이에는 장어찜 정식을 곁들이는 것이 일반적이다. 흔히 '장어는 야나가와'라는 말을 많이 한다. 야나가와의 장어를 '세이로무시'라고 하는데, 이는 밥 위에 장어구이와 계란을 얹고 증기로 찐 형태이다. 세이

야나가와의 장어찜 정식
gurutabi.gnavi.co.jp/a/a_2175/

로무시의 특징은 그릇 밑이 대나무 채반처럼 되어 있는 것이다. 이것은 마지막까지 장어를 따끈하게 먹을 수 있도록, 그리고 장어의 맛이 밥에 잘 스며들 수 있도록 하기 위해서이다. 달걀지단이 꼭 올라가야 하는 것이 세이로무시의 특징이다.

장어덮밥에는 우나쥬, 우나동, 마무시가 있는데, 보통 관동지역은 우나쥬, 오사카지역은 마무시라고 한다. 우나쥬는 「우나기(장어) + 쥬重箱(쥬바코 : 도시락 그릇)」에서 온 말이다. 우나동은 「우나기(장어) + 돈부리(덮밥)」이란 뜻으로, 우나쥬와 우나동의 차이는 담는 그릇의 차이를 말한다. 긴키지방에서 사용되는 '마무시'는 '우나동'(장어덮

우나쥬

우나동 yahoo.jp/INRGpy

밥)을 의미한다. 긴키지역에서 장어덮밥을 마무시라고 하는 것에 대해서는 '만메시鰻飯'의 와전이라는 설도 있고, 밥에 장어와 소스를 '뿌리는 것Mabushi'의 와전이라는 설, 장어를 밥 사이에 넣어 찐다고 해서 '밥을 찐다飯蒸し(마마무시, 혹은 마무시)'라는 설 등 다양한 설이 있다.

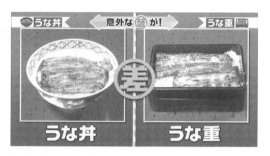

'우나동'과 '우나쥬'의 차이 yahoo.jp/sJk8Rg

4) 토용에 들어감土用入り

일본에서는 토용土用(土用の日)에 장어를 먹는다. 토용土用이란 토왕용사土旺用事, 土王用事의 준말이다. 토왕용사란 '지기地氣, 土가 왕성하여旺 바쁘게 일한다用事'는 뜻으로, 이때는 흙을 움직이거나 땅을 파는 일을 금지하고 살생도 금지했다. 토용은 사립四立(立夏·立秋·立冬·立春) 직전 18일간을 말하는데, 이때는 다음에 오는 계절을 준비하는 기간이다.

다른 한편으로 토용이란 중국의 음양오행설에 따른 절기를 말하는 것이다. 즉, 봄은 '목木', 여름은 '화火', 가을은 '금金' 겨울은 '수水'를 의미한다. 여기서 '토土'에 해당하는 계절이 없기 때문에 일반적으로 입추 직전의 18일 간을 여름 토용이라 해서 이때를 가장 중요한 절기로 생각했다. 그래서 흔히 '토용'이라 하면 여름 토용을 지칭한다. 여름 토용은 일년중 가장 더운 때여서 에도시대에는 감잎 등 약초를 넣어 목욕을 하거나丑湯, 뜸을 뜨거나土用灸 하면서 원기 회복을 꾀했다. 에도시대부터 여름 축일丑日에 원기 회복을 위해 장어를 먹는 습관이 생기게 되었다. 이때는 '서중暑中'이라 하여 주변 사람들에게 안부 인사를 보내고 선물을 보내기도 한다. 여름 토용에 들어 3일간 날이 개이면 풍작, 비가 내리면 흉작이라 하고, 이렇게 풍흉을 점치는 것을 '토용 사부로土用三郎'라 부른다.

그리고 각 토용 첫날을 '토용에 들어감土用の入り'이라 하고, 토용 마지막 날은 '세츠분節分'이라 부른다. '세츠분'이란 '계절을 나눈다'는 뜻으로, 에도시대 이래 춘분 전날을 가리킨다. 세쓰분 때는 신사에 모여 "도깨비는 밖으로, 복은 안으로"라고 외치며 콩을 던진다. 콩이 일본어로 '마메豆'라고 하는데, 이는 '도깨비의 눈魔目'과 음이 같은 데서 도깨비의 눈을 향해 콩을 던지면서 액막이를 하는 풍습에서 유래한다.

콩 뿌리기에 사용되는 콩과 도깨비 가면 yahoo.jp/f-Nk0A

토용에 장어를 먹는 풍습은 오래된 것은 아니다. 에도시대 작가 히라가 겐나이平賀源內(1728~1780)가 장어집을 하는 지인이 여름에 장어가 팔리지 않는다고 하자, 가게에 '토용 축일丑日은 장어의 날'이라 써 붙인 데서 유래한다고 한다. 의외로 단순한 일화에서 시작된 풍습이다.

히라가 겐나이
yahoo.jp/wxHAc7

5) 세쓰분節分

후쿠오카의 구시다신사에서는 1월 25일에서 2월 11일까지 누문楼門, 북신문北神門, 남신문南神門에 약 5m가 되는 '오타후쿠お多福 가면'을 설치하고, 오타후쿠 가면 입 속을 통과하면 상업 번창과 가내 안전을 성취할 수 있다는 신앙이 있다. '오타후쿠'란 동그란 얼굴에 코가 납작하고 이마와 광대가 튀어나온 귀엽고 복스러운 얼굴의 가면을 말한다. 일본에서는 복을 부르는 얼굴로 선호되고 있다. 2월 2일에는 전야제로, '오타후쿠 불제祓除2)'와 '구구리조메'를 한다. '구구리조메'라는 것은 짚으로 엮은 커다란 원을 통과하면서 무병, 무탈을 기원하는 행사이다.

본 행사인 3일에 열리는 세쓰분 대제에서는 노能(중세연극) 무대에서 콩을 뿌리는 행사가 열린다. '마메마키(콩 뿌리기)' 행사에는 스모 선수와 같이 복을 가져다준다고 믿는 사람들이 등장하기도 한다. 2020년에는 구마모토현의 캐릭터인 구마몬이 등장하기도 했다.

---

2) 불제祓除란 더러운 것을 씻어내는 의례

구시다신사의 오타후쿠 yahoo.jp/9V_RzP 구구리조메 yahoo.jp/kBrh96

마메마키 행사에 참석한 구마몬 yahoo.jp/GBuAMI

③ 아리타, 이마리 도자기

1) 아리타 도자기有田焼

아리타 도자기는 사가현 아리타쵸를 중심으로 생산되는 도자기를 말한다. 도자기를 선적하던 곳이 이마리항伊万里港이어서 이마리 도자기라고도 한다. 아리타는 일본 자기의 출발점이라 할 수 있다.

근세 초기 일본은 조선에서 끌고 간 도공들이 만든 자기를 유럽에 수출하여 막대한 부를 쌓았다. 도조陶祖 이삼평李三平(혹은 李參平)은 사가현 번주 나베시마 나오시게에 의해 1594혹은 1596년경 일본으로 끌려와 가라쓰唐津 근방에 상륙했다. 일본에 끌려 온 이삼평은 자기의 원료인 고령토를 찾기 위해 나베시마 가문의 영지인 사가 번내를 전전했다. 그는 마침내 1616년 아리타 동부의 이즈미야마泉山에서 양질의 고령토를 발견하고 덴구다니에 가마를 지어 일본 첫 백자를 구웠다. 에도 후기 아리타, 이마리 도자기는 일본 자기 중 단연 제일로 꼽히게 된다. 이 도자기들은 네델란드의 동인도회사에 의해 이마리항을 통해 세계 여러 지역으로 널리 수출되었다.

도조陶祖로 추앙받는 이삼평   백자광
yahoo.jp/4b2FRh

2) 도조 이삼평

사후 이삼평은 도자기의 시조라는 의미에서 도조로 받들어진다. 그를 신으로 모신 도잔신사를 짓고, 거기에서 그의 업적을 기리기 위해 그가 태어난 5월 4일에 도조제陶祖祭를 매년 개최하고 있다.

도조제 yahoo.jp/XSWI2b　　　　도조제의 무녀들 yahoo.jp/X8PPFME

　도잔신사의 특징은 도자기로 된 도리이鳥居이다. 이 도자기 도리이를 지나 산 쪽으로 가다 보면 1917년 아리타 자기 창업 300년을 기념하여 도잔신사에 '도조 이삼평 비'를 건립해 놓은 것을 볼 수 있다.

도조陶祖 이삼평의 묘　　　　도자기로 된 도잔신사 도리이
yahoo.jp/VWnuEY　　　　　yahoo.jp/DXdpOA

3) 아리타 자기의 변천사

　아리타 자기는 초기에는 단순한 조선식 백자였다. 그러나 메이지 이후 기계화된 근대적 기법으로 발전했다. 현재는 크고 작은 백 수

십 개의 가마가 설치되어 최대의 도향으로서 번영을 누리고 있다.

이마리 자기 제조는 자기 점토가 아리타에서 발견된 1616년부터 한국인 도예가 이삼평李參平의 감독 아래 한국 장인들에 의해 시작되었다. 이마리 자기가 발전한 이유는 자기 생산에 절대적으로 필요한 '오름가마' 덕택으로, 이것으로 효율적인 대량생산이 가능하게 된 것이다.

이마리 도자기
yahoo.jp/MItDMon

자기 생산은 사가번의 보호와 엄격한 독점정책으로 육성되었다. 아리타 자기는 초기 이마리양식, 고구타니양식, 가키에몬양식, 긴라덴양식으로 구분된다. 이 중 17세기 중엽에

선보인 '가키에몬柿右衛門' 자기는 처음으로 등장한 에나멜을 입힌 자기로서 디자인은 야마토에大和繪방식의 전통적인 순수한 일본식 회화에서 따왔다. 이 자기는 유백색 바탕에 고상한 붉은 색을 기조로 하여 여백을 살린 회화적 문양을 새겨 넣은 것이 특징이다. 이 도자기는 가키에몬이 만든 것으로 알려져 있지만, 실제로는 아리타의 도요에서 혼신의 힘을 다해 만든 것으로 판명됐다.

가키에몬양식의 이마리
도자기 yahoo.jp/Ih82d2

고구타니양식은 일본 국내용으로 만들어진 데 비해 가키에몬양식은 수출에 주안을 두어 만든 자기이다. 17세기 후반 기술의 진보에 따라 순백에 가까운 바탕색을 만들 수 있게 되어 여백을 살린 가키에몬양식의 자기는 최고급품으로 수출되었다.

메이지시대(1868~1912)에는 독일의 화학자 와그넬이 서양의 화학을 전수하기 위해 아리타에 왔다. 그는 가마에서 구워지는 과정이나 도자기 염료에 천연광물이 아닌 공업용품을 사용하는 방법 등을 전수했다.

메이지시대의 아리타 도자기는 유럽을 중심으로 개최된 박람회에서 명성을 날렸다. 1867년 파리 박람회에 처음 참가한 사가번은 그 이후에도 자포니즘3)의 유행으로 유럽 각지에 아리타 도자기를 전시했고 출품된 작품도 대호평을 받았다. 그 후 빈과 필라델피아 등지의 박람회에도 작품을 출품하여 코란사香蘭社 등이 금상을 수상했다. 이 시기의 박람회 참가로 아리타 자기는 해외에 이름을 알리는 계기가 되었다.

1900년 파리 박람회에서 금상을 받은 대화병
yahoo.jp/LgUbYK

1916년에는 당시 증가한 그릇 제품의 수요로 인해 아리타에서 공식적으로 '도자기 시장'이 열리기 시작해서 오늘날에 이르고 있다.

4) 아리타의 도자기 시장

아리타에서는 매년 4월 말에서 5월 초까지의 골든 위크 연휴기간 (4월 29일~5월 5일)에 도자기 시장을 연다. 이 행사는 1896년 사가현 게이운사桂雲寺에서 열린 도자기 품평회와 남은 도자기 판매 행사

---

3) 19세기 중, 후반 유럽에서 유행하던 일본풍의 사조를 지칭하는 말

에서 시작되었다. 이 행사 때는 아리타역에서 아리타역 주변 약 4km에 걸쳐 500개 이상의 가게가 늘어서고 전국에서 100만 명이 넘는 인파가 몰리는 대대적인 행사가 열린다.

아리타 도자기 시장 yahoo.jp/pS4xbu

아리타 도자기 시장 yahoo.jp/sW2YpPw

도자기 시장이 열리는 때 이외에도 '갤러리 아리타'에서는 다양한 도자기를 판매하고 있고, 카페 겸 식당에서 식사를 하거나 차를 마실 수 있게 되어 있다. 카페에서는 진열된 많은 찻잔 중에 자신이 마음에 드는 찻잔을 선택할 수 있어 고가의 아리타 도자기를 사용해 볼 수 있는 기회가 되기도 한다.

갤러리 아리타 gallery-arita.co.jp

갤러리 아리타 gallery-arita.co.jp

갤러리 아리타
gallery-arita.co.jp

갤러리 아리타의 식사
gallery-arita.co.jp/foodmenu

갤러리 아리타 이외에도 도자기 테마 파크인 '아리타 포셀린 파크'에서도 다양한 아리타 도자기들을 볼 수 있다. 이곳은 17세기 유럽 귀족들을 매료시킨 아리타 도자기라는 콘셉트로 18세기 초 독일 바로크 건축의 꽃이라고 하는 독일의 쯔빙거 궁전을 재현해서 만든 메인 건물과 유럽식 정원을 테마로 하고 있다. 이곳에서도 갤러리 아리타와 마찬가지로 식사를 하거나 도자기 만드는 체험을 할 수 있는 테마 파크로 꾸며져 있다.

아리타 포셀린 파크 arita-touki.com

6) 심수관의 사쓰마야키

심수관沈壽官은 1598년 정유재란 때 전북 남원에서 시마즈 요시히로島津義弘에게 붙잡혀 규슈 남쪽 가고시마鹿児島로 끌려간 도공 심당길沈當吉과 그 후손들을 말한다. 심당길을 납치한 시마즈 요시히로은 노량해전에서 이순신 장군에게 패한 인물이다. 이들 집안은 400년 넘게 명맥을 잇는 도예 가문으로 현재에는 15대 심수관이 가문을 잇고 있다.

사쓰마야키는 에도막부 말기에 이르러서는 서구 열강과의 교역을 통해 12대 심수관의 사쓰야 도자
기가 오스트리아 빈과 프랑스 파
리 등지에서 선풍적 인기를 끌며
국제적으로 인정받게 된다. 14대
심수관이 초등학교 입학식을 마
치고 돌아온 날 아버지 13대 심
수관이 아들을 도자기 작업실로
불렀다. 그는 바늘을 꽂은 흙덩어

시마즈 요시히로 *yahoo.jp/W9ZUJg*

리를 물레 가운데 올려놓고 돌렸
다. 물레는 도는데 바늘은 움직이지 않았다. "움직이는 물레 속에서
움직이지 않는 심을 찾는 것이 앞으로 네 인생이다." 아들은 훗날
그 말이 '조선 도공의 피와 기술을 이어받은 정체성'에 대한 가르침
임을 깨닫게 된다.

심수관 가문은 일본 땅에 단군 사당을 짓고 한 번도 가보지 못한
조상의 땅을 그리워했다. 그러면서 새로운 풍토에서 도자기 기술을
발전시켜 갔다. 심당길 가문의 12대인 심수관은 1873년 오스트리아
빈 만국박람회에 높이 2m에 가까운 '금수대화병'을 출품해 세계적
주목을 받았고, 그 후손들은 대대로 같은 이름을 쓰게 됐다.

14대 심수관은 가고시마 지역의 도기를 의미하는 사쓰마야키薩摩
燒 진흥의 주역이었다. 1970년 오사카 엑스포에 큰 꽃병을 출품해
관심을 끌었으며 1998년 개최된 '사쓰마야키 400주년 축제'에서 중
심 역할을 맡았다. 그는 일본의 유명 소설가 시바 료타로司馬遼太郎
가 쓴 소설 '고향을 어찌 잊으리'의 모델로 일본 사회에서 주목받기
시작했다.

1998년 왜군의 도공 납치 400년을 맞아 서울에서 전시회를 개최했

사쓰마야키 대화병
yahoo.jp/QL9xOa

14대 심수관 yahoo.jp/RxEk6B

다. 이 전시회는 당시 김대중 대통령이 참석할 정도로 화제였다. 그는 심수관가의 뿌리인 남원에서 도자기 제작에 사용할 불을 채취해 현해탄을 건너는 행사도 기획했다.

14대 심수관의 일화로 유명한 것은 1974년 서울대 강연에서 있었던 일이다. 당시 한 학생이 일제 식민 지배에 대해 어떻게 생각하느냐는 질문에 대해 그는 "(일본이 저지른 죄가 큰 것이기는 하나) 거기에만 얽매일 경우 젊은 한국은 어디로 갈 것인가. 여러분이 36년을 말한다면 나는 370년을 말해야 하지 않겠느냐"라고 답변해 화제가 됐다. 그는 한국인들이 "당신은 일본인이 아니라 한국인이지 않느냐"는 질문에 "나에게 한국은 아버지의 나라요, 일본은 어머니의 나라라고 할 수 있다"고 답했다. 그는 2019년 6월에 작고했다. 그의 소망은 두 나라가 반목하지 않고 평화롭게 지내는 것이었다. 15대 심수관은 "재해와 분단이라는 슬픈 현실을 안고 있는 두 나라가 머지않아 갈등을 극복하고 가장 좋은 파트너가 되는 날이 오기를 소망한다"고 말하기도 했다.

7) '히바카리'

17세기 초 1대 심수관 작품 중 '히바카리 다완'이라는 그릇이 있다. '히바카리'란 일본어로 '불火만'이라는 뜻이다. 밥사발을 닮은 이 그릇은 불만 일본의 것이고 태토와 유약 등 모든 재료와 기술은 조선의 것이라는 뜻에서 이와 같은 이름을 지었다. 심수관 가문의 자부심과 긍지를 엿볼 수 있는 멋진 작명이라고 하겠다.

심수관 박물관에 있는 '히바카리'
yahoo.jp/lQHo40

제13장

후쿠오카의 신사와 마쓰리

① 구시다신사와 명성황후 시해사건

1) 구시다신사

구시다신사櫛田神社는 하카타구 캐널시티와 연결된 가와바타 거리 입구에 있는 신사이다. 이곳은 후쿠오카 사람들에게 '구시다씨'이란 애칭으로 불리며 하카타의 총 진수신鎭守神로 추앙받는 신사이다. 757년에 세워졌으

구시다신사 yahoo.jp/XUJkNP

며 불로장생과 번영의 신을 모시고 있다. 현재의 구시다신사 본전은 1587년 도요토미 히데요시가 전쟁으로 인해 잿더미로 변한 하카타를 부흥시킬 때 건립되었다.

후쿠오카에서 7월의 하카타 기온 야마가사 마쓰리와 5월 하카타

야마가사 마쓰리의 다시山車
yahoo.jp/TIUmPI

돈타구, 10월 하카타 군치 등의 행사가 열릴 때 이곳을 출발점으로 하고 있다. 이곳에는 기온 야마가사의 장식 수레를 보관하고 있다.

이 신사에는 '하카타베이'라고 불리는 돌담이 있다. 16세기 도요토미 히데요시와 시마즈 요시히사의 싸움으로 폐허가 된 하카타 시내에 쌓여 있던 기와조각과 돌들을 재활용해서 만든 담을 하카타베이라고 하고, 후쿠오카에는 구시다신사 이외에도 라쿠스이엔樂水園이라 불리는 일본 정원과 쇼후쿠지聖福寺나 스후쿠지崇福寺에도 하카타베이가 있다.

하카타베이

이렇게 하카타 곳곳에 긴 담들이 늘어선 것을 '하카타 핫쵸베이八町塀'라 하는데, 이는 과거의 유산 복구 방식을 보여주는 좋은 예라 할 수 있다. 앞서도 언급한 바와 같이 도요토미 히데요시는 시마즈가와의 싸움에서 승리하면서 규슈를 평정하고 전국 통일을 이룬 후

폐허가 된 하카타를 복원하는 데, 이를 '다이코 마치와리'라 부른다. 이 다이코 마치와리라는 도시 계획에 의해 현재 후쿠오카 거리의 원형이 완성되었다고 할 수 있다. 이러한 히데요시의 다이코 마치와리 계획에 적극 협조한 것이 하카타의 호상 중 하나인 시마이 소시쓰였다. 구시다신사나 라쿠스이엔 등에 분산되어 있는 돌담은 시마이 소시쓰의 저택에서 나온 것이다. 저택의 담이 무너지는 것을 막기 위해 분산, 보존하게 된 것이다. 여러 곳에 분산되어 있는 시마이 소시쓰의 이 돌담 '하카타 핫쵸베이'는 과거의 유산을 어떻게 복구하는가를 잘 보여주는 예라 하겠다.

2) 명성황후 시해 사건과 히젠토 환수운동

구시다신사 역사박물관에는 명성황후 시해 당시 사용되었던 칼인 히젠토肥前刀가 보관되어 있다. 히젠토란 '히젠국 다다기치 일류肥前国忠吉一類'라고 하는 호칭에서 유래하는 것으로, 사가현 나베시마鍋島가문의 어용도공御用刀工(궁중에 칼을 납입하던 사람들)이었던 다다기치忠吉 일가는 에도시대를 거치며 100명이 넘는 도공을 배출한 집안이다.

구시다신사에 보관된 히젠토
yahoo.jp/XTObNiV

1895년 명성황후 시해 사건 당시 토 카쓰아키藤勝顯는 이 히젠토로 황후를 살해했다. 사건 당시 우익단체 소속이었던 가쓰아키는 일본의 저명한 문필가의 기록 등에서 명성황후를 살해한 가장 유력한 인물로 지목되고 있다. 이 칼은 길이

120㎝, 칼날 90㎝로, 칼집에는 '늙은 여우를 단칼에 찔렀다―瞬電光刺老狐'라고 새겨져 있다. 신사에서는 '황후를 이 칼로 베었다'라고 적힌 문서를 보관 중이다.

2006년 문화재 환수운동 자료조사 과정에서 이 칼을 처음으로 확인한 혜문스님(문화재제자리찾기 사무총장)을 비롯한 최봉태 변호사, 이용수 일본군위안부 피해자, 강보향 불교여성개발원 이사 등 법조계와 종교계 인사들이 주축이 된 '히젠토 환수위원회'가 안중근 의사 순국 100주기를 맞아 출범했다. 안중근 의사는 이토 히로부미를 저격한 뒤 15가지 이유 중 첫 번째로 '남의 나라 황후를 살해한 죄'를 거론했는데, 시해 도구였던 히젠토가 구시다신사에 보관된 것으로 알려져 있기 때문이다. '히젠토 환수위원회'의 소장 혜문스님을 비롯한 위원들은 구시다 신사의 히젠토 소장에 문제를 제기하고 반환 촉구 운동을 펴기로 했다.

혜문스님 yahoo.jp/yRrPFX

혜문 스님은 2006년 문화재 환수운동을 하면서 자료를 조사하러 일본에 갔다가 이 칼의 존재를 알게 돼 구시다 신사에 들러 칼과 칼집, 봉납기록을 확인했다. 환수위 측은 "이 칼은 범행 도구로 쓰였던 흉기이므로 당시 조선 정부에 압수되었어야 했다. 범인이 명성황후를 이 칼로 살해했다고 자백했는데도 일본에 있는 신사에 기증된 채 민간이 소유하는 것은 법적으로 문제가 있다"고 주장했다. 이어 "히젠토는 존재만으로 한일 간 민족 감정상 충돌을 발생시킬 우려가 있다. 일본이 명성황후 시해 사건에 참회하는 차원에서 이 칼을 한국에 인도하라"고 촉구했다. 환수위는 히젠토가 을미사변으로 발생한 한·일 양국 간의 비극적 업보를 상징하는 만큼 파기되거나 한국 측으로 인도돼야 한다는 입장을 보이고 있다. 일본은 아직 이에 대한 반응은 보이지 않고 있다.

3) 명성황후를 생각하는 모임 '명생모'

1895년 일어난 명성황후 시해사건에 가담했던 일본인 자객 중 21명이 구마모토현 출신이라는 점이 계기가 되어 구마모토현에 거주하는 전, 현직 교사 20여 명이 뜻을 모아 '명생모(명성황후를 생각하는 모임)'을 만들었다. 이 모임을 만드는데 주도적인 역할을 한 것은 전직 영어교사인 가이 도시오씨로, 이들은 명성황후 시해 관련 기록을 조사, 발굴하고, 시해에 가담한 일본인 자객들의 후손 20여 명의 명단을 확인했고 당시 사용했던 칼 두 자루도 찾아냈다. 2005년에는 자객의 후손 가와노 다쓰미河野龍巳씨, 이에이리 게이코家入惠子씨를 설득해 한국 방문을 성사시키기도 했다.

2007년 명성황후 시해범 48명 가운데 구니도모 시게아키의 손자

홍릉에서 사죄하는 가와노 다쓰미씨와 이에이리 게이코씨
hani.co.kr/arti/PRINT/843839.html

가와노 다쓰미씨와 이에이리 가키치의 손자며느리 이에이리 게이코씨와 '명성황후를 생각하는 모임' 회원 10명 등 모두 12명으로 구성된 방한단이 명성황후가 묻힌 경기 남양주시 홍릉을 찾아 속죄의 시간을 가졌다. 이날 명성황후 묘소 앞에서 사죄한 가와노씨는 하얀 보자기를 묘소 앞에 깔고 무릎을 꿇은 뒤 할아버지를 대신해 사죄의 뜻을 나타냈다. 가와노씨는 "어렸을 때는 할아버지가 한 일이 그저 애국심의 발로라고만 생각했다. 하지만 성장하면서 할아버지의 행동이 잘못됐음을 알게 됐다."고 사죄했다.

이에이리 게이코씨도 자신의 증조부인 이에이리 가키치가 살해 사건에 가담했다는 사실을 알자 "저는 조부가 그렇게 했다고…, 그렇지만 경복궁의 그림에 바로 조부가 칼을 들고 있는 게 저도 죄의식을 느낍니다."라 참회하고 있다. 이에이리 가

이에이리씨가 보관중인 향 주머니
yahoo.jp/npd72q

키치는 당시 18세였는데, 조선에서 일본어 교사를 하고 있었다. 게이코씨는 자신의 증조부에게서 받은 향주머니가 명성황후의 것이라 짐작하고 있다. 그리고 자신의 집에 칼이 없는 칼집만 전해지는데, 칼은 명성황후 시해 후 바다에 버려진 것으로 추정하고 있다.

이에 앞서 이들 방한단은 지난 9일 서울 중구 필동 한국의 집에서 대화 모임을 갖고 "우리는 진정한 사죄를 하러 왔다. 이제 시작이다"라고 하며, "늦었지만 지금부터라도 우리가 할 수 있는 일은 무엇이든 하겠다"고 말했다. 이들은 "명성황후 시해사건을 기록한 일본 역사 교과서는 단 한 종뿐이나 이마저 최근의 우경화 분위기에 밀려 삭제될 위기에 처해 있다"면서 "앞으로 교과서들이 이 사건을

기술하도록 시민운동을 전개하겠다"고 전했다.[1]

외조부를 대신해 '더 사죄하기 위하여 오래 살고 싶다'던 가와노 다쓰미씨는 2012년 90세의 나이로 별세했다. 가와노씨는 기회가 있을 때마다 명성황후의 묘소를 찾아 외조부가 저지른 일을 참회해 왔다. 지난 2007년에는 "죽기 전에 꼭 복원된 건천궁에 와서 용서를 빌고 싶었다"며 경복궁 내 명성황후의 거처였던 건천궁을 찾아 참회의 눈물을 흘렸다. 이날 자리에는 손자인 나리타 진(당시 30세)씨가 동행했다. 고인의 손자도 "할아버지가 돌아가셔도 대를 이어 참회하겠다"고 할아버지의 유지를 받들 결심을 보였다. 가와노 다쓰미씨의 외조부 구니토모 시게아키는 당시 미우라 고로 일본공사의 지시로 명성황후 시해를 위한 특별부대를 조직하고, 시해 당일에는 특별부

대원들을 끌고 들어가 명성황후를 살해하는 데 적극 가담한 것으로 알려져 있다. 그는 한성신보사 주필이었는데, 당시 한성신문사 사장이 구마모토 출신이라 시해 사건에 구마모토 출신자들이 많이 가담했었다.

가와노 다쓰미씨는 2007년 건청궁 복원행사에도 참석해서 당시 뮤지컬 〈명성황후〉를 연기하던 배우 이태원씨와 사진 촬영을 하기도 했다.

가와노 다쓰미씨와 배우 이태원씨
yahoo.jp/468sfW

2009년 일본 지상파 텔레비전 뉴스

---

1) 「명성황후 시해사건 가담 자객 후손 홍릉 찾아 참배」 (세계일보, 2005. 5. 11)
   news.v.daum.net/v/20050511113201237?f=o

중 가장 높은 시청률(20%)을 갖고 있는 아사히 TV '호도報道 스테이션'에서 1895년 명성황후 시해 사건의 전모와 당시 범인들의 후손이 110년 만에 한국을 찾아 사죄하는 모습을 담은 특집 뉴스가 14분 분량의 특집기사로 송출되었다. 뉴스는 한국의 대표적 다큐멘터리 연출자이자 한·중·일 방송 프로듀서 포럼 상임 조직위원장인 정수웅 감독이 2005년 제작한 다큐멘터리 '110년 만의 추적, 명성황후 시해사건'을 바탕으로 했다. 아사히 TV 관계자는 일본 사람들이 잘 모르고 있는 역사적 사실이기 때문에 편성을 결정했다고 말했다.

정 감독의 다큐멘터리는 미우라 고로三浦梧樓 주駐조선 일본 공사가 자객 48명을 동원, 경복궁에 난입해 명성황후를 암살했다는 역사적 사실뿐 아니라 사건에 가담한 자객 중 구니모토 시게아키의 외손자 가와노 다쓰미와 이에이리 가가치의 손자며느리 이에이리 게이코 등이 첫 사죄 방한을 했던 상황을 담고 있다.[2]

명성황후 시해사건은 우리에게 있어 치욕스럽고 가슴 아픈 역사이다. 시해사건에 사용된 칼을 신사에 보관하고 있다는 사실도 외교적인 결례이다. 다만 그런 와중에도 '명생모' 모임과 같이 부끄러운 자신들의 역사를 반성하고자 하는 모임이 있다는 사실과 가와노 다쓰미씨나 이에이리 게이코씨의 진정 어린 사죄, 그리고 그에 대한 보도와 같은 움직임은 민간 차원에서나마 왜곡된 한일관계를 풀어갈 수 있는 실마리가 될 수 있다는 점에 의미가 있다고 보겠다.

---

2) 조선일보 「'명성황후 시해 사건'일(日) 전파 탄다」 chosun.com/site/data/html_dir/2009/08/24/2009082400025.html)

② 다자이후 텐만궁과 원령사상

1) 스가와라노 미치자네와 다자이후 텐만궁

후쿠오카에서 전차로 20분 정도 가면 다자이후가 있다. 다자이후는 앞서 언급했듯이 고대로부터 대륙과의 교류를 위한 관문으로 규슈 일대를 관장하던 관청이 있던 곳이다. 그러나 오늘날 다자이후는 다자이후 텐만궁으로 더 유명한 곳이 되었다.

다자이후 텐만궁은 일본 고대 학자이자 정치가인 스가와라노 미치자네(845~903)를 모신 신사이다. 미치자네는 우다천황에게 중용되어 우대신까지 올라간 인물로, 일본에서는 학문의 신으로 추앙받는 인물이다. 미치자네는 면학에 힘써 학자로서 최고의 지위인 문장박사

스가와라노 미치자네 yahoo.jp/XGrBBQ

文章博士가 되었다. 그는 사누키讚岐(현재의 가가와현) 장관으로 부임하여 피폐한 나라를 재건하고 선정을 펼쳐 정치적으로도 역량을 인정받았다. 우다천황에게 그 능력을 인정받은 미치자네는 천황의 깊은 신뢰 하에 정치의 중심에서 활약하게 된다. 정치적 능력으로 우대신에까지 올라갔으나 좌대신 후지와라노 도키히라의 정략에 의해 누명을 쓰고 다자이후로 좌천된다.

2) 날아온 매화나무 전설

그가 규슈의 변방 다자이후로 좌천될 당시 가족과 제대로 이별도

못한 채 교토를 떠나온다. 전설에 의하면 교토를 떠나던 날 미치자
네의 집 정원에는 벚나무, 소나무, 매화나무가 있었다고 한다. 미치
자네는 매화나무를 보며 다음과 같은 노래를 읊었다.

　　동풍이 불면 / 향기를 보내다오 / 매화꽃이여
　　주인이 없다 해도 / 봄을 잊지 말게나

　그러자 미치자네가 다자이후로 떠난 후 주인을 그리워 한 벚나무
는 슬픔에 젖어 잎이 다 떨어지더니 말라죽었고, 소나무와 매화나무
는 주인을 따라 날아오던 중 소나무는 코베 근처의 '토비마쓰오카飛
松岡'라 불리는 곳에 떨어져 그곳에서 뿌리를 내렸다고 한다. 30m
나 되는 소나무는 벼락을 맞아 지금은 그루터기를 신목神木으로 토
비마쓰 텐진신사에 보존중이다.
　결국 매화나무만 하룻밤 만에 무사히 다자이후에 도착했다고 한
다. 이것을 토비마쓰전설(날아온 소나무 전설), 토비우메전설(날아온 매
화전설)이라고 한다.

날아온 소나무 그루터기 yahoo.jp/KrYr1v

날아온 매화나무 yahoo.jp/AV3Pyc

3) 번개의 신에서 학문의 신으로

미치자네가 죽은 후 교토에는 이변이 끊이지 않는다. 미치자네의 정적이었던 후지와라노 도키히라가 39세에 병사하고, 미치자네를 실각시킨 주모자인 우대신 미나모토노 히카루가 사냥을 나갔다가 늪에 빠져서 익사하는 사건이 생긴다. 또한 다이고천황의 아들인 야스아키라 황태자(도키히라의 조카), 그의 아들 요시요리왕(도키히라의 외손주) 등이 차례차례 병사하는 이상한 일이 연이어 벌어졌다. 930년에는 궁중 청량전에 벼락이 떨어져 조정의 요인들을 비롯한 많은 사상자가 나왔다. 그리고 벼락이 치던 당시 그곳에 있었던 다이고천황은 시름시름 앓다가 3개월 후에 죽는 일도 벌어졌다.

이런 괴이한 일이 끊이지 않고 일어나자 이 모든 것이 미치자네의 저주라고 생각한 조정에서는 미치자네를 사면하고 우대신의 지위를 회복시켰으며 자식들을 유배지에서 교토로 불러들였다. 그리고 993년에는 신하로서 최고의 지위인 태정대신으로 명예 회복을 시켰다.

교토의 기타노텐만궁 yahoo.jp/hDaDYv

일본 사람들은 원한을 품고 죽은 원령을 두려워한다. 이것은 전쟁이 많았던 일본사회에서 괴이한 일들이 발생하면 그것이 억울하게 죽은 사람의 원혼이 작용하여 생긴다고 믿는 민간신앙에 의한 것으로 보인다. 이런 논리로 청량전 낙뢰 사건 이후 미치자네의 원령은 뇌신雷神과 연결되게 된다. 그리고 조정에서는 번개 신이 모셔져 있던 교토의 기타노에 기타노 텐만궁北野天満宮을 설립한다. 또한 미치자네가 임종을 맞은 다자이후에는 다자이후 텐만궁을 세워 미치자네의 원혼을 진정시키고자 했다.

청량전 낙뢰사건 그림집 yahoo.jp/s9mwot

이후 큰 재앙이 일어날 때마다 사람들은 미치자네 원령의 저주라고 두려워했고, 천신을 받드는 천신사상이 전국에 확산되게 되었다. 그 후 각지에 모셔져 재앙을 막아 주는 천신은 차츰 학자이자 시인이었던 미치자네의 원래의 모습대로 '학문의 신'으로 추앙받기에 이른다.

다자이후 텐만궁 입구에는 와우상臥牛像(누워있는 소 동상)이 있다. 사람들이 이곳에서 소를 쓰다듬는 모습을 볼 수 있는데, 소의 머리를 쓰다듬으면 합격한다는 속설이 있기 때문이다. 미치자네가 죽음을 앞두고 "내가 죽으면 사람이 끌지 말고 소가 가는 곳에 멈춰 달

라"는 유언을 남겼고, 그의 유해를
소가 끄는 가마에 싣자 소가 주저
앉아 움직이지 않았다고 한다.

사람들은 영험한 소라 여겼고,
그의 유언대로 결국 유해를 부근의
안라쿠지安楽寺에 매장했다는 고사
가 전해진다. 이런 이유에서 미치

와우상 yahoo.jp/1xTO74

자네의 마음을 읽은 영험한 소의 머리를 쓰다듬으면 미치자네의 가
호를 받을 수 있다는 믿음이 생겼던 것으로 보인다.

4) 동요 '토랸세'

〈토랸세〉는 '(나를) 보내줘'라는 뜻으로 에도시대 만들어진 동요
이다. 가나가와현 오다와라시의 스가와라신사, 사이타마현의 미요시
신사 등이 이 동요의 발상지라 전해지는데, 이들 신사의 공통점은
모두 미치자네를 모시고 있다는 점이다. 이곳에서 시작된 〈토랸세〉
라는 동요는 차츰 전국으로 퍼지게 되었다.

사이타마현의 미요시노신사三芳野神社
yahoo.jp/If1cSO

오다와라시 야마카쿠텐신사의 〈토랸세〉
발상 비 yahoo.jp/0meM7Y

이 동요는 아이들이 행방불명되는 전설이나 사람 기둥전설人柱伝説과 관련되었다고 보는 설이 많아 소설이나 영화, 드라마, 게임 등의 창작의 소재가 되는 경우가 많다.

> 지나가게 해 주세요, 지나가게 해 주세요
> 여기는 누구의 골목인가요?
> 천신님의 골목입니다.
> 좀 지나가게 해 주시겠습니까?
> 용무가 없는 사람은 못 갑니다
> 일곱 살 된 이 아이를 축하해 주러 부적을 바치러 갑니다
> 가는 건 좋지만 오는 길은 무서워요
> 무섭겠지만
> 지나가시오, 지나가시오

여기에서 '천신天神(텐진)'이란 미치자네를 말한다. 특히 이 가사 중 '가는 건 좋지만 오는 길은 무서워요'에 대해 피차별 부락으로 가는 외길이라는 의미가 있다고도 해서 도쿄에서는 방송이 되지만 오사카에서는 방송을 못하도록 되어 있다. 이 동요는 일본에서는 널리 알려진 노래인데, 그 이유는 이 노래가 1975년부터 시각장애인을 위해 신호등의 음향신호의 하나로 사용되기 시작했기 때문이다.3)

일본에서는 아이들이 사라지는 것을 '가미가쿠시', 즉 '신이 아이들을 감추는 것'이라 생각했다. 우리나라에서도 인기리에 방영된 〈센과 치히로의 행방불명〉의 원제목도 〈센과 치히로의 가미가쿠시神隱し〉이다. 이 동요도 가미가쿠시와 관련된 것이다.

---

3) 단조短調의 슬픈 구절 때문인지 노래 가사 때문인지, 2003년부터 이 노래를 비롯한 멜로디식 신호음은 차츰 줄어들고 뻐꾸기 등의 새 울음소리로 교체되는 추세에 있다.

센과 치히로의 행방불명 yahoo.jp/L1CfEF

옛날에는 시치고산七五三 축제가 끝나면 남자아이는 다섯 살, 여자아이는 일곱 살로 이미 어른 취급을 받아 노동을 해야 하는 나이가 된다. 이때 아이들이 일곱 살이 될 때까지 지켜준 신에 대한 감사와 부적을 신사에 봉납하기 위해 신사를 찾는 것이 일본의 풍속이다. 이 노래에는 천신님(텐진사마, 미치자네를 말함)을 찾아가기 위해 지나가는 길목이 다니기 무섭다는 내용이다.

또 일본에는 일명 '런던 브릿지'라고 부르는 것과 비슷한 '토랸세 놀이'가 있다. 두 명의 아이들이 서로 마주서서 양손을 잡고 문을 만들고 그 아래로 다른 아이들이 지나가는 놀이이다. 아이들이 지나가는 동안 〈토랸세〉 노래를 부르는데, 노래 마지막에 두 아이가 팔을 내리면 그 팔 안에 들어간 아이

토랸세 놀이 yahoo.jp/xeVIqb

가 문을 만드는 술래가 되는 놀이이다. 여기에서도 아이들이 지나가기 위해서는 천신님의 허락이 필요하다는 전제가 등장한다.

일본에 널리 알려진 이 동요나 아이들의 놀이에서 미치자네가 언급되는 것은 천신(미치자네)에 대한 두려움과 가호를 받고 싶은 마음, 이 두 가지를 동시에 가지고 있다고 볼 수 있다. 일본인들의 신사를 참배하는 이유도 신의 저주를 받지 않고 가호를 구하기 위함이라고 하겠다.

3 하카타의 축제

1) 하카타 기온 야마가사 마쓰리

하카타 기온 야마가사는 하카다의 총진수로 알려진 구시다신사에 봉납하기 위한 행사이다. 매년 7월 1일부터 15일에 걸쳐 개최되는데, 700년 이상의 전통이 있는 축제로, 정식 명칭은 '구시다신사 기온祇園 예대제例大祭'라 한다. 기온 마쓰리는 신화에 등장하는 스사노오에게 봉납되는 제사로, 하카타 돈타쿠와 함께 후쿠오카를 대표하는 마쓰리이다.

야마가사 마쓰리의 구호인 '옷쇼이'는 1996년에 일본 소리 풍경

구시다신사에 보관중인 다시山車 yahoo.jp/7oRaxH

100선에 선발되기도 했다. 야마가사 마쓰리는 후쿠오카시가 주최하는 축제가 아닌 구시다신사에서 주관하는 봉납행사로, 마쓰리에 참가할 수 있는 것은 원칙적으로 지역주민 및 지역 출신자로 한정된다.

이 마쓰리 행사 참가자들은 오이를 먹는 것이 금지되어 있는데, 이는 여름 제철 음식인 오이를 금하면서까지 마쓰리를 준비한다는 각오가 담겨 있다는 설이 유력하다. 또한 축제 준비를 위한 대기소 입구에 '부정한 사람은 들어가지 말 것'이라 쓴 팻말이 세워져 있어 '여인금제' 마쓰리로 알려져 있다. '부정한 사람'이란 상중인 사람과 여성을 가리키는데, 이에 대해 2003년 여성차별이라는 이유로 설치가 중지되었다.

야마가사 마쓰리의 역사

후쿠오카의 기온 야마가사 마쓰리의 역사는 1241년에 하카타에서 역병이 유행했을 때 당시 쇼텐지承天寺 주지스님인 쇼이치聖一 국사가 주민들에게 물을 뿌리며 마을을 정화시키고 역병퇴치를 기원한 데서 유래한다는 것이 통설이다. 원래는 교토의 기온마쓰리처럼 마을마다 형형색색으로 장식한 야마가사의 아름다움을 뽐내는 것이 주류였는데, 에도시대부터 마쓰리의 핵심은 '오이야마追山'가 된다. 1687년에 도이류土居流 사람들이 도쵸사東長寺에서 쉬고 있는 사이 세키도류(石堂流(현재의 에비스류恵比須流'에 추월당하는 일이 벌어지고, 이때부터 마쓰리에 사용되는 '야마가사山笠'를 메고 두 그룹 사람들이 서로 스피드를 내며 경주를 하는 '오이야마追山'행사가 시작되었다. 현재 '오이야마'행사는 박진감 넘치는 긴장감으로 관광객들의 눈길을 끄는 행사로 자리 잡았다.

야마가사山笠

야마가사는 신이 강림하는 곳이다. 여기에 사람들은 소나무, 인형, 우산 등을 장식한다. 그런데 사람들이 경쟁적으로 야마가사를 화려하게 만들다 보니 10m가 넘는 야마가사가 생기게 되어 이 야마가사가 전선을 끊는 사건이 끊임없이 일어났다. 그러자 1898년 후쿠오카현 지사가 야마가사행사를 중지하자고 제안하게 된다. 그래서 그 이후로 야마가사는 3m 정도의 것을 사용하게 되었다. 현재는 4.5m 정도까지 허용되게 되었다고 한다.

야마가사 yahoo.jp/EBI-4G

야마가사의 장식에는 거액의 비용이 드는 것도 있는데, 이것은 주변의 상점가나 기업 협찬으로 세워진다. 1964년 가와바타 상점가에서 에도시대의 '달려라 야마가사'를 부활시켜 지금까지 구시다신사에 봉납하고 있다. '달려라 야마가사'는 전선 등에 부딪치지 않도록 접었다 폈다 할 수 있는 것을 말한다.

다시山車에는 거리를 달리기 위한 것(가키야마)과 화려하게 장식하기 위한 것(가자리야마)의 두 가지가 있다. 가키야마는 메고 달리기 위한 것으로 높이는 낮지만 무게는 1톤에 이르는 것도 있다. 20여 명이 다시를 메고 달리는 모습이 기온야마가사축제가 남자들의 축제임을 보여준다. 축제에는 총 14개의 다시가 진행한다.

달려라 야마가사走れ山笠 yahoo.jp/0DoOXv

2) 하카타 돈타쿠

하카타 돈타쿠는 후쿠오카시에서 5월 3일부터 5월 4일까지 개최되는 마쓰리이다. 이 축제에 동원되는 사람 수는 200만 명이 넘어 니가타현의 '다카다성 백만 명 벚꽃관람 모임', 아오모리현의 '히로사키 벚꽃 축제'나 히로시마현의 '히로시마 플라워 페스티벌'과 더불어 동원자수 일본 최대급 축제로 꼽힌다. 하카타 돈타쿠는 하카타 기온 야마가사 마쓰리와 더불어 후쿠오카를 대표하는 축제의 하나이다.

3) 하카타 마쓰바야시

하카타 돈타쿠는 '하카타 마쓰바야시'를 모태로 형성, 발전되었다.

1595년 후쿠오카에 있던 나지마성名島城에 하카타 상인들이 노래하는 '마쓰바야시'를 공연하여 신년 축하를 하던 것을 기원으로 한다. 다른 설로는 하카타에 일본 최초로 인공 항구인 '소데노 미나토'를 만들어준 다이라노 기요모리의 은혜에 감사하기 위해 시작했다는 설도 있다.

축제는 후쿠진福神, 에비스恵比須, 다이코쿠大黒의 세 복신福神과 아이들이 후쿠오카 곳곳을 방문하며 축하하는 것으로 구성되어 잇다. 세 명의 복신은 각각 가면을 쓴 채로 말에 타고, 따라오는 아이들은 북이나 피리 등에 맞춰 경사스러운 노래를 한다.

이 마쓰리에는 '돈타쿠 부대'라 불리는 여러 그룹의 연무演舞를 피로하기도 한다. 이들을 하카타 사투리로 '도오리몽'이라 부른다. 이들 돈타쿠 부대는 각 단체나 기업, 학교, 다른 도시에서 온 관광 PR단체로 구성되는데, 기업의 돈타쿠 부대는 단결력을 높이기 위해 신입사원교육에 활용된다고 한다.

하카타 돈타쿠의 복신 yahoo.jp/9Ci0t3   하카타 돈타쿠의 토오리몽 yahoo.jp/VnfZK3

그 밖에도 5월 2일부터 4일까지 니시테쓰西鉄(서일본철도)회사에서 트럭에 꽃자동차를 장식하여 시내를 도는 행사도 있다. 원래는 하카타 돈타쿠 축제 기간 동안 꽃으로 장식한 전차를 운행했으나 1975년 전차가 폐지되면서 중지되었다.

꽃으로 장식한 니시테쓰 전차 yahoo.jp/YWa9tp

4) 야나가와의 '사게몬'

야나가와의 '사게몬'축제는 매년 3월 1일~4월 3일 열린다. 야나가와지방에서 예부터 여자아이가 태어나면 첫 번째 절구節句에 아이의 건강을 기원하며 인형으로 된 히나단과 함께 여러 가지 '사게몬(늘어뜨리는 장식)'을 장식하는 습관이 있다. '사게몬'이란 복을 불러다주는 학, 토끼, 병아리, 인형 등을 천으로 만들어 가느다란 실로 만든 '야나기 공'과 함께 장식하는 것으로, 이것은 여자아이의 행복

히나단과 사게몬 yahoo.jp/8COjO8

히나인형 수상 퍼레이드
yahoo.jp/JSbZrS

히나인형 강물에 떠내려 보내기
yahoo.jp/-QL3if

과 건강, 무병장수를 기원하는 어머니, 할머니, 친척들의 기원이 들어있다. 축제 기간에는 히나인형 축제, 히나인형 강물에 떠내려 보내기 행사, 히나인형 수상 퍼레이드 등의 행사가 개최된다.

　봄이 되면 야나가와는 '오히나사마(히나인형) 수상 퍼레이드'라는 이벤트로 더욱 성대해진다. 이때는 일본 전국에서 관광객들이 찾아오고 강위의 배에는 아악대, 남자 인형, 여자 인형으로 분장한 남녀,

오히나사마 수상 퍼레이드
yahoo.jp/mvliO9

그리고 성장을 한 어린 여자아이들이 타고 강을 따라 내려간다. 선착장 근처의 상점가에는 '사계몬'을 장식하여 축제의 분위기를 고조시킨다.

　이상 후쿠오카현을 대표하는 축제와 그 의미에 대해 알아보았다. 그 지역의 특성과 전통을 지닌 다양한 축제의 의미를 알고 현장에서 직접 체험해 본다면 일본 문화에 대해 좀 더 깊은 이해를 할 수 있으리라 생각된다.

참고문헌

대구

김종욱, 「대구이야기」, 북랜드, 2015.

이호, 「근대 대구와 대구사람들」, 컴엔시, 2013.

한국문화유산답사회, 「답사여행의 길잡이 8/ 팔공산 자락」, 도서출판 돌베개, 1998.

대구·경북역사연구소, 「역사 속의 대구사람들」, 도서출판 중심, 2001.

정만진, 「대구여행의 의미와 재미」, 국토, 2012.

이정웅, 「나무와 함께 떠나는 대구 인물기행」, 학이사, 2014.

장흥섭, 「대구 전통시장」, 경북대학교 출판부, 2010.

쑤저우

高福民, 『邁向文化蘇州硏究』, 古吳軒出版社, 2005.

高福民, 『文化蘇州系列畵冊』, 上海人民美術出版社, 2003.

高永靑, 『中華文化名城』, 廣東省地圖出版社, 1999.

권석환 등, 『중국문화답사기1 - 오월지역의 수향을 찾아서』, 다락원, 2002.

둥젠홍 지음, 이유진 옮김, 『고대도시로 떠나는 여행』, 글항아리, 2016.

장호준 등, 『중국인문기행』, 한국방송통신대학교출판원, 2020.

권응상, 「최근 중국 곤곡현상(崑曲現象)에 대한 평가와 전망」, 『중국문학』 제66집, 2011.

권응상, 「崑劇의 부흥과 최근 공연성과에 관한 일고」, 『중국어문학』 제48집, 2006.

후쿠오카

武野要子, 『博多-町人が育てた国際都市』, 岩波書店, 2002.

週刊朝日百科, 『シルクロード紀行 No.49・博多、平戸、対馬』, 朝日新聞東京本社, 2006.

朝日ビジュアルシリーズ・日本遺産 No.44,『大宰府、柳川』,朝日新聞東京本社, 2003.

朝日ビジュアルシリーズ・日本遺産 No.48,『吉野ヶ里、有田』,朝日新聞東京本社, 2003.

小学館ウィークリーブック・週刊日本の美をめぐる No.41,『菅原道真 ― 怨霊から神へ』,小学館, 2003.

| 지은이 소개 |

권응상 대구대학교 문화예술학부 교수 / 인문과학연구소장

1962년생으로, 영남대학교 중문학과를 거쳐 서울대학교 대학원에서 석사학위
(1988)와 박사학위(1993)를 취득했다. 서울대학교, 가톨릭대학교, 상명대학교, 세
종대학교, 한국방송대학교 등에서 강의를 했다. 중국 蘇州大學(2000, 한국학술진
흥재단 해외파견교수)과 미국 Murray State University(2010, Visiting Scholar)에서
연구했다. 논문으로는「최근 중국 곤곡현상에 대한 평가와 전망」,「예술과 산업으
로서의 중국 실경무대극에 대한 평가와 전망」등 다수가 있으며, 저서로는『중국
사곡의 이해』(중문출판사, 1995),『서위의 삶과 시문론』(중문출판사, 1999),『서위
희곡 연구』(도서출판 연극과인간, 2000),『멀티 엔터테이너로서의 중국 고대 기녀』
(소명출판, 2014),『중국공연예술의 이해』(신아사, 2015),『중국의 대중문화』(차이
나하우스, 2019) 등 다수가 있다.

이희정 대구대학교 문화예술학부 교수

1975년 대구 출생으로 경북대학교 대학원 국문과에서 문학박사 학위를 받았다.
주요논문으로는『한국 근대소설의 형성과 '매일신보'』,「『매일신보』에 연재된 이
해조 신소설의 근대성 연구」,「1910년대『매일신보』연재소설의 문체변화 과정」,
「일제말기『매일신보』문학의 전개양상」,「외국인 유학생을 위한 한국 역사문화
교육방안 연구 – 대구 원도심 문화유산 답사를 중심으로」등이 있다. 현재는 연구
의 폭을 넓혀, 다양한 콘텐츠를 기반으로 한 문화 관련 연구에 주력하고 있다.

허영은 대구대학교 일본어일본학과 교수

1959년 서울에서 태어나 한국외국어대학교 일본어과, 일본 오차노미즈대학 박사
과정을 수료했다. 일본 고대 여성들의 삶에 관심을 갖고 혼인과 가족제도 속의
여성의 삶의 모습을 천착하고 있다. 최근에는 사회제도에서 소외된 여성들이 괴물
의 모습으로 기호화되는 과정에 대해 연구하고 있다. 저서로『일본문학으로 본
여성과 가족』(2005),『포스트모던사회에서의 문학의 역할』(공저, 2007),『기억 환
상 그리고 실체』(공저, 2009),『도쿄 인문기행』(2022) 등이 있다.

대구대학교 인문과학연구소
동아시아도시인문학총서 11

동아시아 도시 인문기행
대구, 쑤저우, 후쿠오카

초판 인쇄 2022년 9월 25일
초판 발행 2022년 10월 5일

기   획ㅣ대구대학교 인문과학연구소
지 은 이ㅣ권응상·이희정·허영은
펴 낸 이ㅣ하운근
펴 낸 곳ㅣ學古房

주   소ㅣ경기도 고양시 덕양구 통일로 140 삼송테크노밸리 A동 B224
전   화ㅣ(02)353-9908 편집부(02)356-9903
팩   스ㅣ(02)6959-8234
홈페이지ㅣhttp://hakgobang.co.kr/
전자우편ㅣhakgobang@naver.com, hakgobang@chol.com
등록번호ㅣ제311-1994-000001호

ISBN 979-11-6586-462-0 94910
     979-11-6586-396-8 (세트)

값 : 21,000원

■ 파본은 교환해 드립니다.